Woguo Shehui Xinyong Tixi
Jianshe Wenti Yanjiu

我国社会信用体系
建设问题研究

刘肖原 等◎著

知识产权出版社
全国百佳图书出版单位

图书在版编目（CIP）数据

我国社会信用体系建设问题研究/刘肖原等著. —北京：知识产权出版社，2016.3
ISBN 978 - 7 - 5130 - 3949 - 9

Ⅰ.①我… Ⅱ.①刘… Ⅲ.①信用—体系—建设—研究—中国 Ⅳ.①F832.4

中国版本图书馆 CIP 数据核字（2015）第 296768 号

内容提要

社会信用体系作为现代市场经济的基础，对市场经济的健康发展有着深刻的影响。长期以来，由于我国的社会信用体系建设一直滞后于市场化的进程，在片面追求经济增长的利益驱动下，诱发了各种信用缺失和诚信危机，加剧了社会经济运行的风险。本书通过分析社会信用体系的一般特性以及新常态下我国经济发展的新特征，阐明我国在新时期加快推动社会信用体系建设的重要意义，从四个方面，即我国社会信用体系建设总体状况、征信体系建设、互联网征信体系建设、农村信用体系建设进行了总体和重点领域的研究，针对目前我国社会信用体系建设中存在的问题提出解决对策。

责任编辑：兰　涛　　　　　　　　　责任校对：董志英
封面设计：春天书装　　　　　　　　责任出版：孙婷婷

我国社会信用体系建设问题研究

刘肖原　等著

出版发行：知识产权出版社有限责任公司　　网　　址：http://www.ipph.cn
社　　址：北京市海淀区西外太平庄 55 号（邮编：100081）　天猫旗舰店：http://zscqcbs.tmall.com
责编电话：010-82000860 转 8325　　　　　　责编邮箱：lantao@cnipr.com
发行电话：010-82000860 转 8101/8102　　　　发行传真：010-82000893/82005070/82000270
印　　刷：北京中献拓方科技发展有限公司　　经　　销：各大网上书店、新华书店及相关
　　　　　　　　　　　　　　　　　　　　　　　　　　　　专业书店
开　　本：787mm×1092mm　1/16　　　　　　印　　张：13.75
版　　次：2016 年 3 月第 1 版　　　　　　　印　　次：2016 年 3 月第 1 次印刷
字　　数：239 千字　　　　　　　　　　　　定　　价：38.00 元
ISBN 978 -7 -5130 -3949 -9

目　录

第一章 社会信用体系建设的理论基础

市场经济是迄今为止最有效的经济组织方式，在市场经济条件下，市场主体的利益表现为多元化、分散化和独立化，各主体间的行为受到市场利益的驱动与影响，市场主体在追求自身利益最大化的同时也在实现社会利益最大化，即亚当·斯密的"看不见的手"理论。这一理论的假设前提是理性的"经济人"。但是这里的理性是有限的，人的利己行为必须得到有效的引导，否则将会破坏市场的正常秩序，导致"损人而不利己"的结果。因此在市场中内生着一种能够起到维护作用的伦理文化，信用就是市场要求的这种伦理文化。市场经济中各利益主体之间关系的正常化取决于信用行为及信用关系的建立。可以说，信用是社会经济运行最重要的基础之一，是经济交往的重要保障。良好的信用机制能够促进资源的有效配置，提高经济运行的效率。

随着社会经济的不断发展和演化，信用也在不断地演进。我国改革开放以来，经过30多年的发展，已经融入世界一体化进程，国内市场成为国际市场的一个组成部分，许多原有国内经济规则逐渐被国际新经济规则所取代，引起了我国经济运行的大环境的深刻变化。对于我国来说，建设完善、健全的信用制度不仅是发展现代市场经济的必然要求，也是进入国际社会的必要通行证，因此对信用问题的研究就成为经济领域的一个重要课题。

第一节 信用概述

一、信用的含义

信用一词源于拉丁语 Bonalldes 和 Credere，意为信任。它是人类社会长期发展的产物。在我国，自古以来也一直推崇诚信原则。比如孔子在《论语》中提到"人无信不立"，朱熹阐述信用为"信者，言之实也"，并指出"诚是自然的实，信是人做的实❶"。诚信成为中华民族的基本道德观念之一。在早期商品经济产生之前，信用是属于社会伦理学范畴的，它主要强调在心理上的"信任"以及在信任背后所要代表的社会交往的伦理，是作为那种原始的、天然的、不以金钱和交易为基础的道德观念来使用的。随着商品经济的产生及发展，信用逐渐强化了其在经济学范畴上的含义。经济范畴中的信用主要指借贷活动，这种借贷行为是指以偿还为条件的付出，偿还性和支付利息是它的基本特征。

《辞海》中"信用"有三种解释：一是以诚信用人，信任的使用；二是遵守诺言，实践成约，从而取得别人对他的信任；三是经济学名词，是价值运动的特殊形式。信用的概念有广义和狭义之分：广义的信用，通常表现为一个伦理学范畴。主要是指参与社会和经济活动的当事人之间建立起来的以诚实守信为道德基础的践约行为，即我们通常所说的"讲信用""守信誉""一诺千金"，它是一种普遍的处理人际关系的道德准则。狭义的信用，则主要是一个经济学、法律学的范畴，是指受信方在特定时间内做出的付款或还款承诺的兑现能力，是一种具有特殊形式的价值运动，即资本信用。

古典经济学和非古典经济学着重论述了有债信用的各种问题，他们认为，在信用完善的市场环境中，交易的信用机制是确定的，因而市场主体的行为自然会采取守信的行为，并作为市场的均衡出现的。而且，发达资本主义各种信用组织和制度（包括文化习俗）也自发地调节着市场主体采取恪守承诺的行为。法国经济学家瓦尔拉斯指出"资本家用货币进行储蓄，然后以这项货币贷与企业家，后者于贷款满期时仍以货币归还。这种活动一般称为信用❷"。

马克思的政治经济学认为："信用，在它最简单的表现上，是一种适当或不适当的信任，它使一个人把一定的资本额，以货币形式或以估计为一定货币价值的商品形式，委托给另一个人，这个资本额到期一定要偿还。❸"他认为，信用是以偿还为条件的价值运动的特殊形式。

古典经济学、新古典经济学以及马克思主义经济学并没有将一般意义上的信用纳入研究范畴。而现代经济学中的契约理论，则将所有的市场交易都看作是一种契约关系，并将此作为经济分析的基本要素。广义的信用被作为经济学的一个基本问题是在信息经济学、新制度经济学及博弈论得到广泛应用后才产

❶ 参见《朱子语类·诚篇》。
❷ 莱昂·瓦尔拉斯.纯悴经济学要义［M］.北京：商务印书馆，1997：279.
❸ 马克思.资本论（第三卷）［M］.北京：人民出版社，1975：102.

生的。一般来说，经济主体之间的互动是与交易、收益、债务等相关的经济活动，经济互动中的承诺形成一定的契约关系，这种契约关系可以是隐性的契约，也可以是显性的契约。这里的契约不仅是指法律意义上的契约，更是指经济学意义上的契约。

因此，所谓信用，是指在商品交换或其他经济活动中，授信人在充分信任受信人能够实现其承诺的基础上，用契约关系向受信人放贷并保障自己所贷的本金能够回流和增值的价值运动。它形成于古代而广泛流行于近代商务和金融领域之中，是从属于商品和货币关系的产物，从而构成一个现代文明社会不可缺少的，相对独立的经济范畴和社会生活现象。简单地说，它是一种建立在信任基础上的能力，不用立即付款就可获取资金、物资和服务的能力。这种能力受到一个条件的约束，即：受益方在其应允的时间期限内为所获得的资金、物资、服务而付款或还款。信用的产生要有以下三个要素：第一，权利和义务。信用作为特定的经济交易行为，要有行为的主客体，即行为双方当事人，其中转移资产、服务的一方为授信人，接受的一方为受信人。授信人通过授信取得一定的权利，即在一定时间内向受信人收回一定量货币和其他资产与服务的权利，而受信人则有偿还的义务。第二，被交易的对象。信用作为一种交易行为，应当有被交易的对象，这种被交易的对象就是授信方的资产，它可能以货币的形式存在，也可能以商品的形式存在。第三，时间间隔。信用行为与其他交易行为的最大不同就是，它是在一定时间间隔下进行的，没有时间间隔，信用就没有栖身之地。

二、信用的起源和发展

信用起源于原始交换时期，在商品经济时期开始广泛发生，但真正的发展是在市场经济时期，并成为与商品交换和货币流通紧密相连的一个经济范畴。在原始社会，市场交换的形式表现为物物交换，交换双方通过长期的合作与交换，建立起对彼此的信任。这种信任发展到一定程度便形成了"社会契约"。随着劳动生产力的提高，出现了社会分工，随着社会分工的深化，社会经济的交往日益频繁，信用的范围也得到扩大，信用内容从亲情伦理转变为金钱伦理。

商品经济的发展使信用从深度和广度上都得到了扩大。首先，在简单商品生产阶段，出现了赊销赊购这种低级形式上的商业信用。到了社会化商品经济阶段，商业信用得到了广泛的发展。商业信用是在商品形态上提供的信用，它的对象即贷出的资本，不是闲置的资本，而是处在再生产过程一定阶段上的商品资本。在商品形态的变化中，商业信用起着媒介的作用，提高了商品资本的形态变换速度和资本的循环与周转速度，加速了流通和生产过程，进而促进了社会化商品经济发展。其次，银行信用也得到了很大发展。在奴隶社会和封建社会，高利贷是信用的基本形式。到了资本主义社会，作为借贷资本运动形式的信用，取代了高利贷的地位。银行信用正是适应资本主义扩大再生产的需要、在商业信用的基础上发展起来的。它不论在借贷数量上，还是借贷期限上，都远远超过商业信用，因而，它能在更大的程度上适应社会化商品经济发展的需要。随着经济的发展，信用已经不再是社会伦理范畴，经济信用成为人的信用的首要标志，而且形成了日趋完善的维护信用的法规制度。

三、信用的分类

根据使用者的不同，可以将信用分为以下几种形式。

（1）个人信用。个人信用是指消费者的个人行为，包括对个人品德、学历、社会背景、经营经验及财产等的调查。

（2）企业信用。企业信用是指企业之间包括与金融机构之间在购买货物或借款时，以信用达成交易的行为，分为商品信用和资金信用。

（3）公共信用。公共信用是指政府凭自身信用，通过发行债券等方式从民间借款以支付政府支出的行为。

按授信对象的性质可以将现代信用形式分为商业信用、银行信用、国家信用、消费信用和国际信用等。在这些信用形式中，商业信用和银行信用是两种最基本的信用形式。

（1）商业信用。商业信用是指工商企业之间在买卖商品时，以商品形式提供的信用。其典型形式是由商品销售企业对购买企业以赊销方式提供的信用。

（2）银行信用。银行信用是银行或其他金融机构以货币形态提供的信用。银行信用是伴随现代资本主义银行的产生而产生的，是在商业信用的基础上发展起来的。

（3）国家信用。国家信用是指以国家为一方的借贷活动，即国家作为债权人或债务人而形成的负债。

（4）消费信用。消费信用是企业、银行和其他金融机构向消费者个人提供的直接用于生活消费的信用，主要有赊销、分期付款等消费信贷。

（5）国际信用。国际信用是指一切跨国的借贷关系与借贷活动。是国家间经济联系的一个重要方面。国际信用具体形式包括：出口信贷、国际商业银行贷款、政府贷款、国际金融机构贷款、国际资本市场业务、国际租赁和直接投资等。

四、信用的特征

（1）信用具有标识性，有明确的归属。我们经常说某人信用好，某企业信用好，信用就像是人、企业等微观经济主体经济活动的身份证。

（2）信用的资本化。信用以财产为基础，其本身是一种无形资产，是能够带来经济效益的社会资本，也是能够投入生产过程的一种重要的经济资本。它被投入到经济运行中去，可产生增值、创造剩余价值。从这个角度来看，信用就转化成了信用资本。信用资本可以理解为信用对社会生活与社会秩序的影响力和促进力，对人们行为的规范力与调节力。当信用成为一种影响经济效率的要素时，这种要素能够对经济主体带来经济利益，从而具有了资本的性质。

（3）信用具有法制性。信用是交易和借贷关系各方以达成契约为凭据，要使这些契约能真正如期兑现，必须有法律的强制约束力。现在世界上许多国家都把诚实守信的道德信条写进相关法律，信用的法制化强制力日趋加大。

（4）信用具有信息性。信用由信息构成；信用是可以量化的信息；信用是一种信息服务机制；信用也是一种信息监督机制。

（5）信用具有社会性。信用直接受到社会历史、文化、道德、传统、惯例等的影响。一方面是信用主体的社会化，早期的信用主体主要指从事商品生产经营和金融服务的经济组织和经济人，而现在信用主体的外延不断扩大，出现了信用村、信用乡（镇）、信用企业、信用团体等新的信用主体，呈现出信用社会化的趋势；另一方面是信用服务功能和信用服务领域的社会化。现在的信用制度已大大超出原来商业信用和银行信用的范畴，与市场经济信用关系发展紧密联系的"社会信用"的作用机制也开始发挥重要作用，从而使信用由一种经济现象转变成广泛的社会现象。

（6）信用的现代化。随着科学技术的日新月异，信用手段和信用运行的科技含量大大提高。信息技术、空间技术、生物技术、新材料技术等高新技术广泛应用于新业务。如金融系统的信用卡和电子兑付等这些新的信用手段和运行方式使信用的承诺和兑现更加快捷、透明、方便、有效，实现了信用的现代化。

第二节　信用与博弈论

一、博弈论概述

所谓博弈，就是理性人为了实现最大利益或既定目标，面对一定的环境条件，在一定的规则下，从允许选择的策略中选择有利于自己的策略加以实施，并取得相应结果的过程。博弈论（game theory），是以理性人的假设为基础，研究经济主体的行为发生直接相互作用条件下的决策以及这种决策的均衡问题的一种理论。博弈论的基本概念包括：参与人、行动、信息、战略、支付函数、结果、均衡。博弈的参与人都具有充分的理性，每个人根据对方的选择来决定自己下一步的策略，目的是谋取个人的最大利益。博弈主要有以下几种类型。

（一）完全信息静态博弈

这里"完全信息"指的是每个参与人对所有其他参与人的特征（包括战略空间、支付函数等）有完全的了解，"静态"指所有参与人同时选择行动且只选择一次。在这种博弈中，给定其他参与者战略的条件下，每一个参与者同时选择自己的最优战略。所有参与者选择的最优战略一起构成一个战略组合，从而达到纳什均衡。囚徒困境、智猪博弈、军备竞赛都是典型的完全信息静态博弈。这种博弈的均衡有可能是唯一的。在这类情形下，给定其他参与者战略的情况，没有任何单个参与者有积极性选择其他战略，从而没有任何参与者有积极性打破这种均衡。正是这种均衡的唯一性，使得这类博弈最后进入类似"僵局"的局面。均衡也可能不是唯一的，存在两个或两个以上的均衡。在这类情形下，一般而言，双方势均力敌，一方妥协优于两败俱伤是前提条件，均衡的结果则是一方妥协，另一方占上风。

（二）完全信息动态博弈

在完全信息动态博弈中，参与人的行动有先后顺序，且后行动者在自己行动之前能观测到先行动者的行动。考虑到自己的选择对对方选择的影响，使得一方对另一方威胁的可信度有了进一步的了解，因而可以将完全信息静态博弈中包含的不可置信的威胁剔除出去，从而使参与者能随机应变地追求最优策略，大大减少了均衡结果的个数，增加了预测的准确度。

这种博弈中，参与者前面的行动可以作为给定前提，进行下一个从行动选择开始至博弈结束的又一轮博弈，这个博弈被称为"子博弈"，因而，完全信息动态博弈就是由一连串、有先后次序的子博弈组成。只有当参与者在每一个子博弈所选择的战略都是最优的，完全信息动态博弈便能产生令人满意的均衡结果。子博弈精炼纳什均衡是泽尔腾首先提出的，其目的是将那些不可置信威胁策略的纳什均衡从均衡中剔除，从而给出动态博弈一个合理的均衡解。

（三）不完全信息静态博弈

在这种博弈中，关于参与者类型的信息是不完全的，至少有一个参与人不知道其他参与人的支付函数。为了改变这种状况，海萨尼提出了如下办法：①引入一种外生变量、一种虚拟的"自然"，它是事前的，不以参与者的意志为转移，它的作用是赋予博弈中各参与人的类型；②"自然"只把参与人的真实类型告诉参与人自己，不让其他参与人知道，即参与者知道自己的真实类型，而其他参与者并不清楚这个参与者的真实类型，仅知道各种可能类型的概率分布；③所有参与人同时行动，参与人从自己的行动空间选择行动策略。

这样，经过海萨尼将"不完全信息博弈"转换为"完全但不完美信息博弈"后，我们就能展开对参与者的博弈分析。由于每个参与者已知概率分布而不知道其真实类型，因而也不可能准确地知道其他参与者实际上会选择什么战略，却能正确地预测到其他参与者如何在给定别人的战略选择的基础上根据其各自的类型选择自身的最优战略。其均衡结果便是这样一种类型依存战略组合：给定自己的类型和别人类型的概率分布的情况下，每个参与者的期望效用达到了最大化，即没有参与者有积极性选择其他战略，达到贝叶斯纳什均衡。

（四）不完全信息动态博弈

在不完全信息动态博弈中，"自然"首先选择参与人的类型，参与人自己知道，其他参与人不知道；在自然选择之后，参与人开始行动，参与人的行动有先后顺序，后行动者能观测到先行动者的行动，但不能观测先行动者的类型。但是，因为参与人是类型依存的，每个参与人的行动都传递着有关自己类型的某种信息，后行动者可以通过观察先行动者所选择的行动来推断其类型或修正对其类型的先验信念（概率分布），然后选择自己的最优行动。先行动者预测到自己的行动将被后行动者所利用，就会设法选择传递对自己最有利的信息，避免传递对自己不利的信息。因此，博弈过程不仅是参与人选择行动的过程，而且是参与人不断修正信念的过程。

精炼贝叶斯均衡是不完全信息动态博弈均衡的基本均衡概念，它是泽尔腾的完全信息动态博弈子博弈精炼纳什均衡和海萨尼的不完全信息静态博弈贝叶斯均衡的结合。这样一个均衡组合隐含着以下两方面含义：第一方面，给定每个参与者有关其他参与者类型的信念的情况下，他的战略选择是最优的；第二方面，每个参与者有关其他参与者的信念都是运用概率统计学中的有关法则从所观察到的行为中获得的。由此可见，第一方面是决策的过程，而第二方面则是信息传递的过程。

二、博弈论对信用理论的推进

现代博弈论，对经济学渗透、冲突、影响，不仅表现在方法论方面，更主要的是思想和观念上根本变革。博弈论原理有助于加深对信用的经济学意义的理解。影响博弈的因素包括两方面内容，一是博弈内的因素。这里包括产权关系、局中人、博弈信息、博弈的次数以及博弈的方式等；二是博弈外的因素。它是指单个博弈无法改变的因素，如第三方约束，技术进步以及外部不确定性等。

由于信用是在现实经济生活中，经济主体信用行为的博弈过程不仅是信息的博弈，更是利益的博弈，信息结构和利益结构是决定重复博弈能否形成和博弈均衡结果的重要因素和依据，是信用合作形成的基本约束条件。市场主体在单次博弈中，缺乏长远预期，倾向于利用自身信息优势谋求利益最大化，从而产生失信行为，重复博弈能够改变双方的信息结构和利益结构，对博弈双方形成可置信的承诺和威胁，有效地遏制机会主义行为，形成信用合作的共同信念。因此，要从根本上消除失信，必须构建有效的信号传递机制、信用激励机制和信用约束机制，这既是重复博弈的基础和有力保障，也是信用合作形成的充要条件。

在现实生活中，博弈无处不在，人们时刻都在进行策略选择。根据经济人假设，人们在经济活动中的博弈行为多表现为获得更大的收益，博弈的实质指的是人们运用其掌握的知识和信息，逻辑地选择策略的过程，在这一过程中，人们尽可能地追求利益最大化，或者使损失最小化。人们在经济活动中进行策略选择的结果是产生契约关系。而契约关系最终成为社会惯例一定要满足一定的条件：首先是群体内的每个人都认同并遵守这个契约，其次是每个人都预计别人会同样地遵守,第三是在别人遵守这些契约的条件下每个人都乐意遵守。这就是说这些契约已经成为这个社会群体内的共同知识,而且每个人都会遵守它也是共同知识,因而实现了预期的一致性。在这里,遵守契约问题事实上已经成为一个遵守默认的承诺问题,即我们所说的"信用"。如果守信行为能够给人们带来更大的利益,人们便会守信,但是如果不守信用能够带来更大的利益,人们就可能选择机会主义行为而不守信用。所以说仅有利益驱动对信用而言是不够的,信用一定要由有效的约束来维持。博弈论研究突出了理性人在经济分析中的价值和地位,侧重于研究人的行为过程,完善了经济学的分析方法,在与信用相关的研究中得到了广泛的应用。

信用是基于利益的一种策略选择,而不是基于心理需要的道德选择。但现有的许多经济理论和建模技术恰恰抽象了各经济实体的利益,使它们不能真实地反映经济系统的本质。而现代经济博弈论在承认各经济实体利益的基础上,更加侧重研究主体行为的特征,注重协调他们的利益,同时也更加侧重研究经济主体(局中人)的行为方案(策略)与其利益得失(支付函数)的关系。博弈论作为研究交流的基本分析工具和工作语言,为分析和解释有限理性前提下的人类信用行为提供了有利的理论依据,这对信用问题的理论研究和实践建设具有极其重要的意义。

信用是一种博弈均衡状态,随着契约关系的变化,它也会从一个均衡向另一个均衡变化。即信用不仅是一种博弈均衡状态,而且还是在利益驱动下的有限理性的个人在博弈中互相激励和约束的结果,当相互之间不能约束时,还要借助第三方的力量来实现。

重复博弈对长期行为中个体或组织信用合作关系的形成作了经典的论述,为我们理解市场交易中信用机制的形成提供了理论基石。在一次性博弈中的非合作博弈纳什均衡的典型例子"囚徒困境"是大多数经济学家研究长期演进中的信用关系的起点。在单个阶段的囚徒博弈中,参与人出于自身利益的考虑,沉迷于机会主义行为,无法形成信用与合作,对他们来讲,不管对方采取何种行动,选择背叛永远是占优的策略,结果导致的均衡却是"两败俱伤"。大量的研究文献表明,在重复博弈过程中,只要每一参与人以其长期平均期望收益帕雷托优于单阶段的纳什均衡,就会自发地形成博弈主体间的信用合作。重复博弈中的信用合作倾向也得到了经济学试验的支持。在计算机程序模拟比赛中,"针锋相对"策略的胜利不仅证明了合作与信用在个体博弈中作为占优均衡出现的可能,而且还为这种均衡的演化过程提供了新的研究起点。该成果意味着，信任别人，不首先欺骗别人，对别人的欺骗进行必要的处罚之后再宽容地原谅对方，并继续施信任于其身，这种信用关系对于主体在长期的社会交往中的收益是最大的。在现实经济生活中，多数经济主体之间的交往并不是一次性的，而是重复多次的，这也正是重复博弈的现实意义的实质所在。研究信用问题，绝不仅仅是治理当前的信用缺失，更重要的是在经济主体之间形成长期的、稳定的信用合作关系。重复博弈是用于理解社会长期互动行为的一种重要手段，特别是用来解释长期人类互动行为如何使得信任和承诺有可能形成的一种重要工具。

第三节　信用与市场经济

一、信用经济的一般认识

著名经济学家厉以宁指出，市场经济既是法制经济，又是信用经济。法制经济是从市场经济制度的角度上而言的，信用经济是从市场经济的道德基础上而言的。所谓法律，是"他律"，道德是"自律"。要一个人兑现他的承诺可以用法律的手段，但如果时时处处都靠法律，那这个社会的交易成本就会高得无法承受。因此，恪守信用道德对维系市场经济社会的正常运转具有极其重要的意义，即"诚实信用属于市场活动的道德准则"。市场经济条件下的法律最核心的内容就是维持市场经济的信用秩序，确保"公平、公正、公开"的信用法则不受践踏。

首先，信用是一种无形资产。它不能独立存在，需要依附于一定的载体（个人、企业、商号或品牌等），但是其"所有权"与"使用权"可以分离。如担保公司为某个企业做担保，后者实际上在使用担保公司的信用。其次，信用资产具有相当的规模经济性。市场主体的信用资产一旦积累起来，其维持成本越来越少，但带来的收益却不断增加。企业和个人在信用合作中建立良好的信誉，就可以在长期内以递减的成本使用这种资产来获益。第三，信用资产的形成具有长期性，损毁具有短期性。信用资产的形成往往是拥有者在重复博弈中逐步实现的，经过日积月累的努力才能形成一个良好的声誉。同时信用也很脆弱，它的长期的正向积累可能会毁于一个偶然的事件。特别是对知名度高的大企业来说，哪怕是只有一次的"背信"行为，也会给企业造成致命的打击，遭到消费者和市场的无情唾弃。最后，经济主体要获得和维持信用资产必须支付一定的成本。

货币市场、资本市场和证券市场的发展，不仅将社会上分散的、小额的闲散资金集中起来，投入到生产领域中去，加速资本的形成与积累；而且使原本个人、企业及国家不可能完成的经济活动通过信用合作的方式得到顺利进行，从而有利于扩大社会经济活动的整体规模，有利于最大限度地利用社会资源。

其次，信用具有商品属性，具有使用价值和价值。其使用价值在于能够反映和评价信用主体的履约能力，增加或减少实物交易的成本，改变信用主体在整个市场中的形象。信用商品的交换价值完全取决于授信者，且随着双方交易次数的增加而发生变化。信用商品的价值等于维护信用所付出的劳动，包括个人所受教育程度、已往信用记录、道德因素、企业维持信誉的成本等。它与其他商品的价值相比具有特殊性，可以为正，也可以为负。

信用作为商品货币交换关系的一个经济范畴，信用行为作为"经济人"的市场行为，其出发点是利益预期，利益成为信用行为的经济杠杆。由此，可以说信用行为也是市场行为之一，"经济人"主要依靠其预期利益来不断调整其信用行为。

信用基于一定利益基础，信用行为的发生离不开利益的追求与权衡。追求利益最大化原则，从单个经济活动看，有两种情形：其一，当违信的利益大于守信利益时，交易主体就易实际违信，反之，如果违信的利益小于守信的利益，就会继续守信履行合约等。其二，单个或一次信用行为的利益损失，会影响信用关系和下一次的信用行为，反之，单个或一次信用行为的利益获得，会进一步促进信用关系和下一次的信用行为。从整体社会经济活动过程看，交易是一种重复或循环的行为，信用中的利益问题往往分裂为当前利益与长远利益、现实利益与预期利益的均衡比较。这种环境下，如守信的预期利益大于违信所带来的当前利益，就会守信以获得预期利益；如守信的预期利益小于或等于违信所带来的利益，就会实际违信；如由于外部原因，守信的结果对双方都无利可图，就会完全不守约或终止契约行为或改变约定，从而放弃信用要求，从而带来新的利益。但还有一种情况，即由于预期利益具有不可确定性和时间的损耗性，又会出现实际违约以获得当前的利益而损害长远利益的可能，从而出现反信用要求的短期行为。

最后，信用作为一种资本，其获得需要付出一定的交易成本。信用成本的一个主要原因是"道德风险"，在市场经济活动中，可能发生各种欺诈、违约、投机取巧等现象，这称之为道德风险。由于道德风险的存在，会导致市场失灵，降低信用度，扰乱经济秩序。因此，为相互间能相对稳定地形成信用关系，保证信用行为执行，相互提供"信用"，一方面必须进行伦理道德和法律制度的建设从而形成约束机制，另一方面要有经济上的信用补偿而形成激励机制，这些为防范"道德风险"而保证信用有效性的支付，构成了信用成本。正如约翰·穆勒所说，"劳动者的道德品质对其劳动效率和价值来说与智力是同等重要的"，如在一个工厂组织内，工人劳动产品成本多少，在一定程度上依赖于他们的诚实可信，因为花费大量劳动监督或检验工人的工作，这种额外花费并不是产品本身所需要的，而是对付工人的偷工减料等，以保证工人信用。

信用具有外部性。市场主体之间以信用关系为纽带，相互依存，相互影响。市场主体选择守信或失信行为，不仅会对自身产生影响，还会给他人（外部）带来效应。在一定条件下，当事人的守信行为可能会对其他当事人产生正面影响，引起别人的效仿，结果有利于形成大家都守信的社会环境；反之，当一方缺乏信用，不提供信任时，与其相关的社会成员利益则会受损，这是信用的负外部性，如工厂排放污水等。在存在外部性的世界中，收益受损的不对称性和无法监督性会导致社会福利下降。"公地悲剧"（tragedy of commons）表明，外部性问题会导致个体利用自身信息与行为优势占有公共领域，从而导致整体福利受损。还有外部性导致的搭便车（free‑rider）行为也将使得集体行动的效率低下。可见，信用的外部性对每一行为主体以及整个社会福利的影响是巨大的。如果产生正面影响的守信行为得不到足够的奖励，即当事人的守信收益小于社会的守信收益；而产生负面影响的失信行为又没有受到必要的惩罚，即当事人的失信成本小于社会的失信成本，难以对市场主体形成可置信的威胁，这样其他主体就会得到可以违约的暗示或纵容，产生"搭便车"的心理，导致信用市场运行中的"市场失败"（market failure），形成"破窗效应"。久而久之，守信行为倾向于减少，而失信行为倾向于增多，造成社会信用环境的无序和信用缺失的恶性循环。

二、信用与市场经济的关系

市场经济是契约经济，是信用经济。没有信用，市场经济就无法运行。市场经济是建立在机器化大生产的物质技术基础上的高度发达的商品经济。其核心内容仍然是商品交换。商品交换是以社会分工基础的劳动产品交换，其基本原则为等价交换。信用经济是商品经济发展到一定阶段后所产生的一种经济现象。与商品经济一样，信用经济中也存在着交易，而且当代世界信用交易量几十倍地大于商品交易量；信用资金供求决定着资金价格和利率；信用资金流通则决定着生产、分配、消费、储蓄、投资等生产和再生产的各个环节。但是，信用经济又不同于商品经济，在商品货币交易中，货币资金是一种导向因素，而在信用交易中，情况则恰好相反。债权债务关系的建立替代了货币资金而实现了商品的转移。货币资金的滞后支付只起到清偿债务、消除债权的作用，债权债务的建立引导了货币资金由债权人向债务人转移，信用是货币资金的运载媒介。在一定的条件下，信用交易通过货币资金这个中间环节成为商品交易的重要导向因素，而且在很多情况下，信用交易可以扩大商品交易的范围和规模。

信用是市场经济社会中最基本的经济关系，是整个社会赖以存在和发展的基础。现代市场经济的一个重要特征是信用交易范围的扩大，并渗透到社会生活的每一方面。信用更适合现代市场经济的运作特点。首先，现代市场经济从本质上看是一种有扩张性的经济，这种经济需要通过负债去扩大市场规模、更新设备、改进工艺等。这些活动，离开信用是难以实现的。其次，现代市场经济中债权关系是最基本、最普遍的经济关系。经济合理的寻找投资与筹资渠道，是现代市场经济的基本观念。经济越发展，债权债务关系就越紧密，就越成为经济正常运转的必要条件，从而使信用成为现代资本运作的灵魂。最后，在现代市场经济中，信用货币是整个货币群体中最基本的形式。它通过资产与负债将银行同各个经济部门、行业、企业紧密联系在一起，信用成了无所不在的经济关系。

可以说，市场经济从本质上讲就是一种建立在信用基础之上的经济，良好的信誉体系本身就是市场经济的重要组成部分。西方发达国家市场经济的演进是一个市场制度不断修正和完善的过程，同时也是诚信培植的过程。

市场经济离不开信用，这是由市场经济的基本特征决定的。市场经济之所以能够存在，除了价值规律的自我调节以外，还要靠建立完善的法制、良好的社会道德和完善的社会信用体系。从市场经济发展的历史看，任何一种市场经济都必须以相应的政治、文化、法律和道德为基础，同时也必须以相应的社会信用为基础。信用的本质是一种物质关系，这种关系不仅体现在商品之间和商品与货币之间，也体现在信用活动中的各个主体之间，体现在国家和社会的利益之间。信用要通过法律与道德来构筑和维护，但信用与法律、道德有很大不同。信用从其功能上来说，除了具有法律和道德共有的保障与规范市场行为功能外，还具有增加市场需求、刺激消费、扩大交易额、降低交易成本的特殊作用。在市场经济运行中，信用与法律、道德这些相互联系、相互区别、相互补充的关系，构成了整个市场经济的基础。

三、信用缺失的经济学分析

在信用经济中最首要的条件就是遵守信用协议。否则，就会产生信用风险。一般情况下，国家信用是最可靠的，除非该国发生了巨大变动，新政府否认前政府的一切债务。但这种情况在历史上并不多见。企业和居民个人则不同，即便国营企业也不例外，只是大的国营企业资信较高一些而已。在信用经济不发达的社会里，人们的风险意识较弱，而在信用经济高度发达的国家，一方面信用交易非常活跃，另一方面风险意识也特别强，因为金融机构在不掌握对方足够资信的情况下，绝不会为对方承担一定范围内的担保义务。在信用发达的国家，风险已成为企业经营目标的构成因素。一个经营项目，一笔贷款，往往收益高，风险也大；收益低，风险也小，两者密切关联。企业往往对预期收益高的项目（或贷款）提取较多的坏账准备金。如果一个金融机构比过去被评低一个资信等级，那么在国外发行债券或取得借款时，就将支付高一个等级的利率和有关费用。

（一）信用缺失的博弈分析

信用把经济个体纳入到一个相互作用的环境中，此时个人的理性效用函数不仅依赖于他自己的选择，还依赖于别人的决策。个人的理性选择往往会导致集体或社会的非理性结果，这种非理性的结果会反过来改变个人理性的行为方式。

下面用博弈论中消费者和企业的一个案例（图1-1）来说明信用缺失的产生。

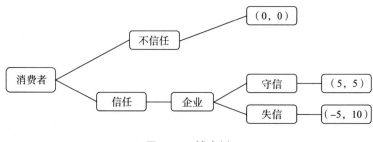

图1-1　博弈树

在上面的博弈树中，消费者不信任企业时，则不会购买企业的产品，因此双方的收益为（0，0），当消费者信任企业时，企业面临两种选择，即守信和失信，当企业选择守信，生产高质量的产品时，双方的收益为（5，5），当企业选择失信而生产低质量的产品时，消费者的收益为 - 5，企业的收益为 10，企业获得了收益最大化，但这时，社会的总体收益低于企业守信时的收益。这反映了个人理性和集体理性的矛盾。失信的成本低，而获得的收益高，因此理性的个人追求自身利益最大化将不可避免地产生失信行为。

（二）信用缺失的制度分析

我国的市场经济水平与监管制度相对于西方发达国家来说，处于较低水平，尤其是近年来我国信用缺失现象严重，使我们不得不正视对信用的研究。我国学者厉以宁认为，在经济生活中，信用是对交易合法权利的尊重和维护❶。曾康霖认为"信用应从经济、道德和心理三个角度来考察。从经济角度考察，信用是社会产品分配和交换的特定形式；从道德标准考察，具有诚实和信誉的意思；从心理方面考察，具有信任和信心的意义❷"。

我国失信行为的频繁发生本质上是因为在社会转型过程中，与市场经济相适应的新的信用制度和有关法律、法规的正式规则尚未健全，最重要的是信用意识的非正式规则也尚未培养起来的双重软约束造成了我国的信用危机。同时，即使市场生成失信代价，失信代价的责任承担者也有可能"虚化"和"缺位"，那么这种形式的惩罚只不过是一种"软约束"。我国由于国有企业产权的不明晰，没有人为国有资产的保值增值负责，没有人为国有企业的失信行为付出代价。民营企业产权得不到有效的保护，变化无常的政策使民营企业家不能形成相对稳定的预期，在这样的制度环境下，无论是国有企业还是民营企业，追求短期利益将是第一个理性人的最优的选择，信用机制自然不可能形成。要使失信行为减少，信用体系建立得以健全，合理的制度解决办法是，只有当失信成本高于守信成本，守信利益高于失信利益时，才能使人们自觉实施守信行为。

---

❶ 厉以宁. 论信用体系的瓦解 [I]. 新华网，2002 - 1 - 22.
❷ 曾康林. 确立我国信用制度建设的理念和思维模式. 信用理论与信用风险防范 [M]. 北京：中国金融出版社，2003.

第四节　信用与信息经济学

一、信息经济学理论分析

传统的经济学理论并没有将信息列入研究范围，其理论的假定前提是完全信息，然而现实生活中信息总是不完全的，因此，传统的经济学理论并不能很好地解释现实。而现代经济学注重研究信息不对称带来的影响，认为信息不对称造成了市场交易双方的利益失衡，影响了社会的公平、公正的原则以及市场配置资源的效率，并且提出了种种解决的办法，信息经济学逐渐成为新的市场经济理论的主流。信息经济学研究的是信息不充分或不对称条件下的经济主体之间的博弈问题。在信息不对称的条件下，一方有可能利用其信息优势，对另一方实施欺诈或其他违背诚实信用原则的行为。特别是"随着交换的增加，市场规模的扩大，专业化和分工进一步发展，使得商品交换由个人之间向社会成员之间拓展，简单商品交换中的个人交换就演变成复杂商品交换中的非个人交换。在这类交换形式中，交易极其复杂，交易的参加者很多，信息不完全，导致交易主体之间的欺诈、违约、偷窃等行为不可避免❶"。

詹姆斯·莫里斯（James Mirrlees）和威廉姆·维克瑞（William Vickery）对信息不对称条件下的信用研究做了开创性的贡献。若信息对交易各方都是对称的，则交易各方可以通过签订完备契约减少甚至杜绝失信现象发生的可能性。信息经济学将信用分为以下两类。

（1）隐藏知识。所谓"私人信息"或"隐藏知识"，即企业作为当事人自己知道自己的有些信息，而对方不知道。比如贷款合同中企业隐瞒过去的违约"前科"，而银行业并不了解，即企业撒谎。这种情况下，会导致另外一方采取逆向选择的行为。这个问题最早是阿克洛夫1970年在"柠檬市场"中提出的。

柠檬市场❷，它是指在信息不对称的市场中，产品的卖方对产品的质量拥有比买方更多的信息，这将导致好的商品遭受淘汰，而劣等品会逐渐占领市场，从而取代好的商品，导致市场中都是劣等品。比如，在二手车市场上，卖

---

❶ 周林彬. 法律经济学［M］. 北京：北京大学出版社，1998：78.

❷ 乔治·阿克洛夫（George Akerlof）. 柠檬市场：质量不确定性与市场机制［J］. 经济学季刊，1970.

者知道所售汽车的真实质量，而潜在的买者只能通过外观、介绍及简单的现场试验等来获取有关汽车质量的信息，很难对汽车的真实质量作出判断，只知道旧车市场上汽车的平均质量。在这种情况下，典型的买者只愿意根据平均质量支付价格，这样一来，质量高于平均水平的卖者就会将他们的汽车撤出旧车市场，市场上只留下质量低的卖者。结果是，旧车市场上汽车的平均质量降低，买者愿意支付的价格进一步下降，更多的较高质量的汽车退出市场……在均衡的情况下，只有低质量的汽车成交，极端情况下甚至没有交易。逆向选择模型揭示了在信息不对称的情况下，市场的运行可能是无效率的，违背了市场竞争中优胜劣汰的选择法则，这种"市场失灵"导致"劣币驱逐良币"的现象发生。

（2）隐藏行为。所谓"隐藏行动"，即签约时双方都了解有关信息，但签约后一方可以利用对方不了解的签约后信息，采取偷懒或不尽力等行为，给对方带来损失，形成欺骗。信息经济学称之为"道德风险"。委托代理理论就是分析该方面的主要理论。委托代理问题通常表现为委托人无法真正观察代理人签约后的行为，如努力程度和是否存在机会主义行为等，代理人利用其信息，可能做出与委托人利益相悖的行为。

以借贷市场为例，在借贷行为发生后，企业作为代理人对于借入资金的实际投向及其风险、收益水平、贷款的偿还概率等信息比较了解，而银行作为委托人则对此并不完全了解。由于二者经营目标上的差异性，企业有可能违反借款合同的约定，进行高风险项目投资，从而发生意外损失，不能按期偿还贷款，形成了信贷市场的道德风险。在不含任何激励和约束措施的信贷合约中，银行由于道德风险的发生，不可避免地承担了一定的信贷风险。

道德风险广泛地发生在各个经济主体之间，尤其成为保险市场、信贷市场和劳动力市场上的典型失信行为。它可能导致社会福利的定量配给和隐蔽行动的次优消费，以及保险、金融资本等风险市场的不完备性，不利于资源配置的优化。

二、信息经济学对信用问题的意义

信息不对称是市场经济中客观存在的经济现象，它也是失信的必要条件。信息不对称程度越大，信用市场中产生逆向选择与道德风险的可能性就越大，授信主体的信息成本就越高，市场的交易费用也就越大；此外，信息不对称程度越大，信用市场中产生逆向选择与道德风险的可能性就越大，市场的交易费用也就越大。

信息不对称理论的引入揭示了市场体系的缺陷，指出完全依靠自由市场机制不一定会给市场经济带来最佳效果，会引起信用的缺失。微观经济学认为，人是自利的、理性的，每个人都会追求自身利益的最大化，处于信息优势的一方采取有利于自己，甚至有损于处于信息劣势一方的行为决策就在所难免。由于信息不对称，使得失信行为时有发生，造成了社会效率的低下。

上述分析说明，良好的信息环境，是信用经济形成的重要保证。一般说来，一个高效率的信息传递系统对信用机制的建立至关重要，消除道德风险的诚信危机必须构建一种鼓励或刺激具有信息优势的代理人主动采取与委托人给定目标相一致的行动的机制，即信息激励机制。它能够保证代理人出于自身效用最大化考虑，自觉或不自觉采取与委托人给定目标相一致的行动，从而客观上维护了委托人的利益。这种激励机制必须通过建立合理制度而得以实现。只有保持信息的对称性，才能保证每一个经济人在进行成本收益分析时摆脱信息条件的约束而处于平等地位，而且在信息对称的条件下，竞争机制使得代理人只有选择守信，才能使交易发生而获得收益，因而，实现信息的对称性是消除信用缺失现象的一个重要条件。

第五节　信用与信用管理

一、信用与信用管理的基本关系

信用活动存在信用风险，而信用管理为信用活动服务并与其相互融合。一方面，信用活动的发生必然伴随着信用风险的存在。信用活动的一大共性就是具有时间间隔性，即承诺在先，履约兑现在后。只有全部的交易活动完成后，经过一定的时间间隔，才能知道对手是否兑现以及兑现的程度，才能了解信用活动的具体结果。信用活动具有的这种时间间隔性，使得信用活动突然具有风险性。在追求自我利益最大化的动机作用下，不守信用，有借不还就可以无偿地占有、享受别人的财产，失信的激励天然存在。信用管理可以控制和减小信用风险，以利于信用活动的开展。信用风险无处不在，使得信用活动往往不能顺利进行，需要信用管理的支持。信用管理是为信用活动服务的，其根本目的就是提高信用活动的质量，保障授信人的权益，促进信用活动的发展。

另一方面，信用活动和信用管理都属于信用的基本范畴。对于建立了信用管理制度的企业、银行等组织机构和有较强的信用管理意识的个人而言，信用管理和信用活动相互交融，信用管理已经成为信用活动的有机组成部分，是开展信用活动的必要环节。信用管理活动渗透到现代信用活动的各个环节，丰富了信用活动的内容。两者除了服务与被服务的关系外，更多的是相互依存，相互融合，日益形成一个有机的整体。

二、信用管理的内容

信用管理是市场经济社会中最基本的经济关系，是整个社会存在和发展的基础，不讲信用，社会就无法正常维持。信用管理指的是各经济主体（包括政府、一般意义上的企业、金融机构、个人以及专业的信用管理机构）为了实现信用活动的目的、维持信用关系的正常运行、防范或减少信用风险而进行的手机分析征信数据、制定信用政策、配置信用资源、进行信用控制等管理活动。信用管理是为达到预期目标而进行的一系列活动，因此信用管理必须具有明确的目标性，同时还必须广泛地应用现代科技新成果，如网络技术、预测、概率论等。信用管理的内容包括以下几个方面。

（一）政府的信用管理

广义的政府信用是指政府诚实守信的行为能力与被各界给予的信任度。广义的政府信用活动主要涉及的范围包括政府与各界关系往来和经济交易活动两大范畴。

政府一般定位为国家的代表、行使国家职能的权力机构或公共产品的提供者。具体到信用领域，政府是数据开放的推行者、契约执行的监督者、行业监管的实施者、不良信用行为的惩罚者，还是中央银行体系的建设者、国家信用的主体。这些职能的发挥，表明政府已成为一个信用管理主体，而且是很重要的一个信用管理主体。其重要性主要体现在具有较高的权威性、较强的外部性，扩散作用快，影响范围广。美国的联邦贸易委员会是国家信用管理的主要机构。在《公平信用报告法》等法律法规中已作出规定，政府在国家信用管理体系中的主要职责是：消费者信用保护类法律法规的执行机构；制定和修订信用类特定法规的主要提案机构；确保受有关法律规范的企业运营的安全稳定；向社会报告违法并造成消费者实质伤害的不公平或欺诈交易等。

政府信用具有鲜明的社会性。这要求政府必须守信，奠定政府与各界良好的社会关系，创造良好的信用环境，维护社会正常秩序。政府信用具有很强的扩散性，政府在制定政策和执行政策的过程中，其影响会在社会公众中扩散，甚至会产生连锁反应。

（二）企业的信用管理

企业信用管理有广义与狭义之分。广义的信用管理是指企业为获得他人提供的信用或授予他人信用而进行的管理活动，其主要目的是为筹资或投资服务。狭义的信用管理是指信用销售管理，其主要目的是提高产品和企业的竞争力、扩大市场占有份额。

传统企业信用管理具有客户的档案管理、客户授信以及应收账款管理三大基本功能，是通过制定信用管理政策，指导和协调内部各部门的业务活动，对客户信息进行收集和评估，对信用额度的授予、债权保障、应收账款回收等各交易环节进行全面监督，以保障应收账款安全和及时收回的管理。

在新经济以后，随着现代通信技术的发展，企业的信用管理部门又多了一项新的功能，即"利用征信数据库开拓市场"的功能。各大企业的征信数据库开始具备数据快速分类检索的能力，可以向客户提供及时的数据库检索服务。

（三）个人信用管理

个人信用也就是消费者信用，是金融机构或者消费品生产企业提供给个人的信用。个人信用的发展使得一对一的信用关系转化为多对一的信用关系，由此推动了市场交易的发展，使消费者可以提前消费，还可以为消费者提供创业机会，帮助消费者应付突发事件等。由此可见，消费者信用是比消费信用涉及面更广的一个范畴。个人信用管理也即消费者信用管理，是指个人对自身信用活动加以管理，以达到信用活动的目的，维持与其他经济主体之间信用关系的正常运行。

（四）专业的信用管理机构的信用管理

专业的信用管理机构以及整个信用管理行业是以征信产品和征信服务为生产对象的，其中征信产品主要包括企业征信、消费者个人征信、资产调查和评估、资信评级、市场调查，征信服务主要包括商账追收、信用保险、国际保理、信用管理顾问、票据查证。

自20世纪80年代以后，信用管理行业在技术上取得了重大进步，企业的自信调查和市场调查已成为信用管理行业的主要发展方向，信用管理行业中的信用管理公司主要通过向客户提供定性的征信产品来解决客户问题，满足客户需求。90 年代以来，信用管理行业中的大型企业开始转变其传统的以提供信息及分析产品为主的服务方式，开始强调客户服务，由浅入深的信用管理顾问服务，即所谓从对客户问题的征信产品解决方案到信用管理服务解决方案的全程服务。

三、信用管理的作用和效率

（一）信用管理为科学的信用风险管理提供支持

信用风险管理是信用管理的有机组成部分，但是信用管理不局限于信用风险管理，信用管理还包括征信和评级等内容。信用风险管理是在具体的信用活动中进行信用管理所使用的主要手段之一，它的发展和完善对于信用管理的科学化具有重要的意义。

信用风险量化管理是信用风险管理的一个重要发展趋势。JP 摩根在 1997 年推出的 Creditmetics 信用风险取决于债务人的信用状况，而企业的信用状况可以由被评定的信用等级表示。因此，信用计量模型认为信用风险直接源自企业信用等级的变化。在假定信用评级体系是有效的前提下，信用计量模型的基本方法就是利用评级公司提供的评级数据进行信用等级变化分析，以此度量信用风险的大小。有效的信用管理体系可以积累和披露大量的有价值的信用信息，可以丰富对违约风险的防范方法和对违约对手的惩戒方法，为信用风险管理的发展提供支持。

（二）信用管理是现代企业管理的核心内容

在买方市场条件下，企业要想获得市场竞争力，提供信用销售服务是必不可少的。但是信用销售最终将成为一种信用活动，必然存在信用风险。如果企业能够建立完善的信用管理制度，就可以有效地控制信用风险，保障自身的权益，提高信用活动的效率，保证信用交易的顺畅进行。在企业决定是否对客户授信之前，首先要对客户信息进行收集和分析，解读征信机构的客户信用报告，利用信用分析模型对客户的信用级别进行科学判断。这些信用管理活动能够大大降低信息不对称的程度，使企业对授信对象有一个比较全面和准确的判断，筛除资信差的对象，使信用风险在信用活动的最初阶段就得到根本性的控制。再通过应收账款的监控、信用风险转嫁、拖欠账款追收等信用管理活动，就能够大大地降低信用交易损失，提升企业管理水平，使企业敢于授信，有能力管好风险，在市场竞争中占据有利地位。

（三）个人信用管理是提高生活质量的重要手段

在现代信用经济社会中，个人要立好信用，用好信用，管好信用。首先，个人要非常重视自己的信用记录，维护良好的信用记录，修正不良记录的污点，争取更高的信用评分，这能给自己的就业、借贷和投资活动带来极大的便利和实惠。其次，个人要学会理财，充分利用自己已经建立的良好信用，开展信用活动，把一生中不同年龄段的收入进行合理配置，积极拓宽投资渠道，积累个人财富，保持一定的消费水平，提高生活质量。同时，要加强信用活动的管理。再次，要合理负债，实现债务和收入的良性循环，避免陷入个人债务危机而导致破产。最后，对授信资产要加强监控，时时了解债务人的信用状况变化，保障自身的权益。

第二章　社会信用体系的一般分析

社会信用源自人类社会的生存和发展的需要，利益是社会生活中普遍起作用的动力和源泉，人们对利益的追求促使人们不得不进行合作，而要合作就必须相互信任，正是这种相互信任的不断发展，产生了社会信用。它已融入现代社会的各个方面，而所谓体系是由若干相互联系、相互影响、相互制约的各要素组成的统一体。社会信用体系涉及道德、文化、经济、法律、政治等诸多领域，是一个诸多因素相互影响的有机整体。完善的社会信用体系是促进经济社会良好运行和协调发展的重要基础之一。本章主要是对社会信用体系的内涵、内容、功能、作用及其历史演变过程进行分析，以此认识社会信用体系的具体范畴，为进一步研究和加强社会信用体系建设奠定坚实的理论基础。

第一节　社会信用体系及其结构

社会信用体系是一种社会机制，其主要作用是规范一个国家或地区的信用活动。完善有效的社会信用体系能够使一国或地区的市场经济从以原始支付手段（即现金与物品）的即时交换为主的市场交易方式向以信用交易为主的市场交易方式的转变。这种机制和规范，创造了适合信用交易健康有序发展的市场环境，为一国或地区市场经济走向成熟化和国际化提供了保证。

一、社会信用体系的内涵界定

目前，理论界对社会信用体系的内涵界定还存在很多不同的看法，要对其做出明确的定义并不是很容易的事情。首先，在称谓上，有的将社会信用体系与信用征信体系等同，有的则将社会信用体系与信用管理体系、社会信用制度相提并论。在内容上，有的从信用形式的角度出发，认为社会信用体系包括商业信用、国家信用、银行信用、票据信用；有的从社会信用运行机制过程角度出发，认为社会信用体系是包括信用记录、信用征集、信用调查、信用保证以及信用制度、信用管理在内的信用系统；有的则从信用功能与管理功能的角度出发，将社会信用体系视为一种社会机制，是由社会信用制度、信用管理和服务系统、社会信用活动、监管与惩戒机制组成的社会治理机制。有的则将社会信用体系分为广义和狭义两个层次，广义的社会信用体系是包括信用记录、信用征集、信用调查、信用评价、信用保证以及信用制度、信用管理在内的以社会为主题的信用系统；狭义的社会信用体系是以独立中介机构为主体，在法律允许范围内通过收集和分析个人及企业的信用资料，为客户提供当事人信用状况等证明资料的社会化的信用系统，并且认为社会信用体系通常是指包括信用记录、信用征集、信用调查、信用评价、信用保证等在内的信用信息服务系统。有的认为社会信用体系是由征信机构和信用评级机构组成的系统。有的认为社会信用体系是由政府信用体系、企业信用体系、个人信用体系组成的。上述对社会信用体系不同的定义，都有其合理性，但对社会信用体系范畴的模糊认识，不利于对社会信用体系进行全面系统的研究，尤其会影响到国家相关决策部门制定正确的社会信用体系建设规划和政策，或者制定的规划和政策缺乏实际可操作性，从而可能影响社会信用体系建设的进程。因此，为保证社会信用体系建设高效、高质量地完成，过于宽泛或过于狭窄地理解社会信用体系都是偏颇的，必须明确界定社会信用体系的概念。

本书认为，对我国社会信用体系内涵的理解应该建立在系统论的基础上，结合信用自身的特点，以及我国社会环境、经济环境、法律环境等诸多因素综合考虑。按照系统论的观点，所谓体系是由若干相互联系、相互影响、相互制约的各要素组成的统一体，因此，社会信用体系是以一国的社会信用制度为基础，在一国范围内制定各项信用法律法规以确保社会信用交易的正常开展；建立各种相互联系、相互影响、相互作用和相互制约的信用管理机构、信用数据信息征集机构、信用经营服务机构等为信用活动提供便利；依靠失信惩罚机制惩戒失信行为；同时开展信用管理教育培养信用管理人才的有机整体。在当前我国，我们所要完善的社会信用体系是一种以道德为支撑、产权为基础、法律为保障的社会机制。它通过把各种与信用建设有关的社会力量有机地整合起来，以有关的信用法律法规为依据，以信用中介机构为载体，以合法有效的信用信息为媒介，以打破信息不对称为手段，通过鼓励和弘扬守信行为，制约和惩罚失信行为，使信用主体（个人、企业、政府等）行为的价值取向发生改变，自觉地从失信向守信转变，进而促进整个社会信用水平的完善与发展，保障社会秩序和市场经济的正常运行与健康发展。

可以看出，社会信用体系是一种有效的社会机制和基础设施，它以道德为支撑、产权为基础、法律为保障的。其工作的原理是，通过对市场信用交易主体的守信和失信行为的记录、揭露、传播、预警等功能，解决经济活动中信用信息不对称的矛盾，加大失信成本，用经济手段惩治经济领域的失信行为。通过社会信用体系作用，使授信人、政府、公众能够系统地了解作为受信人的企事业法人和自然人的信用状况，科学地作出信用评价。社会信用体系，它不像法律制度体系具有外在的规制性，而是一个内在的约束机制。

二、社会信用体系的内容

社会信用体系是一个庞大的社会系统工程，几乎涵盖了市场经济体制的所有重要方面，包括企业和个人强烈的信用意识，以及全民以讲信誉、守信用为荣的道德品质和对交易过程的规范，对市场主体和政府行为的规范。总体看来，社会信用体系包括 5 个主要的组成部分，它们分别是：①信用工具体系，即信用交易的各种规则和手段，是信用管理行业得以生存的基本条件；②信用规范体系，即信用管理相关法律的建立和执法，市场基本规则和法律规范；③信用监管惩戒体系，即政府对信用交易和信用管理行业的监督和管理，保证在业内形成公平竞争机制，特别是使得信用管理行业有一个合理的布局，允许信用管理专业的民间机构发挥其功能；④信用中介体系，即信用风险管理相关机构的建立；⑤信用文化教育培训体系，即信用管理的正规教育和研究的发展，其中信用管理行业的建设和发展是这个复杂工程的"核心"。

（一）信用工具体系

信用工具体系是为了适应信用交易发展的需要，为信用交易提供便利的各种工具和手段。例如，银行信贷、各种票据和支付凭证、信用卡、信用证等。只有便利的信用交易的工具和手段不断增加，信用交易的发展才会越来越广泛，对于信用评价、信用管理需求才会越来越大。社会信用体系就是为了便利交易保驾护航的，所以提供必要的、先进的交易工具是其主要内容之一。

（二）信用规范体系

信用规范体系是信用体系的一个重要内容。在市场经济中，信用不仅是一种道德规范和一般意义上的行为准则，更是市场经济的一项基本规则。因为，市场经济是靠竞争来配置资源的，市场经济要想能正常地运行，得以优化资源的配置，就要有公平竞争的规则参与市场活动的各个主体的行为，要求他们遵守这些规则，以保障公平竞争。在这些规则中最基本、最核心的就是遵守信用。市场经济越发展，信用关系越复杂，市场活动中的各种关系都要靠信用来维系，由此产生了一套各市场主体必须遵守的信用规则和与此相适应的法律规则，以约束和强制各市场主体的行为。如果市场经济关系的各方或者其中的某一方不遵守信用，破坏了约定，也就破坏了市场的规则，就要受到法律的制裁。

（三）信用监管惩戒体系

失信惩罚机制是保障交易者的合法权益，要求对失信者采取惩罚机制，帮助市场交易者采取惩罚机制，帮助市场交易者树立诚信意识，自觉遵守信用秩序，是社会信用体系的重要组成部分之一。美国建立失信惩罚机制主要围绕三方面发挥作用：一是把交易双方中的失信者或经济生活中发生失信行为，扩大为失信方与全社会的矛盾；二是对失信者进行经济处罚和劳动处罚；三是司法配合。2001 年底，美国信用危机爆发后，安然、世通等造假公司都受到了严厉的制裁，安达信被判妨碍司法罪并结束了长达 89 年的审计业务。2002 年 7月底，国会通过《索克斯法案》，其从改善公司治理、加强信息披露和财务会计处理的准确性，确保审计师的独立性等主要方面对现行的证券、公司和会计法律进行了多处重大修改，而且针对上市公司新增了严厉的法律规定。可见，只有建立严厉、有效的惩罚机制，才能对失信者产生震慑和警示，维护正常的信用秩序。

（四）信用中介体系

信用中介体系主要是各类信用中介机构组成的有机整体。为适应信用交易的需要，为信用交易提供各种服务，社会信用体系必须包括信用中介机构。从狭义上说，信用中介机构仅指征信机构、信用评级机构和信用担保机构。从广义上讲，信用中介机构包括为信用交易提供信贷和各种支付凭证、信用证等金融中介机构，具体有以下几个方面。

（1）金融中介机构，为信用交易提供信贷和各种支付凭证、信用证等信用工具。如银行和各种非银行金融机构。

（2）征信机构，为交易各方提供客户资信信息。银行给客户提供贷款时，或者企业向客户供货时，为防止贷款、收款的风险，需要了解客户的资信情况。固然，银行、企业可以自己了解客户的资信情况，但都由自己去收集客户的信息，不仅工作量大，而且成本高，由此产生了专门提供资信信息的信息服务机构。

（3）信用评级机构，为交易各方提供信用状况服务，依据信用评级机构的评价结果，市场交易主体可以初步了解对方的资信状况，避免或减少由于信用风险带来的损失。

（4）信用担保机构，为获取银行或非银行金融机构的贷款提供担保的服务机构。对于信用提供物质担保有两种形式：一是由受信人自身的资金提供担保，如贷款抵押赊购的预订金等有其局限性；二是由第三方提供担保，其优点是增加担保资源、改善信用管理和降低交易费用。

（5）有信用交易活动衍生出来的，为信用交易提供服务的其他机构，如律师事务所、会计师事务所、审计师事务所等。它们为信用交易提供必要的法律手续、会计信息、审计结果。同时它们也为信用评估机构提供相关的数据信息，有助于评估结果的准确性和真实性。

（五）信用文化教育培训体系

信用文化教育培训体系是为现代信用活动培养人才，推广信用文化建设的各种教育培训机构和活动的总和，是现代信用体系建设的重要组成部分。市场经济是建立在一定规则基础之上的有限和约束的自由经济，不是唯利是图、完全自由主义经济。市场经济讲究道德、精神和规则。这一切的形成，既需要利益的平衡，也需要制度的安排，更不能忽视社会舆论的宣传、引导与监督。社会舆论是改善市场经济秩序、加快建设社会信用体系的重要支持力量。目前，信用管理人才需求巨大，现阶段大力发展信用管理专业的高等教育，增加教育与科研投入、加快发展信用管理的职业教育与岗位培训，主要对象是银行与企业的信用管理人员、信用调查评估和咨询等信用从业人员。

这五大体系构成了一个有机的整体，共同承担塑造社会信用的功能。五大体系的最终目的是通过指导、规范、保障、拓展信用行为，使社会具有诚实守信的交易行为，促进市场经济的良性发展。但是目前我国社会信用体系建设不理想，社会信用制度不健全，导致了失信现象比比皆是，造成信用关系紊乱，经济秩序混乱，从而影响了市场经济发展和现代化建设。

三、社会信用体系分类

社会信用体系中的信用模式从其发生关系的领域来分，一般可分为政治信用、经济信用和伦理信用等层面；从其信用的主体来分，一般可分为政府信用、企业信用、个人信用；从其主体之间相互关系来分，可分为特殊主义的信用和普遍主义的信用。特殊主义的信用是指信用关系的确立是以特殊的亲情（如血缘、亲缘、地缘等关系）为基础，并以道德、意识形态等非正式制度安排作保证的，信用的主体可以是单个的个人、家庭、家族，甚至大至一个地方。这种信用关系的特点是主体之间非常了解，信用关系融合于基于三缘关系基础上建立起来的情感关系之中，是一种人格化的信用。而普遍主义的信用则是指以信用契约和法律准则为基础和保证建立起来的信用关系，关系主体严格遵守信用契约原则是理解这种信用关系的关键。虽然关系主体的人品、道德等因素也在考察之列，但显然不是重点，重点是履约能力（主要是经济实力和技术实力），其调节和保证不是靠情感和道德，而是靠信用契约和法律准则，它是一种制度信用。为便于理解，我们将社会信用体系的形态用图 2 - 1 表示如下。

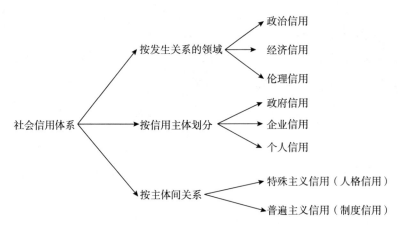

图 2 - 1 社会信用体系形态

社会信用体系的主体包括企业信用、个人信用和公共信用（主要指政府信用和司法公信力）等内容，个人信用、企业信用是重要的组成部分，政府信用是起推动和表率作用的核心力量。

四、社会信用体系建设是一个系统工程

社会信用体系的建立是一个庞大的社会系统工程，涉及的面相当广。建立社会信用管理体系，当然包括广义的信用，这是建立整个社会信用体系的基础和必要条件。不能想象在一个讲信誉、守信用尚未成为一国企业和民众的基本

道德规范和行为准则的条件下，这个国家能够建立起完善的信用体系。然而，建立社会信用体系又不能单纯地建立在诚实守信的道德规范之上，更重要的是要建立对市场主体之间的信用关系管理的整套法律、法规、准则、制度和有效的信用市场形式。从一些发达国家的经验看，这些国家普遍具有良好的全民信用教育和信用意识，有完善的管理信用立法和失信约束惩罚机制，有发达的商业化、社会化运作的信用中介服务机构，有信用管理行业的自律组织，共同构成了社会信用管理体系。

在市场经济中，社会经济关系往往表现为信用关系。经济活动的主要方式是建立在诚信原则基础之上的信用交易，如赊销、消费信贷、信用卡、信用证、债券等。这些信用交易扩大了市场，提高了交易效率，促进了经济发展。信用交易日益普遍，已成为市场主体们在经济活动中共同采用的主要交易方式。市场经济就是这种建立在各种各样的、错综复杂的信用关系基础上的经济，是以信用为纽带进行生产、交换、分配、消费的经济形式。市场经济就是信用经济。在市场经济中，企业和个人是交易的主体，必须遵守公认的、共同的交易规则——诚信原则。所谓诚信，是一种精神与原则，是一种道德规范和行为原则，在社会交往与经济活动中必须遵守。它是市场经济活动中形成的道德准则。它要求人们在市场活动中讲究信用，恪守诺言，诚实无欺，在不损害他人利益和社会利益的前提下追求自己的利益。诚实信用原则为一切市场参加者树立了一个"诚实商人"的道德标准，隐约地反映了市场经济客观规律的要求。我国《民法通则》第 4 条规定：民事活动应当遵循自愿、公平、等价有偿、诚实信用的原则。在计划经济时期，全社会的经济活动都是由国家计划安排。国家是所有活动的唯一主体。企业和个人都从属于国家，不独立参加社会经济活动。诚实守信虽然仍是做人的原则，但并没有直接应用于经济活动中，没有和经济交易规则结合在一起。所以，在市场经济中，一般社会关系中诚实守信的道德规范与行为原则和经济活动的交易规则紧密地统一起来，就是市场经济的信用文化。这是我们这种由计划经济向市场经济转型的国家所缺乏的、也是发展市场经济所必需的一种文化。正因为如此，在建设我国市场经济的过程中，就要大力宣传与确立诚信原则，并且以诚信原则为基础建立市场经济下的各种交易规则，以诚信为本进行各种交易活动。

我国社会信用体系建设，是在政府推动下全社会参与的一项社会系统工程，其基本架构由社会信用制度、信用管理和服务系统、社会信用活动、监督与惩戒机制 4 个方面组成。建立以道德为支撑、产权为基础、法律为保障的社会信用制度，是社会信用体系建设的核心；按照完善法规、特许经营、商业运作、专业服务的方向培育信用管理和服务系统，是建设社会信用体系的重要任务；开展社会信用活动，是社会信用体系建设的实践环节；建立信用行业监督和失信惩戒机制，是社会信用体系建设的一项保障措施。政府部门的信用行业监管和公共服务，市场信用服务机构的商业化运作，行业组织、企事业单位和全社会的诚信活动，构成了我国社会信用体系的运行系统。要建设政府部门的公共信用信息披露系统，行业协会的同业信用信息收集发布系统，商业信用服务机构的经营服务系统，通过网络化的数据交换实现信用信息的社会共享，形成科学严密、高效顺畅的社会信用服务体系和运行机制。

第二节　社会信用体系的功能及作用

社会信用体系是伴随着市场经济的发展和信用交易的扩展而不断进行完善的有机机制。它的建设关系到一国市场经济秩序的维护、政府工作效率的提高和社会文化的推广等诸多方面。而建设社会信用体系的最终目的就是发挥其在社会发展和经济建设中的功能和作用。社会信用体系的功能及作用主要通过政治、经济、文化三方面的路径来实现。

一、社会信用体系在节约社会公共成本、提高政府效率中的功能

（一）社会信用体系节约公共事务管理的运行成本

管理社会公共事务是政府的一项重要职能。通过对公共事务的管理，为社会成员提供优良的公共物品和优质的公共服务，维护安定、有序的公共秩序。目前，在公共管理中，比较严重的是公共物品领域的"搭便车"现象。所谓"搭便车"问题，是指某些人或某些团体在不付出任何代价成本的情况下从别人或社会面获得收益的行为。公共物品领域的"搭便车"表现为个人不主动为公共物品付费，总想让别人生产后自己免费享用，这种投机的直接结果，就是公共物品只能由政府供给，而政府又很难解决个人的真实意图，难以确切地了解个别消费者对公共物品的效用函数，从而使资源配置失效。为了解决这个问题，行政学者当然想了很多办法，但效果并不好；在公共物品的消费领域，还要靠人们道德素质的提高，靠人们自觉意识的增强。信用伦理道德精神中所包含的诚信意识，有助于人们正确对待和爱护政府提供的公共物品，诚实使用、自觉归还，消除"搭便车"思想，从而提高公共物品的使用效率和范围，

减少政府管理公共事务的费用，降低公共事务的运行成本。

此外，对于公共设施的使用和维护，也有赖于全体社会成员的自觉自律行为，政府对公共事务管理的支出与社会整体道德素质水平是成正比发展的，社会整体诚信度越高，文明行为越普遍，公共性服务和物品也就越全面越丰富。

（二）社会信用体系节约法律实施中的执法成本

法律是维护社会秩序的刚性手段，其不但在制定过程中存在立法成本，而且在执行过程中存在执法成本。一方面，任何一部法的制定、修改都存在一定成本。大量人力、物力、财力的消耗要支付相应的费用，这是一种公共成本，在摩擦严重时，这种公共成本可能会升高。另一方面，法律在执行程序上也存在一定成本。目前由于债权债务关系引发的经济纠纷，坑蒙拐骗、制假造假的不法行为，证券期货市场的财务虚报等法律案件的增多客观上增加了案件查处和法律实施的难度，特别是判决后的法律案件。比如有的学校为学生提供下雨时的免费伞，在雨天为人们提供了帮助，但在晴天伞归还率却很低，如若公众都能保有诚实的态度，用完即还，可以提高伞的重复使用率，在人们需要时就能够帮助更多的人，也就减少了公共物品的供给成本。更是耗费检察机关和各类执法机关大量人员和财力去监视执行，以保证健康有序的经济环境和安定团结的社会环境，这种社会正常运转所需的法律保障大大超出了社会应有的承受能力，透支了社会成本。而信用伦理道德则是通过信用伦理道德精神、人们内在道德观念和道德品质的塑造以及信用伦理道德规范对人们外在行为的约束，在社会中建立人际信任关系，促进社会形成积极健康的道德风尚，使不法分子失去生存空间，减少法律实施中的费用消耗，如法律诉讼费用、庭审判决费用以及监狱管理费等，从而节约社会运行成本。

（三）社会信用体系提高政府效率

社会信用体系的建立将为政府提供准确及时的信用数据，配合政府改善企业、个人信用管理，帮助政府搞好信用基础教育和专业培训，保障政府信用管理工作的有效开展和其他各项工作效率的提高。

社会信用体系涉及政府、企业、个人等多层次、多方面的关系。借助社会信用体系强大的数据库系统，搜集和保存企业、个人乃至政府的信用数据，不仅节约成本，而且提高管理效率。通过对这些数据的整理分析、加工处理，政府有关部门可以据此进行市场预测，制定行业政策，加强市场引导，使政府部门的工作有的放矢,有所侧重。

社会信用体系涉及众多机构参与和合作,搜集企业的资信数据,评估企业的信用状况,担保企业的信誉质量,大大方便了企业筹资和生产经营;更为政府对企业的考核和检测提供了依据和标准。这些机构的设立,表面上是社会信用体系不断健全完善的表现,实际上也是整个经济体系成熟的重要表现。政府部门依靠这些机构的协助,基本上初步了解企业的资质和发展潜力,以便给予政策倾向,真正使资金得到合理优化配置,使政府职能发挥得有效到位;社会经济生活中有了这些机构的公正评估、科学预测、合理担保,就会在社会上形成一种不成文的行业规范,人人诚实守信,个个以诚相待,从而减少了政府信用风险监管的费用,也节约了政府大量的人力物力。集中精神履行政府宏观调控方面的职能。这样,政府部门的工作效率就自然会得到提高,事半功倍。

西方市场经济国家如美国,它拥有许多具有国际知名度的征信公司、评估机构,邓白氏的数据保障信用信息的准确、及时;穆迪、标准普尔的自信报告让世界信服。这些机构不仅保证了美国证券市场的正常运转,而且减轻了政府负担,使政府专心搞好应有的社会保障、军事外交等公共事务,工作效率得到很大提高。

社会信用体系加快了高校的信用管理教育学科建设,填补了我国信用管理教育的历史空白,为我国信用管理行业的发展培养后备力量,建设一支知识体系完备、专业技能先进的生力军;此外,社会信用体系还通过各种形式的职业培训、函授、夜大加强目前信用行业从业人员的基本素质,不断提高他们的业务水平,推进社会化管理教育;最后,社会信用体系借助行业协会等公众组织坚强行业诚信管理,营造良好的社会信用氛围,使人们自觉地形成诚实守信的信用观念。这三方面共同体现了政府宏观管理职能,有助于更好地配合政府部门开展信用工作,提高政府部门的工作效率。

二、社会信用体系在市场经济条件下的经济功能

市场经济作为普遍化的商品经济,其核心内容就是商品交换,并通过商品的交换活动把全社会的经济活动紧密地联系在一起,从而可以实现资源的合理配置。良好的经济秩序是实现商品交易的必然要求,也是一切社会资源实现其最大限度增值的必由之路,是社会整体利益实现和增长的基本条件。而社会信用体系是保障经济秩序良好发展的基础设施。因此,市场经济与社会信用体系具有天然联系。

（一）社会信用体系调节经济利益矛盾的功能

商品交换是具有独立经济利益的交易双方之间自愿平等基础上所达成的契约关系，这种契约关系在本质上是行动之间的信用关系的体现。正是由于通过交易能够给当事人带来利益，行动者才会进行交易，而要使交易能够得以实现，交易双方必然需要相互尊重对方的权益，履行自己的承诺，假如交易双方中的任何一方如果失信或欺骗对方，那么，交易就不可能顺利进行，有可能引起整个社会经济活动的混乱。

社会信用建立在一定的利益基础之上，任何信用关系的发生离不开对利益的需求和权衡，利益又有长期利益与短期利益、现实利益与预期利益之分。理性的社会行动者尽可能追求利益最大化为其行为的基本准则，来权衡长期利益与短期利益、现实利益与预期利益之间的关系。就长期利益与短期利益而言，可以用图 2-2 表示。

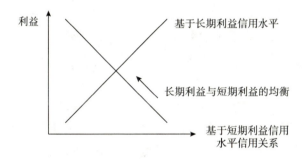

图 2-2　信用与利益的关系

在图中可以看出，信用水平与长期利益正相关，与短期利益负相关。也就是说，行动者越是考虑长期利益，就越是注重自己的信用；相反，行动者越是考虑短期利益，就越不在意自己的信用，一个考虑长期利益的行动者更加会维护自己的信用。同样，如果行动者认为守信的预期利益大于失信的预期利益，就会容易守信；相反，如果行动者认为守信的预期利益小于失信的预期利益，就会做出不守信用的行为。社会信用体系所具有的对行动者的利益调节功能就成为市场经济得以正常和良性运转的基本原则。

（二）社会信用体系节约交易费用的功能

交易费用（transaction costs）是交易过程中市场经济主体为克服交易中的

"摩擦"而付出的代价，其包括寻找交易对象的信息成本，协议时的谈判成本，交易时的考核、监督成本以及交易后的纠纷成本。在现代市场经济中，高额交易费用的存在已经成为经济发展的一大重负。据美国经济学家沃利斯和诺思估计交易费用约占美国 GDP 的 50%，是国民财富的一半。信用节约交易费用的功能在整个交易过程中都得以体现。

1. 交易前的费用

交易前的各种费用主要包括搜索交易对象的费用、搜索交易对象的信息费用、签约之前谈判的费用等。

首先，减少搜索交易对象的费用。市场交易实现的前提是发现交易对象，这就要求交易者在市场环境中充分占有相关的信息，并迅速及时地加以分类处理并筛选出适合的交易对象，这就需要付出一定的费用来完成搜索和整理，因此，交易前的搜索费用是交易实现前所必需的。任何企业都会选择稳定、可靠的交易对象，其搜索方式或利用公司人力资源，直接搜索，或通过各种平面媒体、电视媒体、网络等以广告、公告等形式公开搜索，或委托业内中介机构代理搜索，不同方式和不同途径的搜索行为都会让企业付出人力、物力、财力等高昂费用。企业品格中所具有的信用伦理道德精神内化为企业的各种经营行为，外在表现为诚实守信、合法经营的良好形象。当企业的信誉和美誉成为一种无形资本时，其自然就成为其他企业搜索的交易对象，同时企业自身也会选择与自己同样具有良好信誉的企业作为交易对象，这样双方在搜索交易对象时，彼此都节约了各自的搜索费用，避免了交易费用的额外支出。

其次，降低搜索交易对象的信息费用。企业在交易前要获得有关交易对象的真实信息，必须以互惠互利和信任为道德基础和伦理准则，自己诚实无欺并且信任他人。人们只有从交易主体之间的诚实准确的信息中才能获得最大的收益。要有效地获取交易对象的真实信息最有效的策略就是诚实地使用语言，客观真实地传递信息，遵循诚实信用、互惠互利原则。否则，如果"我的话就是契约"这一原则被破坏和废除，人人都不说真话实话，那么势必导致事无巨细的全面调查，增加搜索交易对象的信息费用就成为必然。因此"信任关系可以降低相互影响的成本"。

最后，节约签约前的谈判费用。由于市场环境具有不确定性，这种不确定性是指市场的透明度问题，主要包括主客观两个方面。主观方面指人的需求、偏好、价值观念等方面的变动性；客观方面指一些非人为因素的难以把握性，如产品的价格、质量、数量、交易对象的情况等这些情况交易主体难以把握，但为了使交易获得成功，又不得不去把握。为了最大限度地规避这种不确定性可能带来的风险，交易主体之间就需要进行谈判保证交易的可靠和牢固。因此，谈判所带来的费用消耗则不可避免。合同的签订是通过法律制度保证交易的完成，确认交易主体所享有的权利和应尽的义务。谈判中相互责任和利益的确认和分配就成为谈判成功的关键。诚实守信平等互利的理念，有助于交易主体明确自身的利益和所负的责任，减少谈判中的讨价还价，以及由于不信任所引发的更多的附加条件，节约谈判时间，简化谈判程序，实际就节约了合同签订前由谈判带来的各种费用。

2. 交易中的费用

在交易过程中，信用通过在人们内心树立诚实守信、互惠互利的意识，促进人们在交易中建立良好的信用关系，从而有效地节约交易过程中的履约和监督费用。

首先，有助于减少交易过程中的履约费用。交易费用的发生与否及程度多少，取决于信任关系的强弱。由于利益分离和信息不对称，出现了交易双方的信任问题，当信任程度相当低时所引发的交易费用，与高度信任的情况相比，会产生巨大的交易执行费用。而当双方之间彼此存在信任心理并建立信任关系时，则可以大大减少交易中由于不信任而"过分挑剔"所产生的不必要的交易费用。因此，当双方具有诚信思想、互惠互利意识，能够严格规范自己的行为时，就会减少人们之间交易时的猜疑和相互设防，促进双方尽快达成协议，有利于减少人际摩擦，增强交易的意愿和诚意，从而降低交易履约的费用。

其次，有助于减少交易过程中的监督成本。信用伦理道德对人们行为的道德调节，有助于克服人的有限理性，限制个人机会主义行为。有限理性是指人们是理性地进行行为选择，但这种理性是受局限的，每个人在进行行为决策时其注意力是有限的，所处理的相关信息是散落的，过去的经验固然有用，但现实是多变的，任何个人都无法摆脱各自的偏见，成为全知全能者。在交易的履约中，人们面对极为复杂的市场环境，由于其知识有限、理性不足以及契约本身制定不完善等因素，造成其对未来交易的预测与履约的现实情况不一致，履约困难增加，出现个人机会主义行为的概率也相应增大。倘若人们自身具有良好的诚信意识，恪守约定，诚实践履，彼此间建立起牢固、稳定的信任关系，自觉协调利益矛盾，就会消解个人机会主义行为动机的产生概率，减少合作和交往中的推诿猜疑与设防，降低对交易商品或劳务进行描述、监察、审计及度量的成本等不必要的监督成本。反之，如果交易主体信用度差，存在"信誉主体缺位"，交易方为防止交易中另一方的"道德危害"，就会在交易过程中不断加大对交易对象的调查分析，以判断是否诚实可靠，可以合作，这使得对交易对象的监督考核费用大大增加。

3. 交易后的费用

有助于减少后继交易费用。在市场交易中如果交易方中有一方或多方采取了个人机会主义行为，就有可能造成另一方利益受损，从而产生交易后的纠纷问题。一般人们把解决交易中出现一方利益受损，产生交易后的纠纷问题，解决纠纷所花费用称为后继交易费用。而信用伦理道德则有助于节约这些后继交易费用。当经济主体有利益需求时才会主动进行交易，通过交易，把商品的使用价值让渡给交易另一方，从而获得商品的价值。一旦出现交易纠纷，受损一方必然会寻求法律武器，花费大量的成本和时间，追缴应得利益。法律作为一种正式制度，要求纠纷双方按法定程序解决问题，用于收集、整理诉讼资料，聘请代理律师，参加法庭问询、辩论等所支付的费用，对于受损方又是一笔额外的交易费用，有时还可能高于受损方的应得利益，致使受损方接受交易失败的现实，放弃自身利益。而信用伦理道德有助于调解纠纷双方的矛盾关系，缓解冲突的层次，通过信用伦理道德精神的塑造和信用伦理道德规范的约束，促使双方能够诚实、平等地对话，以和平的方式达成协议，减少了由于法律高成本所致的费用。

（三）社会信用体系消解逆向选择，规避道德风险的功能

信息不对称或非对称信息（asymmetric information）是指在经济活动中，交易各方掌握的信息不一样，掌握信息多的一方处于有利地位，有可能利用自己的信息优势地位投机取巧，欺骗缺乏信息的一方，这在很大程度上强化了人的机会主义行为倾向。由信息不对称导致的机会主义行为在交易前成为逆向选择（adverse selection），在交易后称为道德风险（moral hazard）

信息不对称的客观存在单纯靠市场机制本身来完备经济信息是收效甚微的，而信用的力量对消解逆向选择和规避道德风险却有着极大的功能。在信息不对称中，不可观察的"隐藏信息"容易孕育合同前的说谎、欺骗行为，从而导致逆向选择的发生，即在市场交易中交易一方拥有相关的交易信息，而另一方则无法获得这种信息，而且不知情的一方由于对他方信息的验证成本昂贵、不经济而导致其市场运作的无效率，引发"劣胜优汰"的情景发生。在这种信息不对称的情况下，仅靠市场自身的力量难以实现有效的均衡，必须辅

之以其他规定。由此可见，逆向选择实际上是一种主观行为，行为人的主观行为在合同签订前就已经存在，因此对于消解逆向选择，重要的方式就是规范行为人的主观行为，加强诚信意识，树立良好的市场信誉。行为人在进入市场后，都以诚实守信的理念与他人合作，在长期合作中彼此建立起一种稳定、可靠的信任关系。通过多次重复交易，逐步会形成良好的信誉和美誉，自然会使其在面对逆向选择和诱人的说谎"利益"时说不，从而在市场内逐渐形成"优胜劣汰"的状态。良好信用环境的形成，行业内行为的日趋规范，也有利于规避合同后容易出现的道德风险。因为不可观察和不可证实的行为的存在，给人们提供了在合同签订后行骗、违约的机会。例如，目前的汽车保险业，有的车主在购买了汽车保险后，就不会像购买保险前那么认真保养和爱惜汽车，因为一旦汽车出现被盗和损坏，就会有保险公司负责理赔，这样保险公司就承担了全部的风险损失。道德风险的规避，也只有依靠道德自身对人的意识和行为的教化和引导来完成。信用伦理道德精神所倡导的诚信意识、自由平等精神、互惠互利意识就是通过道德调节，加强人们行为的自我约束和自我控制，以人的自律行为平衡利益关系，营造市场的诚信氛围。

三、社会信用体系对社会信用文化推广的功能

社会的发展和进步，不仅反映在生产力水平的提高和人民生活的改善，而且反映在社会整体文化水平的提升和人民文化生活的丰富。随着市场经济的不断深入，人们对经济利益盲目追求，驱使其在经济活动中不择手段，无视市场规则和道德规范的要求，以骗取或牺牲他人利益而求得自身发展，致使失信现象逐年增多，社会风气日益污浊，人际关系渐趋冷漠。信用的缺失，不但给人们的经济交往附加了条件，增加了难度，而且动摇了人们对社会公平、正义的信任以及对和谐生活的憧憬。

（一）社会信用体系净化社会风气、建立和谐人际关系的功能

随着经济的快速发展，社会中也弥漫着拜金主义、享乐主义、个人主义等不良风气，人们在利益的诱惑和驱使下，采用不正当或非法手段获取利益，使社会上渐成损人利己风气，人们之间失去了应有的彼此信任。据调查显示：在居民生活质量调查中，城市居民对于当前社会风气的评价最低（2.91分）。从社会风气的分项指标看来，人们对于社会公平性和社会亲和性评价不高，分别为 3.31 分和 3.24 分，而人们对社会价值取向评价分值仅为 2.64 分。人们对

于社会公平性和社会亲和性评价不高，反映出人们对社会的普遍信任度不高，不相信社会环境会给自己提供公平的机会和受惠的机会。由于信用建设目前还处于起步阶段，信用制度还未完全建立，致使守信者得不到应有的利益回报，失信者却堂而皇之地大赚不义之财，这样一来，失信的人越来越多，普遍的不诚信成为了一种社会环境。人们会感到身边存在着这样的信任危机，种种现象说明当前人们对于他人的行为产生怀疑和不信任，自身也会在日常交往或交易中出现失信行为，推而广之地认为他人会有和自己同样的态度和行为，由此会对整个社会的普遍信任产生怀疑和迷茫，进而造成整个社会中缺乏诚信的环境和风气，这一点在问卷调查中就充分体现出来。因此，信用伦理道德有助于培养人们的诚信品质，规范人们的信用行为。只有社会个体的诚信度提高，整个社会的普遍诚信度才会随之提升，社会风气才会逐步得到净化和改善。

人的社会性决定了人的生存状态不是个体的、分散的，而是群体的、聚居的。社会化大生产条件下，人们之间的社会分工越来越细，人们的交往和交易日益紧密，交往的广泛性、普遍性以及高度的频繁性，使个人不再是单独和孤立的个体，其日常生活已经离不开他人和社会。与社会沟通、与他人交往成为人的一种社会需求和社会性行为。人际关系的融洽与和谐日益成为人们生活是否满意、工作是否顺心的重要标志。在市场经济环境中，人们的失信行为已经波及到人际交往中，严重破坏着和谐、友善的人际关系，现在所谓的"杀熟"就是破坏和谐人际关系的典型例子。人们之间由于彼此的不信任，容易产生冷漠、孤僻、自负、多疑的不良心理，这种心理对青少年道德品质的形成影响较大，不利于青少年的成长。信用伦理道德是通过伦理道德的软性约束和教化，内化为人际交往中的一种普遍心理，从而增强人们彼此间的信任，使人们交往更加和谐和融洽，减少主观猜疑和摩擦，提高社会整体的诚信度。

（二）社会信用体系营造诚信企业文化的功能

企业文化包括企业精神文化、物质文化和行为文化，它渗透在企业一切活动中，对内表现为企业精神，包括企业信念、价值观念、企业士气、企业氛围、人文精神，以及与此相适应的思维习惯等；对外表现为企业形象，包括产品形象、服务形象、员工形象、企业家形象、企业整体形象等；而企业行为，包括企业活动行为、企业制度行为、企业道德行为则是将企业精神转化为企业形象的必然途径。企业文化以企业精神文化为核心，企业精神文化又以企业基本伦理价值观为核心，这成为企业个性的发源地。企业文化树立企业发展的外在形象。企业在经济活动中推行企业文化就是要向社会、向消费者展示统一的企业形象和产品形象，以便让社会、消费者认同自己的企业和产品，在这种认同中提高产品的无形价值，进而形成企业的信誉度和美誉度等无形资本，从而获得更大更持久的利润。其中，企业文化中是否具有以消费者的需求和利益为目标且合乎社会道义的伦理价值观是企业文化形成的关键。市场经济是以自由交易为基础的商品经济，交易双方均希望获得持久的利益，其前提就是交易双方的诚信道德。

因此，众多企业已经意识到诚信企业精神和诚信企业形象对获得交易机会、达成交易契约以及最终履行交易契约至关重要。因此，营造诚信企业文化成为塑造企业公民形象的重要内容。诚信企业文化，指企业内在自觉遵守诚信原则，完全以诚信的理念来指导自己的经营活动。诚信企业文化的核心是企业所具有的诚信理念，这种理念并不是指企业为了自身的私利而迫于无奈地执行诚信理念，而是指企业把诚信理念作为自己的行为准则和信条。任何一个企业虽然可能在一事一时上使自己的欺诈手段得逞，但不可能永远实施欺诈、骗人的手法，最终其骗术会被识破和揭穿，那么短期行为的收益，远远不能代替长期交易的最终毁灭。信用伦理道德能够培养企业与员工的互信意识，从而提高员工的生产积极性、主动性、自觉性和创造性。企业的发展主要靠企业内部团队间的互相支持和配合，团结协作才能产生高效率，创造经济效益，团队建设离不开全体员工的共同努力。企业尊重每一个人，并尽力给每个人提供施展才能的平台和空间，充分信任员工的工作能力及工作的自主性、自律性。相对地，员工在进入企业前，客观诚实地填写简历，面试时真实反映自己的知识水平和潜在能力，给企业一个全面客观、真实准确的介绍，以便企业能够根据自身需要，给聘用者一定的空间。员工在进入企业后，企业根据自身情况，按照事前约定的各项待遇满足员工的要求，员工同时也诚实地按照自己面试时所介绍的自身特点展开工作，企业与员工双方互信意识的建立，有助于贯彻其经营理念，实现企业的发展目标，能够在企业中自觉形成诚信的文化氛围。

第三节 社会信用体系的历史演变

社会信用体系是受到经济、政治、文化和其他社会因素制约的，这些因素的变化必然会引起社会信用体系的演变。

一、原始社会分工合作中的社会信用体系萌芽

信用的起源，逻辑上也许可以追溯到人类的生产与交往。纵观人类社会的进步史，可以看出，人们从事各种各样的生产活动的目的都是为了获取某种利益，正如马克思所说，"人们奋斗所争取的一切，都同他们的利益相关"。而人们要想获得利益，就不得不与他人进行合作，人类构建自己文明的一个重要的契机就是劳动中的分工与协作。正如哈特所认为，任何发展水平的群体得以存在的必要条件之一，都是群体成员之间的最低限度的合作。"如果群体的最低限度的合作与容忍是任何人类群体得以生存的必要，那么，诚实信用的概念从这一必然性得以产生便似乎不可置疑了。"而人们劳动分工与合作的基础又在于相互之间的满足、彼此信任、诚实信用。人类早期社会里，群体劳动是人们最基本的生存需要，也是人们最初的社会实践活动，个体只有通过群体劳动才能获取生活资料和延续生命，使自己得到最基本的安全保障。所以马克思说："我们越往前追溯历史，人，从而也是进行生产的个人，就越表现为不独立、从属于一个较大的整体。"这种最原始的人类生活，虽然表明人类已经超物，有了聚合的意识，但单个的人还没有自我意识，个体存在的价值，只能完全融合于群体生活之中。这是原始类诚实守信的信用行为产生的客观条件。综上，我们可以得到社会信用产生的根源：

利益──→合作与分工──→信用──→社会信用

早期人类由于生产、生活和部落之间相互交往的需要产生了必需的、为群体成员共同约定的一些行为规则。诚实相互信守就是人们必需的行为准则。在人类社会发展的早期，信用主要是作为传习存在并且发挥作用的，信用传习是人们对信用传统的了解、扬弃和继承，传习是使一个社会组织的信用具有稳定性的重要原因。信用传统的潜移默化对人们信用良知的形成具有重大的作用。一个民族的信用意识在社会群体中经过长期的沉淀，表现为社会的一些信用传统、风尚、习俗、禁忌等形式。该社会群体内的人们自然而然地要遵循它们，并自然而然地将它们作为评价人与事的标准。在早期人类社会，人们用习俗和禁忌作为社会群体内部的信用评价标准，同时也辅之以社会约束，赞赏符合习俗的行为，惩治触犯禁忌的行为。可以认为习俗与禁忌相结合，是原始社会最基本的调节信用关系的工具，这时期信用行为已经产生，但社会信用体系尚处于萌芽状态。

二、奴隶与封建社会以身份为核心的社会信用体系

人类社会进入奴隶社会和封建社会，随着社会中交往行为的增加和逐渐扩展，社会关系的原始血缘性质逐渐淡化，地域观念逐渐替代了部落观念，身份等级关系取代了原始血缘关系。这时的社会基本上处于农业社会时期，这一时期的信用主要以身份为标志，信用行为与社会身份相关联。不同的阶级，有着不同的信用规范和评价体系。农业社会的经济是自给自足的自然经济，自然经济是一种封闭的内向经济，受狭隘的时空限制，它依赖于人与人之间的家族亲情纽带和"熟人社会"进行生产和消费。农业经济产生和发展的条件之一就是要求人们的身份和社会的等级秩序。在农业经济社会里，人们的社会身份是决定其等级差别的基础，在这过程中形成了以社会身份为标识的信用规范。人们在一个熟人的世界里生活，相互知根知底，信用对交易行为和利益置换行为的规范，一般情况下完全靠"人情"。在这样的人情社会中，习俗、传统和舆论的力量是十分强大的，足以成为规范人们行为的主要方式，而不必依靠法律。在这种社会生活中，人们的生活方式和行为准则取决于他在社会中的身份等级，一个具有确定身份的人在社会交往中获取利益的权利以及为此承担的义务，也是受相应的等级规范。人们的身份等级不同，在社会交往中获取的权益和所要承担的义务也不同，信用调节的内容、方式和强度也就不一样。此外，身份等级决定着信用对社会交往中利益关系进行调节的范围，不同身份的人，受不同信用规范的约束。例如，同样是违反约束所受到的惩戒就会因身份等级的不同而有轻重的不同。人们交往中的信任程度和范围，主要取决于亲缘关系、家族身份等级的相同或相似。再如，在契约关系中，只有家长才有签约权，女子卑幼均无立约权。即便有时成年子孙可以立约，家长以其身份也可以随时撤销契约。在借贷契约方面，民间还长期沿用"父债子还"的惯例，家属负有无限责任。由于在农业经济社会人们的身份等级意识深深渗透于交往行为中，并被作为生活习惯加以接受。身份等级意识的强化，导致个人意识的薄弱，而缺乏个人意识和个人责任的社会，商品经济和契约关系也必然不发达。要改变农业经济条件下对人的禁锢，打破身份等级差别以及由此造成的信用规范差别，唯一的办法就是发展商品经济，建立市场经济体系以及与之相适应的包括信用在内的一系列制度。商品经济是一种古老的经济，最初是作为农业经济的补充存在的，但其本质是与自然经济对立的，在其发展的后期便成为一支冲击和瓦解农业经济的强大力量。欧洲"封建骑士的城堡在被新式火炮轰开

以前很久，就已经被货币破坏了"。商品经济在冲击农本自然经济的同时，不可避免地也冲击农本社会原有的信用体系和道德规范。传统的身份等级信用，开始失去调节人与人关系的效力，不再对人们的利益置换行为起规范作用。商品全面冲击和抛弃了合理的传统道德，破坏了人与人之间、个体之间应有的正常关系，打乱了正常的社会秩序，对社会造成较大的危害。信用观念的匮乏导致商品交易秩序的混乱和投机的频繁出现，有些不道德的经营手段败坏了社会的道德，不讲信用的社会是前途灰暗的社会。商业活动毕竟是一种社会活动，像其他社会活动一样，也必须加以规范，以保持社会平衡。如果听任追求利润的商业活动恶性发展，不仅破坏社会正常秩序，邪恶当道，人人自危，而且会阻碍商品经济自身以至于整个社会经济的发展。但是，这种仅仅靠农业社会的以身份等级信用来规范人们的交易行为，已显得越来越局限和不适应。商品经济的正常发展需要有一种适用对象广泛一致，在内容上具体，操作性强，在形式上带有某种强制性的信用规范，通过政府干预实行，这就是信用理论获得体系化发展的社会内在需求。社会信用体系获得了初步发展，但很不完善。

三、现代社会以契约为核心的社会信用体系

现代社会以市场经济为基础，契约理念与信用文化是市场经济的本质属性。与身份社会不同，"所有进步社会的运动，到此处为止，是一个'从身份到契约'的运动"。人类社会从简单商品经济到市场经济有一个发展过程，其起源可以追溯到古希腊和古罗马时期。古希腊的地理特征决定了各个小城邦之间在经济上的相互依赖。古希腊在进行商贸的过程中，产生了大量的有关商品交换、信贷业务的惯例与契约，为商品经济的进一步发展培育了初步的交易制度。尤其重要的是，古希腊社会存在的城市自治、主权在民的政治体制有利于平等竞争的市场交易制度的形成，从而有利于使各种市场制度合成一种相互配合的有序结构。古罗马为商品经济与市场制度建设也做出了突出贡献。古罗马制定了"商品生产者社会的第一个世界性的法律"——罗马法。罗马法界定了人们在商品经济中的基本权利关系，从而强化了商品经济中自发形成，并且也是后来的市场经济得以建立与发展的基础性制度——产权制度。古罗马帝国改善和发展了税制、交通、货币等商品经济工具性权威制度。

在资本主义时期，市场经济获得了空前的发展。与此同时，在西方发展市场经济的过程中，市场信用得到了重大的发展。信用以契约为表现形式，信用

的范围几乎已扩展到欧洲全社会，从而使西方资本主义国家开始进入所谓"契约社会"。"契约社会"的经济基础是商品经济，商品经济产生和发展的前提条件之一就是要求把他人当作彼此地位平等、利益相关的外人来看待。在市场经济的交换过程中，人们可以相互不知底细，这就必须建立"白纸黑字""签字画押"的契约来保证交易的顺利进行，所以，契约是商品交换的产物和形式。而如何建立和履行契约，就成为信用的核心内容。契约的建立和履行要求人们普遍具有信用意识，社会形成相应的信用规范，并且使这些信用规范以法律的形式表现出来，最终形成社会的信用制度和信用体系。在"契约社会"里，信用制度是一系列在调适对象上广泛一致、在内容上明确具体、在实践上操作性强、在形式上带有某种强制性的信用规范的总和。进入现代市场经济社会以来，信用规范一般通过规范、契约、条约、政策和法律等理性形式表现出来。并且，市场交易发展越是复杂化、越是成熟，信用在人类社会交往中的地位和作用就越显得重要。信用规范越来越从道德上的自我"软约束"，转变为外在的法律化的"硬约束"。

追溯社会信用体系的历史演变，有助于我们对信用这一重要行为规范进行深层次的理解。信用作为一种道德要求和行为规范，是在人类的社会实践——特别是商品交换活动中产生的，又随着商品经济的发展而不断得到提升和发展，而只有在市场经济条件下才能获得最充分的体现。只要我们站在时代的高度审视一下，就可看到：它经历了原始社会、农业社会到市场经济社会的不同发展形态，并且由道德信用层面扩展到经济、政治、文化、精神等信用层面。现代社会信用体系作为一个社会运行系统，包含了信用意识、信用规范、信用制度以及各种信用工具和信用环境，最终构成了完整的社会信用体系。也只有在现代市场经济条件下，讨论社会信用体系才是有意义的。

第四节　政府信用体系

一、政府信用概述

评价一个政府是否是信用政府主要看它的政府信用管理体系是否健全和完善。政府信用体系的界定是指以完善的信用管理法律、法规为基础，以政府的服务信用体系为核心，以统一的社会信用评估体系和对政府行为的信用监督系统为保障所形成的有机统一体。

（一）政府信用及其作用

政府信用是指国家行政机关的公信力，是社会组织、民众对政府行政能力和行政信誉的主观评价或价值判断。政府信用也是政府的行政行为所产生的影响和后果在社会组织和民众中所形成的一种心理和舆论反映。它既包括民众对政府整体形象的认识、情感、态度、情绪、兴趣、期望和信念等，也可以体现为民众是否自愿地配合政府行政行为，减少政府的公共管理成本，以提高公共行政效率。政府信用是整个社会信用的基石，对社会信用体系建设起着核心与支柱的作用。

政府信用在市场经济中的作用主要表现在以下两个方面。

1. 管理者作用

政府是社会经济运行的管理者，对经济的运行进行干预和管理，因此，政府的信用状况如何对全社会的信用起着引导和示范的作用。这一方面又分为两点：第一，政府是经济活动秩序的制定者和维护者。政府信用对市场经济起着标杆的作用，在政府信用的影响下，各类行政管理和指导、监督机构，才能够有效地维护正常的经济秩序，规范各种市场主体的竞争行为。第二，政府是经济活动规则执行情况的仲裁者。在市场经济运行过程中，市场主体都应遵循既定的规则，如果有违规行为，政府有权给予违规者以惩罚。政府的裁判地位，要求它自身必须守信、公正、严格，具有权威。

2. 参与者作用

政府同时也是市场经济运行的主体之一，这就决定了政府不能违反市场经济的各种规则，而是要遵守市场信用，树立守信政府的形象。政府不仅要经常性地运用信用手段筹集各种建设和发展资金，为社会提供公共产品、服务和承担风险较大的投资项目，而且还要通过引导和直接参与经济运行过程，对市场的供给和需求产生重大影响和作用。政府的这些行为表明，政府作为市场主体，在经济运行全过程中同样必须遵循市场规则，树立诚信为本、服务社会的经营理念。政府跟企业和个人发生社会经济关系也要恪守信用，不能以权谋私，以权压人，倘若因此给企业和个人造成经济或物质损失，同样应承担经济和法律责任。

（二）政府信用的构成要素

政府信用实际上就是政府履行职能的情况及其为社会所提供的服务质量，

它标志着政府在社会管理中所具有的效能及其取得民众信任的状态。其构成要素包括制度信用、程序信用、权力信用和效率信用。

1. 制度信用

在现代社会中，制度的性质以及由制度所创设的环境，对市场各种要素的有效配置、运行秩序及经济的增长具有举足轻重的作用。制度信用，不只在于制度本身的正义性和其有效制定，更在于制度贯彻的实效性。制度作为一种显形和刚性的调节原则，是相关人员必须遵守的硬性规范，所以，需要国家权力机关对制度的执行进行保障，彰显制度遵守和惩戒的必行性。从这个意义上，制度信用的重要载体与其说是各种方针、政策、法规的条款规定，不如说是政府对于这些制度落实的实效性。

2. 程序信用

政府对社会的维系，离不开有效的程序控制，并由此衍生出了政府办事程序的信用问题。它包括行政决策的科学化、政务信息的公开化、行政责任监督的民主化几个方面。无论是国家的方针、政策，还是法律、规章，作为一种制度安排，常常要涉及社会成员、利益集团、阶层的利益划分和分配问题。因此，政府对制度的酝酿和形成，要建立科学的决策程序。

程序信用的另一个功效就是对行政责任能够实行民主的监督。政府不仅具有对社会的管理权，也担负着由此产生的行政责任，而对政府行政责任的制约，除了相关法律制度的授权权限和违规处罚外，还有社会成员的民主监督。所以，政府需要搭设监督信息的投诉渠道，建立信息反馈的规避和回应机制等，从而架设政府与百姓之间信息互流的通道，树立良好的民主政府的形象。

3. 权力信用

权力信用源于政府对行政权力的运作，表现为政府权限的"正位"，即在市场经济下做应当并且必须做的事，以及权力约束的法制化、权力威力的内化。

关于政府权限的"正位"，政府要由"无所不为"到"有限作为"。在政府权限的界定上，"越位"是一种普遍的现象，是指政府在管理社会事务过程中，不坚守自己的权限而扩展权力，滥用权力甚至侵犯他人权力的现象。政府信用，首先来自政府的归位，即主动放权、让位市场、做好裁判。

另外，在市场经济社会中，政府的权力不仅是有限的，而且是有约束的。这种约束不仅是党政机关的党纪、行政规范的自我要求，更是一种法律约束，即政府的权力法制化。

最后，政府的权力信用，不仅外显于政府权力的归位和正位、政府权责的法制化，而且内表于公众对政府权力的信任所形成的威力内化。

对于一个政府而言，社会成员对权力信服的程度直接关涉其形象和权威。如果一个政府的权力仅仅停留在外在的威力上，普遍缺乏社会成员的内心信任，或社会成员对政府权力的合理运作心存疑虑，就会造成民众对政府产生社会疏离感、排斥乃至对抗，从而对政府的领导力构成威胁。成熟的市场经济国家，其法治的社会治理结构，政府权力的规范化，民主和公民社会的形成，就使得政府权力更易成为社会公众的政治代理，反映民意、顺应民心、服务民利、赢得民信，政府威力的内化就成为一种普遍的社会现实。

4. 效率信用

政府的效率信用，有 4 个结构要素，即服务和法治的行政管理理念、机构设置的合理化、办事规程的简化和承诺服务的细化。

服务和法治的行政理念，是要树立法律义务与权利平等的观念，扭转一些公务员的特权、滥权和权力至上的思想。法治的行政理念，是要求政府机关及其公职人员要具有依法行政的法律精神，不能逾越法律的权限自我扩展权力，要依法用权。

建立高效的政府，光有行政理念的变革是不够的，政府机构设置的合理化和办事规程的简化也是不可或缺的支撑平台。因此，政府要在市场经济规律要求的框架下，进行政府机构的调整和规划。

在机构合理设置的基础上，还需简化办事规程。表现为对现有的各种法律制度、审批制度、政令规定等进行清理、筛选、压缩和废止；尽快废除那些压制、不利于市场经济发展的规制；去掉带有管制性的、烦琐的办事程序，等等。

政府的工作效率，除了得益于行政服务理念的树立，机构设置的合理化及办事程序的简化外，还有政府服务承诺的细化。政府的服务承诺，源于现代市场经济对服务型政府的客观要求，它是政府各机关根据自己的职责要求和工作目标，把工作的内容、程序、标准、责任等公开向社会作出公示和保障的承诺，并给予了公众的责任追究权。这种社会承诺制度，把政府各部门、机关应该承办的职责公开化、制度化；把服务的质量和效率明确化，使人们易于操作和检查，而且便于社会的监督。从而真正从制度上保证政府的工作效率，把为人民服务的原则落到实处。

二、政府信用体系的重要意义及政府信用缺失的负面影响

（一）政府信用体系的重要意义

1. 建设政府信用体系，是市场经济发展的必然选择

市场经济本身对社会信用有着内在的要求，价值规律要求人们遵守等价交换、平等互利原则；竞争法则要求人们树立平等的竞争观；经济交往的复杂性要求市场主体尊重契约和合同，市场经济越发展越要求人们诚实守信。在经济全球化的时代，政府要为市场的健康发育提供公平合理的制度和规则，并通过有效地执行与市场规则有关的公共政策来维护市场秩序，促进经济发展。孔子说过："人无信不立，业无信不兴，政无信必颓。"政府既是市场规则的制定者，又是市场规则的执行者和监督者，如果政府自身失信，就无法取信于民、也无法服务社会，必将阻碍市场经济的正常运转。

2. 建设政府信用体系，是推进法治的根本需要

一项对 29 个国家和地区的调查分析表明，国民之间的信任度与对政府行政权力的限制和司法的独立程度呈现正相关：对政府权力的限制每上升一个点（最高为 7 点），信任度上升 1.5 个百分点；司法的独立程度每上升一个点（最高为 4 点），信任度上升 8 个百分点。

依法治国是党领导人民治理国家的基本方略，作为首都北京更走在法治的前列。法治的关键是依法行政，依法行政是法治国家的一个重要标志。然而由于政府机关在履行其职能时，与公民、法人或其他社会组织之间常常形成管理者与被管理者之间的关系，这种关系是一种命令与服从的关系。政府机关可以为相关人设定义务，可以独立地实施行政处罚。同时，它又拥有较大的自由裁量权、先行处置权、推定有效权等行政优先权，这就决定了行政权是较容易被滥用的权力。因此，只有政府信守"有法必依，违法必究"的诺言，依法行政，维护法律最高权威，才能有力地推动依法治国，建立社会主义法治国家的进程。

3. 建设政府信用体系，是建立信用管理体系的内在需要

只有当一国或地区的政府信用管理体系比较健全，有信誉且公正的征信服务普及时，才能够保证以信用交易为主要手段的成熟的市场经济的健康发展。同信用管理体系健全的国家地区的企业和消费者打交道，可以快速取得该国资本市场、商业市场上任何一家企业和消费者的真实资信背景调查报告，该国的企业和个人也必然注重维护企业和个人的信用，这样的国家习惯性地被称为

"征信国家"。征信国家的对外信誉比较好，对它们的总体经济和贸易发展很有助益。

信用是由政府信用、企业信用以及个人信用组成的一个"信用体系"，而政府本身所担负的引导、监督、管理社会信用的职责，决定了它是一整套社会信用制度建立和维护的主体。处于这种特殊地位的政府信用，责无旁贷地担负着"龙头""示范"作用。如果政府信用缺失，整个社会发展的积极性就会丧失，整个社会将陷入信用危机的恶性循环中。从某种意义上说，政府信用是社会信用的核心，政府信用体系在整个社会信用体系建设中应当发挥表率作用。

4. 建设政府信用体系，是塑造政府形象的核心要素

政府信用是公众对政府的一种良好印象和评价，它反映出政府与社会公众的互动广度和深度。政府信用一旦被社会认同和褒扬之后，必然会对外产生积极影响，从而有利于政府良好形象的树立；对内又会产生激励和约束作用，鼓励政府官员注重社会评价，自觉约束自己，服务于民。

（二）政府信用缺失的负面影响

政府信用是维护政府合法性统治，建立社会秩序，支持政治系统良性运作的首要道德资源，诚实守信是政府必须遵循的准则之一。作为民选的现代政府，应该具有基本的公正度和公信力，一旦政府或其官员失信，必然会损害公众对政府的敬畏、信赖和支持，进而削弱政府的执政基础。

1. 政策缺乏稳定性和连续性造成政府执政危机

政策稳定性指的是一项政策在出台后，能在一定时期内发挥作用，保持相对稳定，而连续性是指政策在横向和纵向上保持内容的衔接和关联，新政策的制定和出台不会发生性质、观点、目标的重大断裂和跳跃。

由于责任观念的缺乏和权力约束机制的不健全，许多地方政府制定公共政策时具有较大的随意性和频繁性。政府成员特别是主要负责人工作变动，就会给工作的连续性带来很大的破坏。许多政府官员基于政绩或地方和自身利益的需要，随意地变更和废除上届政府的政策。

政府随意改变政策，失去稳定性，甚至出现"出尔反尔"现象，有违信用之本质，不仅破坏政府形象，降低政府权威，还会严重侵害政策目标群体的合法权益。如果政府失去了道义上的正当性和政治上的合法性，其政治统治就会出现危机。

2. 政府行为缺乏公开性损害政府信用和声誉

随着市场经济的建立和发展，我国社会生活和经济利益日益多元化，这更需要政府在管理公共事务中保持中立和公正。

然而，基于利益取向的变异，有时候政府与市场主体仍存在着千丝万缕的关系，政府常常不恰当地介入经济活动，打破市场规则，暗箱操作，牟取暴利，严重损害政府公正形象，失去公众信任。透明度不高、暗箱操作过多是造成整个市场经济运作混乱无序的重要原因。

当隐蔽的幕后规则代替公开的程序和步骤，公正、公平的尺度便无从谈起，相应地，政府的信用和权威就会受到质疑。政府的公正是建立社会信用体系的最重要的保证。政府行为的规范性和公正性，关系到企业、法人和公民财产的安全，影响到商业和社会信用的建立。政府在处理经济活动各行为主体之间的利益冲突时，能否坚持公平、公开、公正的原则，提高管理的透明度和开放度，不仅关系到政府形象和信用的好坏，还影响到地方投资环境的大环境。

如果政府在维护市场秩序方面有失公正，存在行业垄断、所有制歧视、地方保护、营私舞弊甚至吃、卡、拿、要等行为，不仅会导致资金的转移流失和地方经济环境的恶化，还会产生大量的纠纷，严重损害政府信用和声誉。

3. 滥用政府信用损害合法权益和信用环境

政府信用应当是最有保障、最值得信赖的，这是因为政府不仅掌握着巨大的社会资源，而且是国家权威的象征，是国家的具体化。

但在实际生活中，却存在地方政府滥用政府信用和公众对政府的信赖，重承诺、轻兑现，任意解除行政契约，漠视行政相对人合法权益的现象。承诺难以兑现，不仅损害社会利益，而且严重销蚀政府的信用和权威，并挫伤公众的积极性和对政府的信任。

政府无视信用规则的毁约失诺行为，在损害自身权威和信用以及广大公众切实利益的同时，会对整个薄弱的社会信用基础造成沉重打击。这是因为政府对整个社会价值观的塑造具有引导与示范作用，政府信用的缺失会导致社会各方面对于信用的放弃，政府对整个社会信用意识的淡薄和信用秩序的混乱负有不可推卸的责任。

4. 裁判不公造成司法信用资源流失

信用至上可以视为法治社会的重要道德取向，如果说依法行政的主旨就是要确立、强化和维护政府为广大纳税人提供公共服务的行政信用，司法公正的主旨就是要彰显和实现司法作为社会正义最后一道防线的司法信用。

但在法治领域存在执法犯法、违法不究、以权压法、权钱交易、"法律白条"等现象，会严重挫伤公众对司法系统的信赖，也昭示着司法部门信用资源的严重缺失。

第五节　企业信用体系

企业是国民经济中最基本的"细胞"，是国家经济活动中最基本的"元素"。而信用是企业的一种重要的无形资源，在经济自由化、全球化的今天，信用是企业应对世界经济全球化挑战、参与国际市场竞争的力量体现。因此，从某种意义上来说，企业信用经济成分的大小，决定了国家经济的规模、水平和竞争力。

一、企业信用缺失

企业信用体系是减少企业信用缺失现象，保证经济良好运行的重要的社会治理机制。一套完善的、成熟的企业信用体系能够使企业行为的价值取向发生改变，进而促进整个社会信用水平的发展与完善，保障社会秩序和市场经济的正常运行与健康发展。

（一）企业信用缺失

企业信用有狭义和广义之分。狭义的企业信用是指企业对债务按期还本付息的能力。广义的企业信用是指企业在市场经济活动中，遵守有关法律法规和约定俗成的社会行为规范，信守交易当事人之间达成的正式或非正式的交易契约，交易主体之间采取互惠互利的可持续交易策略。

企业信用缺失是指企业不遵守有关法律法规和社会行为规范，违反当事人之间达成的正式或非正式的契约。

1. 企业信用缺失的内容

信用成为企业经营成功与否的一个关键因素，信用对企业来说有很大的价值，但是企业信用缺失却是一个普遍的现象。

企业信用缺失表现为三个方面：商业信用缺失、金融信用缺失和产品信用缺失。

（1）商业信用缺失。商业信用缺失是指企业为了节约成本和扩大销售，常常利用信用合同、协议、授权、承诺等信用方式进行交易，在享受这些信用交易方式提供的极大方便之后却不能够严守信用，采用欺骗、隐瞒等不正当的方式，做出违背商业信用的行为。商业信用缺失一般表现为企业之间互相拖欠债务和合同违约及侵权等方面。商业信用缺失使得部分企业和个人在遭受欺诈损失后不敢开展信用交易，严重干扰了市场正常的经济秩序，危害了市场经济赖以生存发展的信用基础。

（2）金融信用缺失。金融信用缺失主要体现在两方面：融资信用缺失和财务信用缺失。融资信用缺失是指企业由于经营不善，在获得贷款后不能按时偿还本金和利息，融资信用缺失导致银行形成巨额呆、坏账，"银行惜贷、企业难贷"成为一种普遍现象；财务信用缺失是指企业为了逃税，与审计机构串通一气，制造虚假的财务数据，少纳税或者不纳税，或者通过虚设分公司开设不同的账户，以达到套利的目的。

（3）产品信用缺失。产品信用缺失是指企业为了追求暴利，隐瞒事实真相，欺诈消费者和其他商家。有的企业为追求利润，在生产过程中，使用劣质、有害的原材料，或采用非法生产方式，以假充真、以次充好，以各种非法手段抢占市场，严重损害了消费者和其他商家的合法权益。

2. 企业信用缺失的负面影响

企业信用的缺失既给社会带来了不良影响，也制约了其自身的发展。企业信用缺失的负面影响主要有以下几个方面。

（1）信用缺失增加了交易成本，降低了效益，造成了社会资源的极大浪费。市场经济依靠信用来维持，如果这个社会缺乏信用，就意味着维系市场经济基础的契约失衡，一旦信用缺失，企业交易过程中的操作就会变得十分困难，就必须应付无信用状态，成立专门的清欠追账队伍、打假队伍、法律维权队伍等，增加生产过程中的开支，导致企业运行成本急剧上升，企业经济效益下降。

（2）信用缺失抑制了消费和投资，降低了社会需求的增长速度。社会需求直接决定着社会生产规模的大小，影响着经济增长的速度。社会需求包括社会消费需求和社会投资需求两个方面。社会消费需求的变动不仅取决于居民收入水平、商品价格、消费偏好等因素，而且在很大程度上受信用状况的影响。在一个信用缺失的社会中，贷款的归还没有保障，贷款消费的存在失去了社会条件，贷款消费也就不可能得到发展。信用缺失现象遏制了居民消费，并最终阻碍经济快速健康发展。同样，信用状况对投资的影响也是很大的，在某些情况下，信用是投资者最看重的基本条件和投资环境，没有投资者愿意到信誉度不高、坑蒙拐骗盛行、容易上当受骗的地方去冒险。

（3）信用缺失制约了企业的发展，尤其是制约了中小企业的规模扩大。中小企业由于规模小，实力弱，缺乏资金，需要融资和利用银行资本。但是由于社会信用缺失，信用环境差，造成中小企业担保难、抵押难、融资难。由于企业信用的缺失，银行会限制对所有中小企业的贷款，使得信用良好和不好的企业均不能得到贷款，企业若想获得资金，不得不寻找其他的融资途径，这会使企业的融资成本增加，若不能及时找到融资来源，则会对企业的生产经营造成影响，企业可能因此倒闭。

（4）信用缺失危害客户，损害消费者利益。企业产品信用缺失，首先影响的是消费者，假冒伪劣产品的泛滥不仅会损害消费者的利益，而且使得消费者不能放心购买，结果造成内需不足，严重影响了消费。此外，企业也是企业产品信用缺失的受害者。企业如不慎购进假冒伪劣商品，会造成库存商品积压和处理商品损失。

（5）信用缺失危害金融机构，伤害银企互利关系。银行要靠企业的健康发展实现自身效益增长，企业也要靠银行的资金支持发展壮大，一个发达的经济体系背后必定少不了发达的融资服务体系的支撑，银行与企业之间是共生共荣的关系。然而现实经济生活中信用的缺失严重损害了银行与企业之间互利互惠的良性循环。由于企业信用缺失，企业不能按时归还贷款，由于银行信贷占据信用体系的主导地位，因此银行成为不良社会信用最大的直接受害者。企业信用差使得金融机构对企业缺乏应有的信任。为规避风险，银行只能惜贷。

（6）信用缺失有损一个国家的形象，不利于国家经济融入全球经济。随着经济全球化进程的加快，企业参与国际竞争、融入全球经济的进程大大加快。全球经济一体化体现的不仅是资源配置、产品生产、市场销售的全球化，而且是经济活动规则的标准化、共同化，即国际经济活动的参与者必须按照国际惯例和通行规则来经营。但这些规则和惯例的通行是以信用可靠、真实为前提，以交易者双方承认和执行为基础。也就是说，如果没有可靠的信用作保障，这些规则和惯例就不可能真正得到执行，甚至有可能变成欺诈、谋取不正当利益的手段。因此，在国际经济活动中，交易者非常重视对方的信用状况，国外的大企业尤其是跨国公司不会与信用不佳的公司进行合作或业务往来。这样，信用缺失现象会损害整个国家以及国家企业的形象，不利于本国产品开拓国际市场。

二、企业信用体系的内容及其作用

由于信用是企业经营成败的一个关键因素，而企业信用缺失对企业的危害是如此之大，因此建设企业信用体系来减少企业信用缺失现象是非常重要的。

企业信用体系是一套保证企业经济良性运行的社会治理机制，它把各种与企业信用建设有关的社会力量有机地整合起来，以有关的信用法律法规为依据，以信用中介机构为主体，以合法有效的信用信息为基础，以打破信息不对称为手段，通过鼓励和弘扬守信行为，制约和惩罚失信行为，使企业行为的价值取向发生改变，自觉地从失信向守信转变，进而促进整个社会信用水平的发展与完善，保障社会秩序和市场经济的正常运行与健康发展。

1. 企业信用体系的内容

通过分析发达国家的比较完善的社会信用体系发现，一个功能比较完善的企业信用体系包括以下5个子系统。

（1）企业信用信息系统。企业信用是连续记录企业信用行为累积起来的，企业信用信息系统反映了企业信用的信用行为，它是企业信用征信资料的主要来源。企业信用发生时，授信人通过专门的资信档案机构查询企业资信档案，并考察论证提出进一步获取受信企业信用的必要性和可行性。企业信用信息资料主要包括企业的基本信息，包括企业的名称、地址、注册登记情况等；体现企业良好信用的信息，包括企业和其法人代表、负责人、员工受到表彰的信息，企业获得资信评级机构较高评级的信息等；体现企业不良信用的信息，包括企业受到罚款，企业应付账款不能按时缴付以及企业的违法行为等，企业的不良信用信息系统分为不良信用预警系统和不良行为警示系统，不良行为预警系统所包含的信用信息的不良程度较低，违法行为较轻微，而不良行为警示系统所包含的信用信息多是一些严重的不良信息，包括一些严重的违法犯罪行为。企业信用信息系统有助于企业查询相关企业的信用信息。

（2）企业资信评级系统。企业资信评级系统实际上包括两个子系统：企业征信系统和企业评级系统。

"企业征信"是企业资信调查的简称。企业征信机构是专业从事企业资信调查的专业机构，这类机构接受委托，调查目标企业的资信状况，以调查报告形式向委托人介绍目标企业的资信状况、信用记录以及信用价值。因此，企业征信机构大量生产企业资信调查类的报告产品，提供企业信用管理咨询服务以及专业信用管理软件。

"企业征信"的委托人是各色各样的授信人，包括有兴趣了解目标企业的任何人。调查的执行者是企业征信机构，被调查的对象是企业法人和事业法人，但是由于上市公司的财务状况要向公众公开，征信机构的调查委托客户——企业的信用管理部门容易获取上市公司的信用信息资料，所以企业征信机构所接受的调查案子多是针对中小企业进行的资信调查。

企业评级是在企业资信档案登记、个人征信数据库系统的基础上，以企业信用评估的公开化、标准化和公平性为前提的情况下，设计科学、严密、标准化的企业信用评估原则、评估方法、企业信用评估指标体系、企业信用评估程序和相应的评分模型，建立针对不同类别的受信企业资信等级模式。在形成企业资信评估方案的过程中，通过运用主观经验判断法和客观的信用统计评分法等决策手段，分析受信企业的资信能力与受信行为，为授信机构等提供企业信用风险决策的科学依据。

建立企业资信评级系统的目的是在当地提供种类齐全的企业征信产品和服务。为了满足当地市场主体控制信用交易风险的需要，企业资信评级系统还要提供深度的专业服务。只有资信评级服务有了一定的深度，才能解决一些深层次、专业性强的问题，特别是大型建设和投资项目的风险防范问题。

（3）信用担保系统。信用担保机构是以自身的信用为基础，利用自己的信用提升客户企业的信用，帮助客户企业成功地获取商业银行的贷款或其他形式的融资。

换而言之，信用担保机构利用自身的信用，降低了申请信贷的企业在商业银行进行融资的门槛，帮助原本不完全符合银行贷款条件的企业达到了商业银行的要求，从而使企业取得商业银行提供的信贷。对于信用担保机构来说，由于提升了申请信贷的受信企业的信用，并对放贷的商业银行承担相当大比例的贷款客户信用风险，因而可以从受信企业处赚取服务费用。

在城市信用体系的建设中，信用担保系统是必不可少的组成部分，建立和完善信用担保系统的措施还应该嵌入市政府的促进和扶持中小企业发展政策的框架中，城市信用体系建设工作领导小组应该积极推进信用担保系统的建设和完善信用担保系统的功能。信用担保系统往往需要在一个城市中设立若干家性质不同的信用担保机构，形成功能齐全且覆盖面大的信用担保系统。

在城市信用体系中，建立中小企业信用担保系统还可以重塑银企关系，强化中小企业的信用观念，化解当地商业银行的信贷风险，改善中小企业融资环境。

（4）失信惩戒机制。失信惩戒机制又称信用奖惩机制，是企业信用体系中的重要组成部分之一，它承担失信企业的黑名单制作和公示任务。失信惩戒机制能够将经济手段和道德谴责两种手段并用，惩戒市场经济活动中的失信者，将有严重经济失信行为的企业从市场主流中剔除出去。同时，使政策向诚实守信的企业倾斜，间接地降低守信企业获取资本和技术的门槛。

在方法上，失信惩戒机制采集和公示企业严重失信记录，将失信者与授信人之间的矛盾激化，激化到失信者与全社会的矛盾的程度。同时，该机制能够协调和组织授信单位、商户和雇主共同参加的社会联防，拒绝与失信者进行信用交易，对失信者进行经济性质的打击。

从作用机制上看，失信惩戒机制首先要起到对任何经济类型的失信行为进行惩戒的作用，惩戒是围绕着经济性质的处罚进行的，间接地对失信行为进行道德谴责。其次，失信惩戒机制具备奖励功能，奖励诚实守信的商户，而且是实惠的奖励，拉大市场对失信和守信态度的反差。从效果上看，失信惩戒机制是以震慑作用为主的，力求将失信的动机消灭在未然之中。对于形成事实的失信行为，其效果是在相当长的受罚期间内，使失信企业不能进入市场经济的主流，加大失信企业的经营成本。

失信惩戒机制会对失信企业实施经济性质的惩罚，具有敏感性，所以在实施时应设立一个常设办公室，负责指导对失信者进行经济性质惩戒的市场联防行动，同时也要设立服务窗口，接受被失信惩戒机制处罚者的投诉和申辩，纠正记录错误和帮助失信者修复信用。

2. 企业信用体系的作用

由于现代市场经济是信用高度发达的经济，信用关系遍布经济生活的各个领域，信用关系是否规范，信用活动是否有序，对于现代市场经济的正常运行也就具有格外重要的意义，因此以相关立法为基础的国家信用体系功能的完善，是现代市场竞争规则的根本保障。

（1）企业信用体系建设是现代市场经济正常运行的必要条件。高度发达的信用关系是现代市场经济的一个显著特点，现代市场经济的运行已经离不开发达的信用网络。既然现代市场经济依托于现代信用网络，信用是否有序对于现代市场经济能否顺利运行也就具有了举足轻重的影响。信用无序化，必将导致社会经济生活秩序的混乱，严重时还将会导致整个社会信用链条的断裂，从而使社会经济生活一时陷于瘫痪。健全的企业信用体系可以使市场经济的微观主体——企业的守信记录、可信赖程度通过征信企业的经营运作以较为便捷的方式获得，从而使隐性信息公开化，这就大大降低了信用风险产生的可能性。

（2）完善的企业信用体系可以提高经济活动效率，减少交易费用和机会成本。企业为降低信用交易的风险需要支出相应费用，诸如寻求可靠的信用伙伴、通过谈判力争签订风险最小化的合约、对违约的防范处理等，这些活动均要发生一定的费用，耗费一定的时间和精力，而出于降低风险的考虑企业将不得不放弃与一些不熟悉的客户进行交易，由此产生了机会成本。在拥有完善的企业信用体系的环境下，企业进行信用活动的交易费用（出资获得征信公司提供的信用报告）将大大降低，而且征信公司庞大的信息数据库几乎可以满足企业所有的交易需要，因此出于风险考虑而造成的机会成本问题也可以被妥善解决。对整个社会而言，信用关系得以不断扩展，社会经济活动的效率得以提高。反之，若是信用活动失序，不仅会因交易费用大大增加而降低经济活动效率，而且可能由于信用的中断而严重妨害经济效率。

（3）完善的企业信用体系有利于政府宏观调控目标的实现。现代市场经济是有宏观调控的市场经济，信用有序化又是实现政府宏观调控目标不可缺少的一个条件。这是因为政府各项宏观调控措施最终都需要落实在企业，落实到微观层面的投资经营活动上。如果信用制度健全，信用活动规范有序，政府的宏观经济调控目标就可以迅速地在企业经营活动中得到反映，则宏观目标也就易于实现；反之，则必然会影响政府宏观调控目标的实现。这一问题在国民经济不景气，政府采取积极的财政、货币政策拉动有效需求时最为明显。

第六节　个人信用体系

个人信用体系是指为了增强全社会的个人信用意识，在大量采集个人信用信息的基础上建立个人信用数据库，并且以个人信用报告作为可查询利用的终极产品，最终形成以道德为支撑、产权为基础、法律为保障的个人信用制度。

个人信用体系根据成本收益原则，使个人信用违约成本大大高于违约收益。在使用个人信用的过程中，任何理性行为都会通过成本收益的比较，在短期的违约收益和长期的个人信用损失之间作出明确选择，规范其行为向守约和长期化发展。

一、个人信用缺失的危害

1. 个人信用缺失导致亲情反目

我们经常可以看见有人把家人告上法庭的报道，很多原因是亲人之间背信弃义，亲人之间通常出于亲情在互相借款时并不签订借据等书面文件，或是互相之间担保，从银行获得借款，但很多借款者却因为这个原因而不偿还借款甚至抵赖或是不偿还银行的贷款，贷款者或是担保者不得不遭受损失或偿还银行的贷款，最终告上法庭，亲人之间反目成仇。

2. 个人信用缺失给银行经营造成影响

目前，房屋贷款、汽车贷款等消费者贷款在银行贷款中占据越来越重要的位置，但消费者在贷款期限内由于种种原因不能按时归还本金和利息，使得银行的消费贷款成为坏账，影响了银行和消费者的关系，给银行经营带来一定的负面影响。

3. 个人信用缺失导致劳资关系紧张

一些私营老板不守信用，先是口头承诺工资，然后难以兑现，有的要钱可以但必须打折，有的就是长期拖欠不给，这使得工人对老板的信任下降，谈起私营老板来咬牙切齿，不愿意给私人老板打工，使得劳资关系紧张。

4. 个人信用缺失导致经济秩序混乱

个人信用缺失导致失信行为蔓延，形成极大的道德风险，导致经济秩序混乱，加剧财富分配不公，特别是少数企业和个人采取违法犯罪等背信手段实现暴富，破坏市场制度的信誉，为整个社会道德建设树立了一个恶劣的典型。

个人信用缺失给个人和社会带来的负面影响如此之大，因此建设个人信用体系来减少个人信用缺失现象是非常重要的。

二、个人信用体系的内容

个人信用体系应在充分发挥市场资源配置的基础作用的前提下，建立以信用立法与执法、政府部门监管、信用机构运营为核心的个人信用制度，实现个人信用的征信数据库系统的规范化、系统化和征信产品的社会化、商品化。个人信用体系的基本内容包括个人信用登记制度、个人资信评估制度、个人信用管理制度、个人失信惩罚制度及相关制度的完善等方面。

（一）个人信用信息系统

个人信用是连续记录个人信用行为累积起来的，个人信用信息系统反映了个人信用的信用行为，它是个人信用征信资料的主要来源。个人信用发生时，授信人通过专门的资信档案机构查询个人资信档案，并考察论证提出进一步获取受信人个人信用的必要性和可行性。个人信用信息资料来源主要包括：个人信贷申请表上反映关于受信人的年龄、居住、家庭状况、职业、收入、资产负债情况等方面的信息；债务清单的个人信用记录的历史资料；对受信人的抵押资产（股票、债券等有价证券，珠宝、艺术品、住房等不动产、汽车等高档耐用品）的所有权进行法律认证和个人财富的价值评估。

（二）个人资信评估制度

在个人资信档案登记、个人征信数据库系统的基础上，以个人信用评估的公开化、标准化和公平性为前提的情况下，设计科学、严密、标准化的个人信用评估原则、评估方法、个人信用评估指标体系、个人信用评估程序和相应的评分模型，建立针对不同类别的受信人资信等级模式。在形成个人资信评估方案的过程中，通过运用主观经验判断法和客观的信用统计评分法等决策手段，分析受信人的资信能力与受信行为，为授信机构如银行等金融机构提供个人信用风险决策的科学依据。

（三）个人失信惩罚制度

个人失信惩戒机制是个人信用体系中的重要组成部分之一，它承担失信个人的黑名单制作和公示任务。失信惩戒机制要起到对任何经济类型的失信行为进行惩戒的作用，惩戒是围绕着经济性质的处罚进行的，间接地对失信行为进行道德谴责。另外，失信惩戒机制具备奖励功能，奖励诚实守信的个人，给守信的人在贷款或是其他方面一定的优惠条件。失信惩戒机制是以震慑作用为主的，力求将失信的动机消灭在未然之中。对于形成事实的失信行为，其效果是在相当长的受罚期间内，使失信人不能进入市场经济的主流，使得失信者失信的成本大于其失信获得的收益。

（四）相关制度的完善

个人信用制度的良好运行，需要建立和健全社会保障制度、住房制度、抵押贷款担保制度和保险制度等制度。个人信用制度和相关制度的配套，有利于信用市场的健康发展。

三、个人信用体系的作用

1. 有利于改善信息不对称状况

一般情况下，信用市场中授信与受信主体所掌握的信息资源是不同的，受信主体对自己的经营状况及其信贷资金的配置风险等真实情况有比较清楚的认识，而授信主体则较难获得这方面的真实信息，他们之间的信息是不对称的。在信用合约签订之前，信息非对称性将导致信用市场中的逆向选择，信息不对称性增大经济运行的"摩擦力"，增加了信用市场交易的成本。个人信用体系的建立有效增加整个社会的经济信息量，有效改善信息不对称状态，从而有效避免诸如逆向选择等消极现象，进而创造一个比较"平滑"的经济信用环境，有利于一国经济的发展。

2. 有利于维持良好的经济秩序

经济违规违法行为的大量存在和屡禁不止，有市场经济体制还处在初级阶段，法制建设、市场规则、社会管理制度不完善、不健全的原因。但更直接的根源，是因为市场信息不完全，市场透明度不够，社会违法成本低、攫取暴利高，而执法成本高、执法效能低。在违法和执法的博弈中违法者其实是处于主动地位。从经济交往的角度来看，守信与不守信是一种经济行为选择，社会经济信用程度低的根本原因在于不守信用的机会成本过低。而充足的个人信用信息，不仅增加个人失信的成本，也有利于执法机构和监管机构进行经济监督，减少经济违规违法现象，从而有效维持良好的经济秩序。

3. 有利于开发个人信用资源

信用也是一种资源，个人信用更是一个巨大的有待开发的资源宝库。现在各大商业银行纷纷推出各式各样的个人金融产品，但由于银行没有足够的个人信用信息，风险无法得到度量，所以个人在进行这些金融产品消费时就感觉到手续烦琐，无法得到与自己信用状况相对应的授信额度。如果金融系统有完善的个人信用体系，信用资源被充分开发出来，银行有足够的个人信用风险信息，那么信用就成为个人的"绿卡"，经济生活就更加方便。

4. 有利于商业银行的经营和发展

完善的个人信用体系，有利于银行建立交易对手的信用信息系统，对信用风险进行模型设计和量化，完善内部风险控制体系，从而更好地进行风险控制。建立完善的个人信用体系也有利于银行开发新的金融服务品种，拓展业务，提高竞争力。有了完善的信用系统，银行就可以降低信息搜集成本，减少风险，于是有些金融服务品种创新就可能实现。例如，各种消费贷款，以前可能由于成本太高，风险太大而不能实行，现在就有可能了。

第三章 信用体系建设的国际经验

现代信用起源于荷兰。1609 年，荷兰成立了阿姆斯特丹银行，他们将银行、证券交易所、信用以及有限责任公司有机地统一成一个相互贯通的金融和商业体系，通过吸收存款和发放贷款，发明了我们现在所说的信用，当时称为"想象中的货币"。为了保障银行的信用，阿姆斯特丹市通过立法规定：任何人不能以任何借口限制银行的交易自由。正是凭借一系列现代金融和商业制度的创立，面积只相当于两个半北京的荷兰在 17 世纪缔造了一个称霸全球的商业帝国。

19 世纪中叶，从伦敦的裁缝行业开始，产生了最早的消费者个人信用信息共享，由行业内简单互通消费者守信情况，发展成为固定时间内进行信用信息交流，以此来防止消费者违约和不守信用的现象增加。随着进一步发展，出现了第三方专门收集消费者信用状况并加工生产信用报告的信用服务机构。

19 世纪末 20 世纪初，美国在南北战争结束后，由于经济快速发展，银行信用和民间信用规模不断扩大，产生了金融机构、商业机构对消费者和企业信用调查、资信评级的市场需求，私营征信业应运而生。

亚洲最早进行社会信用体系建设的是日本，其最早的征信公司为商业兴信所，成立于 1892 年。

经过 100 多年的发展，在发达国家基本形成三种主要发展模式：

第一种是以美国为代表的私营征信系统，简称美国模式。主要是以市场化运作方式为主的征信国家，目前大约有 36 个国家是选择这种发展模式的，征信服务机构都是独立于政府之外的私营征信机构，信用信息主要是按照协议约定由协会、信用卡公司、商业零售机构、财务公司等向征信机构定期提供，并按照商品交易的原则向全社会出售信用报告。

第二种是以欧洲主要国家为代表的公共征信系统，简称欧洲模式。1934 年，在德国成立了欧洲第一家公共信用调查机构。据世界银行调查，目前全世界已有 66 个国家建立公共征信系统。与私营征信系统最大的不同，公共征信系统是国家建设运作，以法律或决议的形式强制政府部门、金融机构等主体定期将拥有的信用信息数据报告给公共信用登记系统。这种强制性的征信方式，使公共征信系统几乎能覆盖所有企业。

第三种是以日本为代表的银行协会建立的会员制征信机构和商业征信机构并存的模式，简称日本模式。日本的社会信用体系形成较晚，1987 年 3 月由银行、赊销、信贷三行业建立了跨行业的计算机个人信用信息网（Credit Information Network，CRIN），主要目的在于防止贷款的呆坏账化、贷款的长期拖欠等经济纠纷的发生。1988 年正式组建个人信用信息中心，该中心为非营利机构，会员银行必须提供相关信用信息，同时可以共享其中的信息，其实质是建立一种信息互换机制。除了个人信用信息中心外，日本还有一些商业性征信机构，如帝国数据银行等，这些机构为社会提供有偿信用信息。

社会信用体系建设是一项新生事物，在我国正处于探索阶段，借鉴国外发达国家社会信用体系建设的进程，并从中吸取经验教训有助于我们少走弯路，利用后发优势实现信用建设的跨越式发展。因此，本章将分别对这三种模式的管理体系进行探讨。

第一节 美国信用体系

从简单征信服务到现代信用体系的建立，美国信用体系经历了 160 多年的历史，具备了征信国家信用体系的基本内涵。因此，研究美国信用体系的发展规律及特点，借鉴美国信用体系发展过程的先进经验，是建设我国社会信用体系必须关注和无法逾越的。

一、美国信用体系的发展历程

如果以征信评信活动的起步为标志，美国的信用体系从 19 世纪 30 年代开始建立，随着科学技术进步和市场经济发展，其信用规模不断扩大，信用体系逐步走向成熟和完善。美国信用体系发展大致可分为以下三个阶段。

1. 市场需求下的萌芽发展阶段（1841—1935 年）

美国是一个自由市场经济国家，虽然当时的市场交易还不那么活跃、发达，但在自由市场竞争的背景下，市场对信用服务的需求是自然的。这一阶段正处于美国资本市场和工业化发展时期，大量工业债券涌入资本市场，吸引了众多美国国内和欧洲各国的投资者，由此产生了对企业和债券征信评信的市场需求，信用调查评估机构在这种条件下应运而生。

1841 年，邓白氏公司（Dun & Bradstreet Corp.）创始人刘易斯·大班在纽约成立了第一家征信事务所，主要从事商业企业的信用调查和评估，首开企业、债券征信评信先河。随后，普尔（Poor）公司于 1860 年、穆迪（Moody）公司于 1890 年、标准（Standard）公司于 1920 年、菲奇（Fitch）公司于 1924 年先后加盟企业、债券征信评信行列，美国的征信评信制度开始萌芽。与此同时，消费信用也悄然兴起。19 世纪中叶开始，美国逐步出现了分期付款、小额消费贷款等消费信用形式。其间最具代表性的是芝加哥零售商西尔斯，率先向消费者提供分期付款和无担保信贷，目的是以赊促销、以贷促销，并拓展连锁店经营模式，这便是当今全美通用的"西尔斯"信用卡——"发现卡"的发迹前奏。伴随着消费信用的发展，为消费信用服务的消费者信用征信机构也应运而生。初创期间的征信机构多为由各地商家发起、以互助合作形式设立的非营利组织。美国第一家被称为信用报告机构的组织成立于 1860 年，全国性的组织成立于 1906 年，当时叫"全国零售信用机构联合会"（National Association of Credit Agencies），即现在的消费者数据产业协会。

2. 政策引导下的快速发展阶段（1936—1969 年）

20 世纪 30 年代经济危机过后，美国政府开始重新审视金融风险管理问题，并对企业资信、债券等金融产品评级工作高度重视。1936 年美国货币监理署规定，美国的国民银行和加入联邦准备制度的州银行所持有的证券资产必须是征信评级四级以上的债券，并决定将评级机构的评级结果作为对银行进行监管检查的标准。随后，联邦储备委员会、联邦存款保险公司和联邦有关各部根据各自的管辖职能，也分别作出了类似的政策规定。从此，征信评信制度被作为一种信用活动的"甄别"机制正式确立下来，其制度效应在这一时期得到了充分显现。一是征信评信机构不断涌现。继邓白氏、穆迪、菲奇和标准普尔之后（标准公司与普尔公司于 1941 年合并，组成标准普尔公司），信用评级机构大量涌现，数量由最初的几十家迅速扩张至上千家；二是零售服务信用迅速发展。大量的商家企业通过建立客户群和会员制，纷纷推出零售服务信用，一些大型商家企业通过组建各种类型的金融公司，向居民提供消费信贷，为企业提供短期贷款；三是信用产品层出不穷。1950 年"大莱"俱乐部首次推出大莱信用卡，掀开了信用卡的发展序幕，消费信用走进千家万户，信用卡开始风靡美国。

3. 法律规范下的成熟发展阶段（1970—现在）

以 1970 年《公平信用报告法》（FCRA）出台为标志，美国信用行业进入规范化发展的轨道。由于前一时期消费信用的迅速扩张，使美国经济出现了喜忧参半的现象：一方面受消费需求的拉动，经济快速增长；另一方面受信用泛滥的影响，经济出现了高通胀态势。在此情况下，社会各有关方面强烈要求适时出台信用管理相关法律。20 世纪 60 年代末至 80 年代初，美国联邦政府先后出台了 10 多部信用方面的专项法律，每一项法律都明确了主要执法和辅助执法机构，使之相配套的监管体系自然形成。从此，美国信用体系开始步入规范、成熟发展时期。

20 世纪 80 年代后，相关法律法规不断完善，中介机构不断兼并重组，资本加速集聚，信用信息服务业从以经营信用信息产品为主发展为以提供信用管理顾问服务为主，目前美国信用体系框架主要是在这个阶段形成的。

纵观美国信用体系的发展脉络，在某种程度上反映了自由市场条件下信用体系发展的规律：信用体系首先出现于一般性的商业企业，随着商业组织规模和市场的扩大，商业组织既要从资本市场上筹集资金，又要加快把产品销售给消费者。与此相对应，资本信用市场和消费者个人信用市场随之产生。

二、美国信用体系的基本框架

美国的信用体系经过了一个多世纪的发展，已具备了征信国家的基本条件，在美国已形成了以发达的征信企业为主要标志的完全市场化运作的信用服务主体，以及以法律制度作保障的完善的信用监督管理系统组成的现代体系基本框架。美国信用体系主要由以下三部分组成。

1. 完善的信用法律体系

第二次世界大战结束后，北美市场的信用交易额猛增，各种信用工具被广泛地使用。但是随着信用交易的增长和信用管理行业的发展，不可避免地产生了一些问题，诸如公平授信、正确报告消费者信用状况、诚实放贷等征信数据和服务方式方面的问题，这些都对建立信用管理相关法律提出了强烈要求。于是，在 20 世纪 60 年代末期至 80 年代期间，美国开始制定与信用管理相关的法律，将信用产品加工、生产、销售、使用的全过程纳入法律范畴，形成了一个完整的框架体系。

一般来讲，美国基本信用管理的相关法律共有 17 项（Robert Cole，1998），几乎每一项法律都进行了若干次修改。其中一项被称之为"信用控制法"（Credit Control Act）的法律在 20 世纪 80 年代被终止使用。其他 16 项法律是：公平信用报告法（Fair Credit Reporting Act）、公平债务催收作业法（Fair Debt Collection Practice Act）、平等信用机会法（Equal Credit Opportunity Act）、公平信用结账法（Fair Credit Billing Act）、诚实租借法（Truth in Lending Act）、信用卡发行法（Credit Card Issuance Act）、公平信用和贷记卡公开法（Fair Credit and Charge Card Disclosure Act）、电子资金转账法（Electronic Fund Transfer Act）、储蓄机构解除管制和货币控制法（Depository Institutions Deregulation and Monetary Control Act）、甘恩－圣哲曼储蓄机构法（Garn－St Germain Depository Institution Act）、银行平等竞争法（Competitive Equality Banking Act）、房屋抵押公开法（Home Mortgage Disclosure Act）、房屋贷款人保护法（Home Equity Loan Consumer Protection Act）、金融机构改革－恢复－执行法（Financial Institutions Reform，Recovery，and Enforcement Act）、社区再投资法（Community Reinvestment Act）、信用修复机构法（Credit Repair Organization Act）。上述法案，构成了美国国家信用管理体系正常运转的法律环境。

2. 市场化运作的信用服务机构

在美国，与信用有关的信息被加工成信息产品在市场上被大量生产销售。围绕信息产品产生了许多专门从事征信、信用评级、账款追收、信用管理等业务的信用中介服务机构，在很大程度上避免了因信用交易额的扩大而带来的更多的信用风险。在完全商业化运作过程中，信用服务企业都经历了充分的市场竞争过程，目前保留下来的少数几个市场化运作主体都是市场成熟度和市场竞争力很强的超大型企业。目前从事信用服务的企业高度集中，主要有以下三大类。

一是针对资本市场的信用服务机构，即对国家、银行、证券公司、基金、债券及上市大企业的信用进行评级的公司。目前，美国只剩下穆迪、标准普尔（Standard and Poor）和菲奇这三家公司。其中，穆迪、标准普尔公司由美国投资者控股，菲奇公司由法国投资者控股，这三家公司是世界上最大的信用评级公司。据国际清算银行（BIS）的报告，在世界上所有参加信用评级的银行和公司中，穆迪涵盖了 80% 的银行和 78% 的公司，标准普尔涵盖了 37% 的银行和 66% 的公司，菲奇涵盖了 27% 的银行和 8% 的公司。

二是针对商业市场的信用评估机构，即对各类大中小企业进行信用调查评级的公司。经过 100 多年的市场竞争，历史最悠久的美国邓白氏集团公司最终独占鳌头，成为美国乃至世界上最大的全球性征信机构，也是目前美国唯一的信用评级公司。该集团公司成立于 1841 年，目前，在 37 个国家拥有分公司，联盟和联络机构覆盖 150 个国家和地区，使用 95 种语言生产信用产品，信用产品涉及 181 种货币。其业务主要为客户提供商业资料、工具及专业经验，协助客户作商业决策。

三是针对消费者信用评估的机构，在美国叫信用局或叫消费信用报告机构（Credit Bureau）。信用局是消费者个人信用调查报告的供应商，专门从事个人信用资料的收集、加工整理、量化分析、制作和售后服务，形成了个人信用产品的一条龙服务，是美国信用体系的重要组成部分。

目前，在美国征信领域形成了三大巨头——美国人控股的全联公司（Trans Union）、艾可菲公司（Equifax）和英国人控股的益百利公司（Experian）——垄断的局面。这三家公司联系分布全国 1000 多家地方信用中介机构，收集了近 2 亿成人的信用资料，每年出售大约 6 亿多份个人消费信用信息报告，每月进行 20 多亿份信用信息的处理工作，每年的营业额超过百亿美元。除此之外，美国还有数千家小型消费者信用服务机构，提供不同形式的消费者信用服务。

3. 监督和管理信用的政府和行业协会

美国的信用体系早在 100 多年前就开始建立，发展至今已成为一个金字塔式的完善体系。金字塔的基石是政府立法，向上依次为行业协会、信用评估机构和信用消费者。因美国信用管理公司基本上私有，造成征信市场完全商业化，政府部门和行业协会在社会信用管理体系的具体运转上所起的作用有限，仅在早期的法律制定和企业的信息收集等方面起过一定作用，真正唱主角的是信用评估机构。尽管政府在对信用行业管理中所起的作用比较有限，但美国的有关政府部门和法院仍然起到信用监督和执法的作用。其中，联邦贸易委员会是信用管理行业的主要监管部门，主要负责与非银行有关的信用法律监督、解释和执法，而联邦储备委员会和财政部货币监管局（OCC）则负责与银行有关的信用法律监督、解释和执法。银行系统监督机构主要任务在于商业银行的授信相关业务，而非银行系统监督机构主要任务在于对征信和商账追收业者的规范。除法律外，美国政府还出台了一些信用管理规则，如统一消费者信用准则（UCCC）和统一商业准则（UCC）。信用管理民间机构是社会信用制度必不可少的组成部分。美国著名的信用管理协会包括美国信用管理协会、信用报告协会、美国收账协会等一些民间机构，在信用行业的自律管理等方面发挥了重要作用。这些专业的民间行业组织和机构，其作用主要在于加强从业人员的交流、举办会议、在国会和政府为行业争取权益、协助立法、提供专业教育和培训、颁发从业执照、出版专业书籍和杂志、筹集资金和扶持研究项目、促进建立国家标准和行业规则、倡导从业人员的职业道德标准，等等。

三、美国信用体系的特点

美国的信用体系，体现了市场经济条件下信用和信用产品的基本内涵，完善的信用体系和不断扩大的信用交易规模已经成为美国经济发展的重要驱动力量。因此，研究美国信用体系的特点有助于我们认识成熟的社会信用体系的基本情况，许多成功之处值得我们学习和借鉴。美国信用体系的特点主要体现在以下几个方面。

1. 完全市场化运作的信用模式

美国的社会信用体系采用以民营商业征信服务公司为特征的完全市场化运作模式。美国有许多专门从事资信调查、资信咨询、信用评级、商账追收、信用管理等业务的信用服务中介机构，他们都是从盈利目的出发，完全依市场化原则运作。在美国，信用服务公司都是独立的私人企业，既不受政府的控制，也独立于证券交易所和证券公司，更不能与被评级企业有任何私下交易。独立性、中立性和公正性是这些公司的立身之本，也是创造客户价值的源泉。他们面向全体信用需求方提供信用信息有偿服务，在很大程度上避免了因信用交易的扩大而带来更多的信用风险。

美国信用体系的产生完全是市场的产物，迎合市场发展尤其是个人金融市场的发展。1970 年以前，美国的评级机构为债务发行者无偿地进行评级，然后把他们的评级分析报告卖给投资者。评级机构不对发行者收取费用，使其处于一种独立地位，有助于它的公正性。在 1970 年经济萧条时期，投资者的信心严重受挫，债务发行人急需通过信用评级确立自己良好的信用，主动请求评级公司进行评级，这样，评级公司将向投资者收取费用转为向被评级主体收费。信用产品作为商品在美国市场乃至全球市场销售规模不断扩大。

2. 法律制度保障的信用环境

美国有规范和发达的信用市场环境，信用信息作为商品在市场上被广泛地运用，信用市场发育成熟度高，这就需要有完善的信用法律法规为信用行业的管理和政府行为提供保障。目前，美国已经形成了良好的有法律保障的信用信息公开的市场环境。其中最重要的法律是 1966 年的《信息自由法》、1972 年的《联邦咨询委员会法》和 1976 年的《阳光下的联邦政府法》，这三部法律是美国法律领域一次革命性变革，其核心思想是原则上政府信息要公开，不公开即保密是例外：政府信息具有公共产品的性质，一切人获得信息的权利是平等的；政府对拒绝提供的信息负有举证责任，必须提供拒绝的理由。法律还要求美国行政机关的会议必须向公众公开，允许公众观察。举行不公开的会议要经过相当复杂的程序。在信息公开的同时，美国从维护国家经济安全需要出发，对信息保密也相当重视。

3. 重视保护消费者合法权益的信用意识

美国的信用交易十分普遍，信用消费是拉动美国经济的主要动力，消费者的消费行为和自己的信用资格的关联度越来越大，如果消费者的信用等级不可信，就会直接影响借贷和购物的便利。如果信用局提供的信用产品出了问题，运用的信息来源有错误，就会对消费者造成损害。在信用交易呈几何状扩张的情况下，对消费者合法权益的保护就显得格外重要。

信用作为规范市场和个人经济行为的最重要的手段之一，在人们的经济生活乃至日常生活中起着重要作用，几乎没有企业和个人不受"信用"的约束，即在经济行为上受到"信用"所定义的经济伦理的约束。在信用信息内容方面，民营征信机构的信息较为全面，不仅征集负面信用信息，也征集正面信用信息。因此，缺乏信用记录或信用记录很差的企业很难在业界生存和发展，信用记录差的个人在信用消费、求职等诸多方面都会受到很大制约。所以在美国，信用被毁掉是一件非常可怕的事情，有不少不遵守当地信用法律和商业道德的公司和个人为此断送了事业的发展和生活的便利。因此，美国公民都具有极强的信用意识，非常注重维护自己的信用，这种信息透明的市场文化反过来也促进了美国信用体系的发展。

4. 征信评信制度建设效应显著

征信评信制度，是美国信用体系的核心。在市场需求和政府引导的双重作用下，美国的征信评信制度不断完善，目前已经成为了所有信用活动乃至社会经济活动的一种"甄别"制度，进而成为了社会成员必须遵守、维护的一项基本社会经济制度。由于信用报告受法律保护，具有流动性和共享性，如此详尽地包括过去与现在的信用历史资料和精确的信用评分，对人们产生了强大的约束力和威慑力，加之互联网通信技术的发展，授信人可以通过电子手段不受地域、时间限制随时调阅，快速准确地作出信贷发放的决策。因此，许多美国人视信用与自己的生命同等重要。这种征信评信制度所释放的不仅有经济效应，还有道德效应、文化效应和社会效应。

美国的征信评信机构在市场竞争中不断发展、不断整合，现已形成了以少数几家全国性、综合性机构为龙头，千余家地方性、专业性机构为补充的征信评信格局。这些地方性机构均以会员或网络成员的身份与其中的一家或几家全国性综合性机构存有业务联系，由此形成了上下联动的信息共享网络和产业链条。

第二节　欧洲信用体系

欧洲的征信业已有 100 多年的历史，其特点是中央银行或其他金融监管当局建立的中央信贷登记系统，具有代表性的国家为德国、法国、意大利等欧洲大陆国家，因此简称欧洲模式。德国于 1934 年成立了欧洲第一个公共信用调查机构，法国的同类机构产生于 1946 年。比较起来看，公共信用登记系统模式与私营信用调查机构的模式之间存在较大的区别。1992 年 10 月，欧共体中央银行行长会议将公共信用信息登记系统定义为：为向商业银行、中央银行和其他金融监管部门提供关于公司、个人乃至整个金融系统的负债情况而设计的一套信息系统。随着欧洲经济一体化程度的提高和通信技术的飞速发展，欧洲征信业已从原有的只提供单一的信用信息向综合化的信用服务转变。

一、欧洲信用体系概况

（一）欧洲信用体系基本模式

在信用体系的建设上，欧洲大多数国家采用以中央银行建立的中央信贷登记系统为主体的社会信用管理模式，该模式是由中央银行建立中央信贷登记系统，主要由政府出资，建立全国数据库，组成全国性的资信调查网络；征信信息主要供银行内部使用，信息不对外开放，征信信息服务于商业银行防范贷款风险和央行金融监管与货币政策决策。管理机构是非营利性的，直接隶属于中央银行。这种模式在德国、法国得到广泛使用。

以法国为例，从事个人信用信息服务的机构被称为公共信用登记机构（Public Credit Registers），它是由政府当局成立并由中央银行管理的信息中介机构。政府当局强制贷款人向公共信用登记机构提供数据，而公共信用登记机构则将向贷款人提供可以用于贷款决策的信息。公共信用登记机构一般是建立在互惠基础上的，因此公共信用登记机构除了能够起到信用风险防范的作用之外，还是中央银行取得监管信息的重要渠道。

从征信机构的所有制看，除英国的征信机构为私人部门所有外，另外还存在德意和法国两种主要模式。

德国和意大利既有公共征信机构，也有民营征信机构。意大利的公共征信机构与民营征信机构的业务重点有很大不同，公共征信机构主要采集公司和贷款数额较大的个人客户的信息，并且这种信息一般都是贷款信息，其目的也主要是为中央银行更好地监督金融市场、防范金融风险服务。民营征信机构主要是为商业银行、保险公司、贸易和邮购公司等主要的信息使用者服务，其采集的信息具有覆盖人群广、总量大，信息来源渠道多、信用记录全面等特点，因此民营征信机构的服务范围更广泛。目前在德国和意大利居于国内市场主导地位的也都是进行商业化运作的民营征信机构。

法国中央银行（法兰西银行）建立的个人信用信息数据库系统主要是由政府出资，建立全国数据库的网络系统。管理机构是非营利性的，直接隶属于中央银行。个人信用信息登记系统的数据来源主要包括商业银行、外资银行、基金会、保险公司、金融中介等。

欧洲的个人信用信息来源相对较窄，如它不包括来自法院、公共租赁公司、资产登记系统和税务机关等其他非金融机构的信息，也很少收集贸易（商业零售机构）信贷的信息，只有不到1/3的公共调查机构掌握信用卡债务的信息。

（二）德国社会信用体系的结构及其特点

从信用信息来源看，德国社会信用体系包括公共信用信息系统和私营信用服务系统两大部分。

（1）公共信用信息系统主要有：联邦银行信贷登记中心系统、地方法院工商登记簿、破产法院破产记录、地方法院债务人名单。除联邦银行的信贷登记系统供银行与金融机构内部使用外，工商登记簿、破产记录和债务人名单均对外公布，并可查询。公共信用信息系统是德国社会信用体系的有机组成部分，也是私营信用服务系统的主要信息来源之一。

（2）私营信用服务系统主要包括从事企业与个人资信调查、信用评级、信用保险、商账追收、资产保理等业务的信用服务公司根据自身业务需要建立的企业与消费者信用数据库及其提供的信用服务。私营信用服务系统是德国社会信用体系的主体。

资信调查与评估。资信调查与评估服务是信用风险管理服务中的一项最基本、最普遍的业务。资信调查与评估公司收集与企业和消费者个人信用有关的所有信息，并用科学的方法加以分析评估，建立庞大的信用数据库，所提供的服务产品主要是信用报告和信用风险指数。德国知名的资信调查与评估公司有 Creditreform、Buergel、Schufa 等。

信用保险。信用保险通常是以他人的信用风险为保险责任的财产保险业务，是保障投保企业应收账款免受不正常损失的保险。信用保险分为外贸和内贸服务两大块。出口信用保险包括政策性和商业性信用保险。德国承担政策性出口信用保险的是裕利安宜（原赫尔梅斯）信用保险公司。内贸领域的信用保险则纯属商业性信用保险业务。除裕利安宜外，Atradius（原格宁保险）和科法斯（Coface）也是德国知名的信用保险公司。

商账追收。商账追收业务是指商账追收公司受客户委托从事的催账和账款追收活动，其特点是使用合法手段但不通过法律程序追收拖欠债款。商账追收公司按照收回的金额提取一定比例的佣金。在德国从事商账追收业务的公司约 650 家，从业人员约 5500 人。其中，495 家是德国联邦商账追收商协会（简称 BDIU）的成员。

资产保理。资产保理业务是指保理商通过购买他人债务而提供的客户应收账款服务。与商账追收业务最大的不同是，保理服务是一种债权转让交易，保理商采用立即付款的方式购买客户的应收账款，以便客户能及时获得所需资金。保理商虽从中收取一定的费用，但承担债务风险，因而在购买债权前要对债务人的资信进行全面的调查。德国目前有 20 多家从事资产保理业务的公司，其中 19 家是德国保理商协会的会员。

德国社会信用体系的特点如下。

（1）信用体系结构多样化。德国社会信用体系涵盖了目前世界上三种最普遍的社会信用体系模式：以中央银行建立的"信贷登记中心"为主体的公共模式；以私营征信公司为主体的市场模式；以行业协会为主体的会员制模式。后者以具有公司性质的通用信用保险保护协会为代表，由协会建立信用信息系统，为协会会员提供个人和企业的信用信息互换平台，通过内部信用信息共享机制实现征集和使用信用信息的目的。这三种模式在德国相辅相成，构成德国统一完整的社会信用体系。

（2）信用保险和征信公司规模大。德国三大信用保险公司——裕利安宜、Atradius（原格宁保险）和科法斯（Coface）占德国信用保险市场份额的 98%。Creditreform、Buergel、Schufa 三大征信公司在资信调查与信用评估业务领域占主导地位。

（3）混合经营成为信用服务公司的发展趋势。德国信用服务公司的经营模式已从单一的资信调查、信用评级、信用保险、商账追收等服务向同时提供多种信用服务的模式发展。良好的信用文化传统和自律意识为混合经营模式奠定了基础。目前，德国较大规模的征信公司均提供信用报告和信用风险评估服务。大的信用保险公司更是提供从信用咨询、信用保险到商账追收和资产保理等全方位的信用服务。

二、欧洲信用体系制度的法律基础

欧盟组建以后制定了统一的信用管理法规，如欧洲委员会制定的《个人自动文档保护公约》。为促进欧洲经济一体化，维护欧洲市场的公平性，欧盟议会于 1995 年通过了第一部有关信用管理的公共法律——《关于处理个人数据和个人数据自由流动中个人保护的指引》。

在欧盟各个成员国中德国的信用立法比较早，1934 年德国就建立了个人信用登记系统，并出台了一些相关的操作规则。1970 年前联邦德国颁布了《个人数据保护法》，成为世界上最早的关于个人信息保护的立法，同年还颁布并实施了《分期付款法》。之后，德国在 1976 年和 1977 年分别制定出《一般交易约定法》和《联邦数据保护法》，并于 1990 年对《联邦数据保护法》进行了修订。1998 年 10 月《欧盟数据保护指南》生效。上述法律对个人数据的获取、储存、使用、传播等方面都有严格的规定。征信机构必须公正、合理地收集消费者和企业的信用资料。消费者有权了解征信机构收集、保存的本人信用资料。数据处理单位的工作人员有保密的义务，只有在法律允许或经用户同意的情况下，有关公司才能提供用户的信用数据。禁止在消费者信用报告中公开消费者收入、银行存款、生活方式和消费习惯、超过法定记录期限的公共记录中的负面信息等。

法国的相关法律规章远较欧洲其他国家严格，如 1978 年《信息、档案和个人权利法》规定：个人有权质疑任何机构保存的有关本人的档案；并且要求在接受调查的当事人姓名出现在数据库前必须通知本人；征信机构出具信用报告必须经本人同意，报告必须提供给本人以供核查。限制性条款也适用于法兰西银行属下的公共信用登记处，消费者将被口头告知档案内容，订立贷款合同时也需要告知消费者该档案存在；当贷款人报告违约情况时，必须通知本人。立法严格禁止未经授权的第三方使用该信息。

英国也很重视信用管理的立法，在 1970 年通过的《消费信贷法》是一部消费者保护类的法律，其条款类似于美国的《诚实借贷法》。1984 年，英国也颁布了《数据保护法》。并于 1998 年颁布了新的《数据保护法》。除此之外，1995 年葡萄牙的《个人数据保护法》，1996 年奥地利的《联邦个人数据保护法》，1998 年瑞典的《信用保护法》、比利时的《个人数据处理中隐私的保护法》和爱尔兰的《个人数据条例》以及 1999 年意大利的《关于数据处理中个人和其他数据主体的保护法》等都是欧洲国家有关个人数据征信的相关法规。这些法律对数据的取得和使用作了详细规定。

三、欧洲信用体系的特点

总的来说，欧洲模式的优势在于由国家建立统一的个人信用信息数据库，强制性地要求企业和个人向征信机构报告信用信息，并依法保护个人隐私。因此这种模式下征信机构取得的信用信息比较全面、真实，在信息获取的过程中不存在行政阻力。这种模式的劣势在于，由于征信业的垄断性，个人信用登记机构的效率较低、缺乏活力。

第三节　日本信用体系

日本模式是以银行协会建立的会员制征信机构与商业性征信机构共同组成的个人信用管理体系。日本目前主要有全国银行个人信用信息中心、日本信用卡产业协会和全国信用信息中心三家个人征信机构，以全国银行个人信用信息中心为主导，该中心为日本银行协会所属的非营利性质的机构，采取会员形式，金融机构自愿参加并定期交纳会费。

全国银行协会的会员同时也是个人信用信息中心的会员，各会员通过计算机网络向个人信用信息中心登记其所拥有的个人信用信息，而中心则负责个人信用信息的收集、储存和整理，并将处理后的信息提供给会员单位。

一、日本信用体系概况

日本的企业征信发展较早，但个人征信体系形成较晚，始于 20 世纪 60 年代，昭和 62 年 3 月（1987 年 3 月）由银行、赊销、信贷三行业建立了跨行业的计算机个人信用信息网（Credit Information Network，CRIN）。此举的主要目的在于防止贷款的呆坏账化、贷款的长期拖欠等经济纠纷的发生。1988 年正式组建个人信用信息中心，该中心为非营利机构，所收费用仅供维持日常运行成本。中心在收集信息时付费，在提供信息时要收费，以保持中心发展，但不以盈利为目的，会员银行必须提供相关信用信息，同时可以共享其中的信息，其实质是建立一种信息互换机制。除了个人信用信息中心外，日本还有一些商业性征信机构，如帝国数据银行等，这些机构为社会提供有偿信用信息。

日本形成会员制的社会信用体系模式的原因，主要是日本的行业协会在日本经济中具有较大的影响力，尤其在个人信用方面。日本的全国银行业协会、信用卡产业协会及全国信用信息联合会分别掌管了全国银行个人信用信息中心、日本信用卡产业协会和全国信用信息中心三家个人征信机构。这些协会的会员包括银行、信用卡公司、担保公司、其他金融机构、商业企业以及零售店等，覆盖了从金融到流通行业的各个方面。

在信用数据的征集范围方面，银行个人信用信息中心规定会员向其提交的个人信息包括消费者贷款、活期存款交易、担保、信用卡交易等 4 个方面，如个人姓名、出生年月、邮政编码、住址、贷款日期、贷款金额、约定偿还日、拖欠日期、最终偿还日等。相关信息在保留到规定期限后自行删除。

全国信用信息联合会主办的信用信息中心采集的数据范围与银行个人信用信息中心相似，中心要求会员提供的个人信用信息的范围包括：个人的身份信息，如姓名、出生年月、住址、住宅电话、工作单位、电话等；贷款合同的信息，包括与贷款合同有关的所有信息，如借款日、借款金额等；关于借款偿还情况的信息，如还款日、借款剩余金额、还款预定日、最终还款日以及拖延还款时限的信息等。相关信息的保留期限也有明确规定，不能超过借款合同开始后的 5 年及还款后的 5 年。

二、日本信用体系的法律基础

随着社会的发展，个人信用信息部门成为日本经济发展不可缺少的组成部分。然而，不仅有部分信用部门和信用信息机构出现严重的信息泄露问题，而且个人信用信息机构在收集、积累和运用个人信用信息方面也曾出现各种各样的法律问题。为此，日本法律中关于信用较早的立法是 1961 年颁布的《分期付款销售法》，该部法律涵盖面比较宽，是一部法典式法律，在内容覆盖上相当于美国 2 至 5 部法律的内容。该法调整分期付款的消费者和销售业者之间的利害关系，规定了利用个人信用信息的方法，并在 1980 年进行了大幅度修改。

日本全国信用信息中心在 1987 年制定了《关于金融机构等保护个人信用

信息数据的指针》；1988年3月，财团法人日本信息处理协会制定了《关于民间部门个人信息保护指导方针》；日本政府也于1988年12月制定了《关于行政机关电子计算机处理和保护个人信息的法律》，用来保护个人隐私权不受侵犯，促进个人信用信息的合理合法运用，并于1989年10月开始实施；日本经济产业省1989年制定了《关于民间部门电子计算机处理和保护个人信息的指导方针》；总务省于1991年制定了《关于电气通信事业保护个人信息的指导方针》。2000年出台的《消费者合同法》是一部确认不公平合同无效的法律，从另一个角度来保护消费者的权益，并规范信用市场的运作。日本于2005年4月1日紧急颁布的《关于独立行政法人单位所持有个人信息保护法》，对各方在收集、使用管理个人信用信息方面，作出了明确的法律规定。

1. 对个人信用信息采集方面的规定

由于个人信用信息往往具有较高的商业价值，因此会产生信息的不当采集和使用。为此，1999年3月11日在《关于金融机构等保护个人信用信息数据的指针》基础上，日本制定了《信用信息服务机构的个人信用信息保护方针》。制定该方针的目的是为征信机构制定处理个人信用信息的使用原则，在保护个人隐私的基础上，维护个人信用信息体系的健康运营。该法规规定了日本的各征信机构必须参照该方针，完善自身的规章制度。各征信机构必须在该方针的指导下，签署加盟合同，对各机构会员资格实行定期审查制。在个人信用信息的采集、登记方面，信用信息采集机构在采集、登记个人信用信息时，必须是限制在判断信息主体支付能力和偿还能力的最小范围内，不能涉及信息主体的种族、宗教信仰、政治见解、保健医疗、病历等个人细节以及与信用无关的个人信息。因此，日本将个人信用信息收集的范围限定在：

（1）加盟会员进行信贷时依照加盟合同从信息主体采集并向信用信息机构提交的信息；

（2）破产、法院宣告冻结资产、失踪以及公共报道信息；

（3）关于在票据交换所期票、汇票初次不兑现或受到禁止交易处分的信息。

2. 个人信用信息的日常管理

在个人信用信息的管理方面，《关于金融机构等保护个人信用信息数据的指针》规定，征信机构必须采取一定的措施来保护自身管理的个人信用信息的准确性和及时性；在征信机构内部管理体制完善及安全措施方面，规定征信机构为防止信用信息的泄露、消失和篡改，必须强化内部管理体制和采取一定的安全措施。如对工作人员的教育和监督，信息数据库的备份，人员进出的检查、登记、防盗、防恶意链接及在数据传输时的安全管理；在信息管理人员方面，要求必须明确相关人员的权限和责任，包括征信机构在将部分信息处理业务委托外部机构进行时，委托合同上必须明确相应的权限和责任；在个人信用信息的提供和信息主体的保护方面，为了防止个人信用信息的滥用，规定征信机构只在以下 4 种情况下，可以提供信息服务。

（1）针对加盟会员对调查对象借贷返还、支付能力的调查，以及答复信息主体提出的问询时。

（2）同行业有协议的征信机构的加盟会员进行偿还债务、支付能力调查时。

（3）信息主体要求公开信用信息时。

（4）依法要求提供信息服务时。

3. 对信息主体的保护

在对信息主体的保护方面，《关于金融机构等保护个人信用信息数据的指针》规定信用信息机构必须建立完善的手续制度以满足信息主体对自身信用信息的证明、修正错误的信息等正当的要求。信用信息机构有义务将其业务内容和信息主体保护措施公之于众，并开设对外咨询、信访窗口，以便能够及时、适当地处理信用信息主体的投诉。

三、日本信用体系的特点

日本模式的优势在于，其会员银行是自愿加入，弹性较大，各家银行可以有自由选择的权力。其劣势也很明显，由于数据库是会员自发组建的，不能运用行政手段，采集的个人信息可能不完全、不准确、不及时。在信息获取过程中可能会遇到种种障碍，因此获得的信用信息可能不完整，质量不高。

第四节　三种模式的比较及启示

一、三种模式的比较

比较而言，美国模式、欧洲模式、日本模式三者各具特色，分别适合于不同的国情。就美国模式而言，其特点是效率高，但纯粹市场化运作所要求的市场环境极高，既需要完善的法律法规，又需要完备的社会保障体系。同时，电子化网络系统在全国的普及程度也是保证市场化个人信用体系正常运作的必要条件。就欧洲模式而言，其特点是有利于个人信息的高度集中，但政府直接进行操作则有悖于市场原则，留下了较大的寻租空间，且政府操作所需要的财政开支较大，容易导致国家财政赤字。就日本模式而言，其特点是中介组织与商业组织合作，有助于发挥各自的优势，但其收集的信息分散且覆盖面较小，无法保证个人信用信息的全面性与完整性，无法确保个人信用体系在全社会范围内的普及。以上三种模式的比较和优缺点，归纳如表3-1所示。

表3-1　市场经济发达国家社会信用体系建设比较

比较内容 \ 国家		美　国	欧洲（法国、德国、比利时、意大利、葡萄牙和西班牙等）	日　本
体系性质		经济信用体系	经济信用体系	经济信用体系
法律制度	体系建设	系统完备	不系统	零　星
	基础立法	全　面	部　分	没　有
	专项立法	较系统	零　星	少　量
	立法特点	信息开放与权益保护的平衡	强调消费者信息权益保护	强调信息保护和行业规范
管理组织制度	管理组织	联邦政府所属7个部门分工	中央银行	协　会
	管理职能	推动立法、法规制定、执法监管	执法监管及征信运营	自律管理及征信服务
征信服务制度	服务体系结构	信用服务机构全部私营化	公共征信机构为主、私营征信机构为辅	行业协会信用信息中心
	信息开放程度	除法律限制外全面平等开放和共享	公共征信机构强制征信，私营征信机构受限征信	信息征集和使用仅限于会员内部，不对第三者和社会开放
	信息系统建设	由各征信机构投资建设	公共信息系统由政府投资建设，私营征信信息系统由其自身投资建设	由各行业协会投资建设
	信用服务机制	完全市场化	政府公共运作为主，私营市场运作为辅	会员内部互助式运作
社会信用体系模式		以私营征信服务为特征的模式	以公共征信为主的模式	以协会会员制为主的模式

二、三种模式对我国社会信用体系建设的启示

通过美国模式、欧洲模式、日本模式的比较，可得到如下对于我国社会信用体系建设的启示。

1. 信用制度与市场经济相辅相成

西方国家信用制度的发展历程表明，信用制度在市场经济中诞生，又反过来极大地促进了市场经济的发展。发达国家正反两方面的经验都表明，市场经济必须建立在完善的信用制度基础之上。从新制度经济学的观点来看，市场经济就是一种交易制度，而信用制度是其核心制度之一，市场交易离不开完善的信用制度。同时信用制度的产生和完善也必然建立于市场经济之上。这至少可以给正处于市场化改革的我国两点启示：第一，能否随着经济体制转轨而逐渐演化出完善的信用制度直接决定着社会主义市场经济的成败；第二，信用制度的建立不是孤立的过程，必须随着产权制度、市场法律制度、契约制度等市场交易制度的建立而逐步完善。因此我国信用制度的建设将是一个系统工程，也是一个漫长的过程。

2. 信用制度应具有民族特色

这既是由一国特定的社会经济背景和现实中的信用状况决定的，也是由正式信用制度与非正式信用制度的关系决定的。非正式制度作为传统文化的核心组成部分，对正式制度的变迁成本和运行效率有着至关重要的影响。不同国家的现实国情和历史传统不可能完全一样，因此信用制度建立的模式与路径也不能照搬。即使欧美这些有着相似传统文化背景的国家，其信用制度建立的模式也判然有别。

3. 建立和完善社会信用管理体系是各国的共同选择

社会信用管理体系也称为国家信用管理体系，是一种以社会化的信用中介机构为核心并综合各种力量以保证社会信用秩序的治理机制，是现代社会综合性的信用制度安排。社会信用管理体系主要由信用制度规范体系、信用中介组织体系、信用工具体系和信用教育与研究体系等因素构成（见图 3 – 1）。尽管各发达国家信用制度建立的具体模式有别，但建立与完善适合本国国情的信用管理体系是其共同特征。从发达国家的实际情况来看，信用管理体系的建立主要包括以下环节。

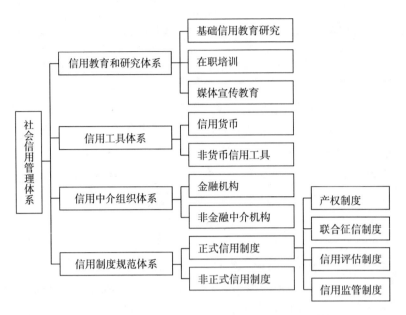

图 3 - 1　社会信用管理体系架构

（1）建立完善的信用法律制度。信用法律制度是正式规则乃至整个信用制度规范体系的核心，它强制性地规范信用主体的信用行为，并成为信用中介组织开展征信、信用评估等活动的前提条件，因此各国都把信用法律制度的建立作为信用管理体系的基础。除美国在 20 世纪 60—80 年代的 20 多年时间内出台了 16 部与信用管理直接相关的法律外，英国早在 1894 年就出台了《数据资料保护法》，并于 1974 年颁布了《消费者信用法》，明确了信用管理服务提供者的资格条件。德国 1970 年颁布了世界上最早的《个人信息保护法》，后几经修改，在 1990 年再次修订并颁布了新的《联邦信息保护法》，对涉及个人信息的信息机构对信息收集、处理、提供与利用进行了明确的规定。日本在 1988 年颁布了《行政机关保有的电子计算机处理的个人信息的保护法》，明确限制了侵犯个人隐私权的信息传播行为。另外，欧盟作为区域性的政治和经济组织，也在 1995 年 2 月通过了成员国共同遵守的《欧盟数据保护法》（EU Data Protection Law），该法的出发点是保护消费者个人隐私权，同时保证企业和消费者征信信息流的畅通。

（2）建立高效独立的信用中介服务机构，推动信用信息公开透明。社会化的信用中介服务组织是信用体系形成的关键。由于信用交易的飞速发展以及市场竞争，当代发达国家信用中介服务行业呈现出以下几个明显的趋势：

其一，集中化。比如在美国，尽管有 2000 多家征信公司，其个人征信市场却被全联公司（Trans Union）、益百利公司（Experian）和 Equifax 公司三家巨型的征信公司垄断，三家公司搜集了占多于总人口一半的个人信用数据，年产值超过 30 亿美元。其二，专业化。随着信用市场的扩大，信用服务行业出现了多个分支，功能不断细分，涉及企业资信调查、消费者个人信用调查、资产调查、市场调查、资信评级、保理、信用保险、商账追讨、信用管理咨询，等等。其三，市场化。私人资本从事信用管理服务已形成西方国家的主流趋势，如美国三大个人征信公司和从事企业资信调查的大型跨国公司邓百氏集团（Dun & Bradstreet Corp.）都是由私人资本控制的。这些信用中介机构一般都采用商业化的运作模式，即对市场主体的信用信息进行采集，按照客户的特定需求将其制作成信用产品并进行出售。这种市场化的信用管理和运作模式对信用行为的监督非常有效，也有利于建立起小政府、大社会的管理模式。

征信数据的开发是各类信用管理机构运转和功能发挥的基础，因此征信国家都通过立法推动征信数据的公开和透明化。在这些国家从事交易，可以快速取得该国资本市场、商业市场上任何一家企业和个人的真实资信调查报告。特别是近几十年，随着信息技术的快速发展，计算机和现代网络技术在征信中的应用，信用传播的范围、速度、质量都产生了实质性的变化。依托现代科技，征信数据的大量存储和处理，征信报告的网上获得，为信用产品的加工、销售以及信用中介组织的规范化、规模化发展提供了有力的技术支撑，也有力地促进了社会信用信息的公开和透明。

（3）建立严格的信用保障和失信惩戒机制。失信惩戒机制运作的基本原理是使失信行为的成本远大于其成本，即失信得不偿失。从西方国家的历史经验看，失信惩戒机制有效运作的基本途径：一是信用管理法律体系完善，对失信行为直接进行法律处罚；二是加强行政监管，对失信行为进行行政处罚；三是建立财务公开制度，发展征信行业，提高信息透明度，使失信信息能够迅速进入信用档案并公之于众，使得失信者在以后的交易和生活中付出惨重代价。

（4）重视信用的教育与研究。当前发达国家主要从三个方面进行信用教育与研究：一是进行基础信用教育，即利用现有的教育资源，将信用教育整合到现有的教育体系之中，普遍提高在校学生的信用水平。二是由信用协会和大型信用管理机构提供的职业培训，这类培训针对的是企业信用管理部门的从业人员，培训结束后颁发从业执照，从而满足市场对信用管理专业人才的需求。如国际信用协会（International Credit Association）就提供信用管理在职教育，并颁发结业证书。三是以报纸、广播、电视、网络等传播媒体为主的宣传教育体系，其目的主要是向大众传播信用知识和文化，提高公众的信用意识。

第四章　我国社会信用体系建设的
历程回顾及现实意义

第一节　我国社会信用体系建设与发展的历程

在我国 5000 年文明史中，"诚实守信"作为一种传统美德，在人们的道德观和社会伦理中一直都占有重要地位，诚信原则成为民事行为的基础，人们之间传统的交易关系就是建立在个人之间相互信任的基础上。新中国成立后，我国长期实行计划经济，经济长期在计划经济体制下运行，信用制度建设基本处于停滞状态。改革开放后，市场经济成为我国发展经济的现实选择，信用活动成为中心。在信用活动中，约束信用行为主体的规范、标准及其合约性的信用制度建设才得以启动。

根据历史唯物主义和辩证唯物主义原理，从经济决定信用这一基本命题出发，一定的经济制度必然内生一定的信用制度，经济制度的变迁，必然引起信用制度的转换。我国新中国成立以来信用体系的建立与发展恰恰是信用制度的发展内生于经济及其体制的发展与变迁的实证，归纳起来大致分为以下三个历史阶段。

一、计划经济体制下的社会信用体系（1978 年以前）

这一时期的社会信用体系是国家计划信用体系。

新中国成立后至改革开放（1978 年）以前，经济发展水平落后，我国以苏联模式为范本，实行了高度集中的计划经济体制。在这一体制下，不存在真正意义的信用制度与信用体系，经济主体之间的经济联系是依靠国家指令性计划体现的政府信用加以维持的。无论是商品交易者之间、工商企业之间、银行与企业之间，商品交易规则和资金流通规则都不是通过信用契约关系来维系，取而代之的是"计划观念"和"政策观念"，各经济单位及各种经济活动，都以符合计划和政策作为标尺，以实际指标和体现政策规定作为行为目标和行为准则，大家都对国家计划和国家政策负责，以行政约束取代信用关系，即使当事人之间签订了商品交易合同和借款合同，也完全可以用"计划调整免责""政策变化免责""主管部门权力免责"等来拒绝履行信用的权利和义务。在这种体制实排下，计划和行政的约束力较强，企人和企业的赖债废债行为并不严重，社会经济效率虽低，但经济秩序相对较好。

这一时期的信用制度在当时的政治经济环境下，为实现"经济赶超战略"，迅速建立起完备的工业体系，打破一些资本主义国家对我国的经济封锁与孤立，起到了一定的积极作用。但是，随着经济发展、经济运行机制的转变和国际环境的改善，这一制度的作用必然会因其生存环境的变迁而日趋衰弱。

二、计划经济向市场经济转变时期的社会信用体系（1978—1992 年）

这一时期的社会信用体系建设处于萌芽阶段。

十一届三中全会以来，随着经济体制改革的全面铺开和向纵深方向的推进，市场在经济生活中的作用越来越突出。尤其是市场经济在我国启动以后，传统体制下的信用制度与市场经济的摩擦与矛盾日趋激烈，成为市场经济发展的严重阻碍。伴随着传统经济体制的不断裂变和市场经济体制的不断"聚合"，我国宏观经济环境和运行机制发生了根本性的变化，主要表现：①所有制结构从传统的一元化所有制结构转向多元化所有制结构，形成了国有经济、集体经济、股份经济、私营经济、民营经济、中外合营经济和其他经济成分并存的格局。②社会资源的配置已从单一的计划调节为主转向市场调节为主，市场机制在社会资源配置中发挥主要作用。③投资主体由单一化、垄断化、集中化向投资主体多元化、社会化、分散化格局转变。④投资资金来源渠道已由过去的国家单一的财政性投资转向多渠道金融化投资。由于国家财政力量不断下降，金融在社会资金分配中的作用显著提高。⑤国民收入分配格局发生了转折性变化，收入分配结构由改革前的"藏富于国"转变为"藏富于民"，社会储蓄结构也从国家转向企业和居民。⑥实现了计划封闭型经济向市场开放型经济的转变，内向型的国民经济结构得到了矫正。对外贸易迅速增长，国外资金大量注入。所有这些变化都从客观上产生了变革信用制度的内在要求，否则，滞后的信用制度会给经济的发展施加较强的反作用力。

1984 年，辽宁省抚顺市工商局在当地企业中开展"重合同守信用"活动的经验得以介绍和推广，全国各地纷纷学习，积极开展了"重合同守信用"活动。到 1986 年年底，全国已有 20 个省、自治区、直辖市开展了这项活动。以国有大中型企业为基干的 30 多万个企业自愿参加。经过近 20 年，该项活动取得了良好的社会效果，不断被社会和广大企业所认识和接受，并得到各级政府和人大的高度评价、重视和积极的支持。据全国 23 个省、自治区、直辖市工商局的统计，到 2000 年底，共认定"重合同守信用"企业 100476 家，其中省级认定的 16372 家，地市级认定的 49259 家，县级认定的 34845 家；国有企业 37901 家，集体企业 22707 家，私营企业 14471 家，股份合作企业 12330 家，中外合资企业 3490 家，外商独资企业 266 家，其他企业 9311 家；连续 10 年被认定为"重合同守信用"的企业 17830 家，6～9 年的 29356 家，2～5 年的 40350 家，1 年的 12936 家。

1986 年 4 月，《中华人民共和国民法通则》（1986 年 4 月 12 日第六届全国人民代表大会第四次会议通过，1986 年 4 月 12 日中华人民共和国主席令第 37 号公布）率先将诚实信用原则确定为民法的基本原则之一。

1987 年 3 月 27 日，国务院发布《企业债券管理暂行条例》，从这时起，资信评级机构在各省纷纷建立，但多为中国人民银行各地分行下属的公司。这种靠着把行政权力直接转化成评级机构收入的形式，滋生出来了中国首批资信评级公司，最多时曾达 90 多家。

在 1987 年前，全国没有一家可以提供企业信用资料的机构。当时国内数百家被授予外贸经营权的企业，参与国际市场竞争，而当国外许多商家需要了解这些公司背景和资信情况时，却找不到可供咨询的机构。直到 1987 年 7 月，外经贸部计算中心与美国邓百氏商业资料有限公司合作，才产生了我国第一家资信调查机构，这便是中贸远大的前身。此后，我国企业的信用管理有了一定的发展。但是，这个在国外最基础性的信用行业，在中国却处境艰难，该计算中心从 1987—2002 年的 15 年中，为中外企业提供企业资信调查报告只有 55000 件，还不足一家跨国资信调查公司一年调查量的 1%。

1989 年，中国人民银行为了贯彻国务院关于清理整顿金融性公司的决定，下达了《关于撤销人民银行设立的证券公司、信誉评级公司的通知》，人民银行和专业银行设立的评信公司一律撤销，"信誉评级业务交由信誉评级委员会办理"。这虽为使信用评级工作与主管部门脱钩，成为独立的中介机构迈出了可贵一步，但评级工作陷入瘫痪状态。1990 年，中国人民银行又就设立资信评级委员会的有关问题发出通知，许多机构才迟迟恢复工作。

我国社会信用问题第一次提出是在 20 世纪 90 年代的初期。当时，国务院下发了《关于在全国范围内开展清理"三角债"工作的通知》，在中国第一次以国务院文件方式提出了社会信用问题。1991 年原国务院生产办就在国务院领导同志的直接领导下，组织进行了清理企业"三角债"和"质量、品种、效益年活动"，其目的就是力图解决制约企业发展的经营行为和经济秩序问题（实质就是社会信用问题）。当时，各级政府按照国务院的统一部署采取了一系列措施解决国有企业拖欠债务、产品质量低下等问题。可以说当时的工作是轰轰烈烈，不仅在一定程度上缓解了债务链对国有企业资金短缺的困扰，也触动了计划经济体制向市场经济体制转轨中的一些敏感问题。可以说，这是我们国家社会信用体系建设的萌芽阶段。企业为获得融资支持和开拓市场，开始注意改变过去无序竞争不讲信用的行为，逐渐提高信用意识，加强企业信用管理。银行也从控制信贷风险出发，对贷款企业开展资信评估工作，加强银行信用风险防范。专门提供信用信息服务的中介机构开始出现在中国的市场上，如1993 年成立了新华商业信息咨询公司等。但是这一阶段，仍然还存在着一些突出的问题：一是资信调查机构渠道闭塞，金融机构信息不畅，使企业信用管理存在着很大的障碍；二是许多企业还未形成资信调查概念和系统的信用管理制度，信用风险意识淡薄；三是我国会计制度存在着严重的漏洞，财务报表缺乏真实性，审计工作无法正常进行；四是当时经济体制改革特别是法制建设尚未到位，企业缺乏财务会计制度，市场主体没有明确的法律地位，市场规则也缺乏法律规范。尽管我国开始了信用的整治工作，但从总体上看，我国信用制度和信用管理体系的建设远远滞后于市场经济的发展进程。因而，社会经济生活中，违约、欺诈、赖账等无视信用、不讲信用、破坏信用的行为仍然大量发生，成为我国社会主义市场经济发展的严重障碍。然而，上述工作的逐步深入却充分暴露了企业制度和经济体制存在的深层次问题。随后，工作重点转移到经济法制的健全和完善方面，为此，1993 年出台了《两则》、1994 年实施了《公司法》、1995 年施行了《商业银行法》《担保法》和《仲裁法》、1999 年统一并出台了《合同法》，我国社会主义市场经济体制的法律体系初步形成，使市场经济由无序竞争走向有序竞争有了可能，为信用行为的记录和失信行为的惩戒提供了一个基本的法律规范。同时，也对尽快出台《物权法》《破产法》提出了客观要求。

三、市场经济体制下的社会信用体系 (1992 年至今)

这一时期的社会信用体系建设大致经历了以下三个阶段。

(一) 1992—1999 年的起步阶段

其标志就是以信用评价为代表的信用中介机构的出现和发展。20 世纪 90 年代初期，我们国家涌现出中国诚信、大公国际、上海远东等一批与企业发债和资本市场发展相适应的信用评估机构。从此，信用意识开始逐步被企业和投资者所接受。特别是银行为控制企业贷款风险，引入贷款证管理模式，上海等地还要求申领贷款证企业必须进行信用评级，这些措施拉动了企业信用需求。与此同时，专业担保、信用调查、讨债追债等信用中介机构也开始出现，如华夏信用管理公司、中国经济技术投资担保公司、新华信公司、华安公司等。有关政府部门也针对国家重点大型企业、中小企业等不同对象进行了企业信用和业绩评价的积极探索，商业银行也积极开展了以控制自身信贷风险为目的的贷款企业信用等级评定工作。1998 年，中国人民银行再次发文，撤销金融评信机构及信誉评级委员，旨在评信机构与行政主管部门彻底脱钩。一个受政策所影响，缺乏法律保障的行业难以获得人们的信任，树立权威。

20 世纪 90 年代末期，在国家经贸委、财政部和中国人民银行等部门的大力推动下，我们国家涌现出济南、镇江、铜陵、深圳、重庆、山西、河南等一大批面向中小企业服务的信用担保机构。1994 年之后陆续成立的中投、深科投等一批专业担保公司也开始为中小企业提供担保服务。民间资本也开始涉足信用担保行业，如深圳的中科智担保公司、甘肃的银泰担保公司、山西的阳泉个私担保公司等。原国家经贸委在广泛征求财政、银行、保险、工商界和省市经贸委、中小企业以及专家学者等方面意见，总结各地试点并吸收日本、加拿大、美国等国家实践经验的基础上，于 1999 年 6 月 14 日，发布《关于建立中小企业信用担保体系试点的指导意见》(国经贸中小企 [1999] 540 号)，以贯彻政府扶持中小企业发展政策意图为宗旨的中小企业信用担保体系正式启动。2000 年 8 月 24 日，国务院办公厅印发《关于鼓励和促进中小企业发展的若干政策意见》(国办发 [2000] 59 号)，我国中小企业信用担保体系开始进入制度建设。信用担保机构的发展不仅缓解了中小企业贷款难状况，也为企业特别是中小企业信用能力的提高创造了基础。截至 2001 年年底，全国已有各类信用担保机构约 360 家，覆盖了全国近 30 个省、自治区、直辖市的 300 个地市州盟区，拥有的担保资金已达 100 亿元，其中 50% 为民间投资，担保公司中注册资本超过 10 亿元的全国已有 3 家。

（二）1999—2003 年的初步发展阶段

其标志就是以政府部门为主体的信用信息披露系统和社会中介为主体的信用联合征集体系的起步和推进。

2001 年 3 月，九届人大四次会议通过《国民经济和社会发展第十个五年计划纲要》，提出"在全社会强化信用意识、整肃信用秩序、建立严格的信用制度、依法惩处经济欺诈、逃废债务、不履行合同、侵犯知识产权等不法行为"；九届人大审议通过的《政府工作报告》中提出"切实加强社会信用建设"；在政协九届五次会议期间，委员们提出了近 20 件有关"建立个人和企业社会信用体系"问题的提案。

2002 年 11 月，党的十六大提出了"整顿和规范市场经济秩序，健全现代市场经济的社会信用体系"的目标。

2002 年 6 月，中国人民银行企业信贷登记咨询系统实现了全国跨省市联网。

2003 年的全国金融工作会议也强调指出，今后的工作重点之一是要大力加强社会信用制度建设，要尽快建立全国企业和个人征信体系。因此，在思想意识方面，社会各界对市场经济必须是信用经济的认识达到高度统一。各级政府部门普遍重视社会信用体系建设。党的十六届三中全会通过的《关于完善社会主义市场经济体制若干问题的决定》进一步指出："建立健全社会信用体系。形成以道德为支撑、产权为基础、法律为保障的社会信用制度，是建设现代市场体系的必要条件，也是规范市场经济秩序的治本之策。"

2003 年 8 月 27 日，中国颁布了《中华人民共和国行政许可法》，该法对社会信用体系的作用：一是该法为信用公司的设立和中国信用行业的产生提供了保障。在该法颁布前，民间是无法开办信用公司的，全国只有少数几个国办信用公司。上面我们已经论述过，没有信用行业，就不可能有社会信用体系。二是该法为政府进行了正确定位，依据该法，政府的行为受到法治精神的约束（不受约束的公权力，往往会因部门利益和权力的扩张本性而对社会信用体系进行逆向推动），为民间机构松了绑，民间机构可以发挥创造性，推动社会信用体系的正向发展。

在此阶段，行业信用建设加快进行。一是各部门进一步完善各行业的规章制度，加强行政管理，提高行政执法力度，加大违法违规、不诚信的成本。二是各部门加快信用信息系统建设，归集行业信用信息，如国家工商总局、海关总署、国家质检总局等部门，依托"金信""金关""金质"等工程的建设，加大建设本部门信用信息系统的建设力度，推动纳税诚信、产品质量诚信和合同履约诚信的建设。三是质检、海关等部门加快实施信用分类管理，提高监管效率。四是探索部门间信用信息共享，加强信息比对和交叉稽核，推动联合监管。

一些先进的地区和城市先行开展了区域信用管理系统示范工程的建设，为促进我国社会信用体系的尽快建立和健康发展进行了积极探索并取得了经验。上海、北京、甘肃、浙江、广东等省市纷纷加快了社会信用体系建设的实践步伐。

（三）2003 年至今的加速发展阶段

2005 年，在《中共中央关于制定国民经济和社会发展第十一个五年规划的建议》中，提出了"以完善信贷、纳税、合同履约、产品质量的信用记录为重点，加快建设社会信用体系，健全失信惩戒制度"的具体要求。

2006 年，人民银行在推动企业和个人征信体系建设方面取得了突破性进展。其显著标志是，全国统一的企业和个人信用信息基础数据库顺利建成，个人信用信息基础数据库于 2006 年 1 月全国联网正式运行，企业信用信息基础数据库于 2006 年 8 月全国联网正式运行。该系统由政府主导，全国联网，统一管理，全部数据集中存放在中央数据库。数据库信息包括信贷信息、部分企业和个人的欠税、欠薪、欠缴社保和住房公积金费用、欠缴电信费用等非金融领域负债信息，以及行政处罚和法院民事案件判决等信息；与公安部的人口数据库和组织机构代码管理中心数据库联网，实现了个人身份信息和企业组织机构代码信息真实性的在线核查。全国统一的企业和个人信用信息基础数据库的成功运行，为金融机构防范信用风险发挥了重要作用。

2007 年 3 月 23 日，国务院办公厅制定下发了《关于社会信用体系建设的若干意见》，提出了社会信用体系建设的指导思想、目标和基本原则。从制定规划、完善法规、促进信息集中共享、建设金融业统一征信平台、培育信用服务市场、政府信息公开等方面，明确了当前社会信用体系建设的工作重点和分工，建立了部际联席会议工作机制，以指导和推动社会信用体系建设。同时明确指出各地方、各部门要把信用建设作为推动行业和地方发展的重要工作来抓，加强信用宣传教育，完善法规、制度、标准，加强信息共享和信息公开，加强政务协同，推动建立"守信受益、失信惩戒"的信用建设联动机制。《关于社会信用体系建设的若干意见》对进一步加快推进我国社会信用体系建设具有重要意义。

2008 年 5 月 1 日，《中华人民共和国政府信息公开条例》实施，该行政法规对社会信用体系的作用：为政府信用信息的保存与传播提供了保障。在该条例颁发之前，人们很难从政府部门获得信用信息。

2008 年 8 月 1 日，《中华人民共和国政府反垄断法》实施，该法为信用行业的公平竞争、防止政府对信用行业进行行政垄断起到重要作用。

2011 年 10 月 18 日，党的十七届六中全会提出要把诚信建设摆在突出位置，"大力推进政务诚信、商务诚信、社会诚信和司法公信建设，抓紧建立健全覆盖全社会的征信系统，加大对失信行为的惩戒力度，在全社会广泛形成守信光荣、失信可耻的氛围"。

2011 年 10 月 19 日，国务院总理温家宝主持召开国务院常务会议，部署制订社会信用体系建设规划。提出，"把诚信建设摆在突出位置，大力推进政务诚信、商务诚信、社会诚信和司法公信建设，抓紧建立健全覆盖全社会的征信系统，加大对失信行为惩戒力度，在全社会广泛形成守信光荣、失信可耻的氛围"。指出"十二五"期间要以社会成员信用信息的记录、整合和应用为重点，建立健全覆盖全社会的征信系统，全面推进社会信用体系建设。

2013 年 1 月 21 日，我国首部《征信业管理条例》出台，并于 2013 年 3 月 15 日起施行。该《条例》的出台，解决了征信业发展中无法可依的问题。在加强征信市场的管理，规范征信机构、信息提供者和信息使用者的行为，保护信息主体权益等方面具有重要作用。征信业是社会信用体系建设的重要组成部分，发展征信业是加快社会信用体系建设的重要途径和手段。

2014 年 1 月 15 日，国务院总理李克强主持召开国务院常务会议，部署加快建设社会信用体系、构筑诚实守信的经济社会环境。会议认为，信用是市场经济的"基石"。加快建设社会信用体系，是完善社会主义市场经济体制的基础性工程，既有利于发挥市场在资源配置中的决定性作用、规范市场秩序、降低交易成本、增强经济社会活动的可预期性和效率，也是推动政府职能转变、简政放权、更好做到"放""管"结合的必要条件。抑制不诚信行为，对鼓励创业就业、刺激消费、保障和改善民生、促进社会文明进步，也极其重要、势在必行。但目前信用缺失仍是我国发展中突出的"软肋"。制假售假、商业欺诈、逃债骗贷、学术不端等屡见不鲜，广大企业和公众深受其害。必须采取有力措施，切实改善社会信用状况。会议原则通过《社会信用体系建设规划纲要（2014—2020年)》，并要求：

一是全面推进包括政务诚信、商务诚信、社会诚信等在内的社会信用体系建设。政府要以身作则，带头推进政务公开，依法公开在行政管理中掌握的信用信息，提高决策透明度，以政务诚信示范引领全社会诚信建设。

二是加强基础建设。制定全国统一的信用信息采集和分类管理标准，推动地方、行业信用信息系统建设及互联互通，逐步消除"信息孤岛"，构建信息共享机制，在保护涉及公共安全、商业秘密、个人隐私等信用信息的基础上，依法使各类社会主体的信用状况透明、可核查，让失信行为无处藏身。

三是用好社会力量。企业要把诚信经营作为安身立命之本，切实做到重合同、守信用。发挥行业组织自律和市场机制作用，培育和规范信用服务市场，形成全社会共同参与、推进信用体系建设的合力。

四是加快推动立法。把健全相关法律法规和标准体系作为重要基础性工作，列入立法规划尽快推进实施，使信用体系建设有法可依。

会议强调，建设社会信用体系是长期、艰巨的系统工程，要用改革创新的办法积极推进。要把社会各领域都纳入信用体系，食品药品安全、社会保障、金融等重点领域更要加快建设。要完善奖惩制度，全方位提高失信成本，让守信者处处受益、失信者寸步难行，使失信受惩的教训成为一生的"警钟"。加强诚信文化建设，让诚实守信成为全社会共同的价值追求和行为准则，通过持续努力，打造良好信用环境。

2014年6月14日，国务院正式印发《社会信用体系建设规划纲要（2014—2020年)》。这是我国第一部国家级社会信用体系建设专项规划，足以见证国家对信用体系建设的重视程度，该《纲要》也成为当前和今后我国在社会信用体系建设上的行动指南。

在此发展阶段中，征信市场快速发展。目前，我国从事信用登记、信用调查和信用评级的征信机构近200家，除中国人民银行征信中心为政府主导外，其余均为市场化机构。中国人民银行征信中心在短短的几年时间内，发展成为世界上覆盖机构和人口数量最多的信用登记类机构。一批评级机构具备了从事企业主体信用评级和企业债、金融债、结构融资债等长、短期债券信用评级能力，并在国内具有一定的公信力。同时，邓白氏、惠誉、科法斯等国外信用机构也积极发展中国市场。

征信服务标准日益完善。2014 年 11 月 2 日和 2014 年 11 月 17 日中国人民银行先后发布《金融信用信息基础数据库用户管理规范》（以下简称《用户规范》）和《征信机构信息安全规范》（以下简称《安全规范》）两项征信行业标准。《用户规范》和《安全规范》两项征信标准的发布实施，进一步丰富了以《征信业管理条例》为基础的征信法律制度体系，为征信机构建立和完善信息安全管理体系，规范信用信息的采集、加工、保存、查询和使用提供了指导和支撑，有利于加强信息主体权益保护，促进征信市场健康规范发展。

信用专业人才的培训与认证已形成多样化和竞争格局。从 2004 年以来，中国商业技师协会、国际信用评估与监督协会〔ICASA〕、人力资源与社会保障部等单位先后制定了信用专业人才的培训计划和考试标准，供社会选择。

信用行业自律组织已出现并形成多样化格局。国内已出现如：中国市场学会信用工作委员会、中国信息协会信用工作委员会、国际信用评估与监督协会〔ICASA〕等行业自律组织，供信用机构选择。

从总体上看，我国社会信用体系的建设还处在初步发展阶段。我国企业和公众的信用观念淡薄，失信问题严重，不守信用、欺诈、制假售假等行为仍然十分猖獗。这些现象表明，社会信用问题是中国发展市场经济过程中一个严肃的社会问题。我国信用制度和基础性建设薄弱，社会信用体系建设的任务非常繁重。如何建设适应中国实际的社会信用体系，加强对失信惩戒机制的研究，是一个重要而基础的课题。

中国信用体系建设重大事件见表 4 - 1。

表 4 - 1　中国信用体系建设重大事件

时间（年）	重大事件
1980	中国第一家资信评价公司上海远东资信评价有限公司成立
1987	外贸部同邓白氏合作提供机构跨国贸易信用信息
1992	邓白氏在上海设立分部独立运作，是第一家进入中国的外资信用服务企业
1993	中国第一家企业机构征信公司新华国际信息咨询有限公司设立
1996	中国人民银行在银行间推广企业贷款证制度
1997	上海资信有限公司最早开始从事个人征信
1999	中国人民银行信贷登记咨询系统运行
2002	上海、北京开通城市企业信用信息系统，区域性信用信息系统最早设立
2002	中国人民银行企业信贷登记咨询系统全国联网
2003	国务院赋予人民银行信贷征信业管理权限，同年成立人民银行征信局

续表

时间（年）	重大事件
2004	中国人民银行全国个人信用信息数据库上线成立
2004	中国人民银行成立征信服务中心
2005	第三方信用评级公司开展借款企业信用评级试点
2008	中国人民银行牵头社会信用体系建设部际联席会，主管征信行业
2013	《征信行业管理条例》颁布，中国人民银行为征信行业主管单位
2013	《关于在行政管理事项中使用信用记录和信用报告的若干意见》发布
2014	上海市将地铁逃票信息录入个人信用系统
2014	国家工商总局全国企业信用信息公示系统上线运营

第二节　新时期加快社会信用体系建设的重要意义

"诚信"是社会主义核心价值观的重要内容之一。党的十七届六中全会、十八大、十八届三中全会都对社会信用体系建设问题有正式表述。从社会公众角度看，社会信用体系建设的重要性和迫切性，主要源自社会诚信意识淡漠、恶性失信事件频发，但从理论和政策角度分析，社会信用体系建设的意义远不止于此。

一、经济发展新常态与信用体系建设

2014年5月，"新常态"第一次出现在习近平总书记在河南考察时的表述中。习近平总书记指出，我国发展仍处于重要战略机遇期，我们要增强信心，从当前我国经济发展的阶段性特征出发，适应新常态，保持战略上的平常心态。在战术上要高度重视和防范各种风险，早作谋划，未雨绸缪，及时采取应对措施，尽可能减少其负面影响。7月29日，习近平总书记在和党外人士的座谈会上又一次提出，要正确认识中国经济发展的阶段性特征，进一步增强信心，适应新常态。

中国经济呈现出新常态，有三个主要特点：一是从高速增长转为中高速增长。二是经济结构不断优化升级，第三产业消费需求逐步成为主体，城乡区域差距逐步缩小，居民收入占比上升，发展成果惠及更广大民众。三是从要素驱动、投资驱动转向创新驱动。

新常态将给中国带来新的4方面的发展机遇。

第一，新常态下，中国经济增速虽然放缓，实际增量依然可观。经过 30 多年的高速增长，中国的经济体量已经今非昔比。2013 年一年中国经济的增量就相当于 1994 年全年的经济总量，可以在全世界排到第 17 位。即使是 7% 左右的增长，无论是速度还是体量，在全球也是名列前茅的。

第二，新常态下，中国经济增长更趋平稳，增长动力更为多元。中国经济的强韧性是防范风险的最有力支撑。我们创新宏观调控的思路和方式，以目前确定的战略和所拥有的政策储备，我们有信心、有能力应对各种可能出现的风险。我们正在协同推进新型工业化、城镇化、信息化、农业现代化，这有利于化解各种成长的烦恼。中国经济更多依赖国内消费需求拉动，避免依赖出口的外部风险。

第三，新常态下，中国经济结构优化升级，发展前景更加稳定。2014 年前三个季度，中国最终消费对经济增长的贡献率为 48.5%，超过了投资。服务业增加值占比 46.7%，继续超过第二产业。高新技术产业和装备制造业增速分别为 12.3% 和 11.1%，明显高于工业平均增速。单位国内生产总值能耗下降 4.6%。这些数据显示，中国经济结构正在发生深刻变化，质量更好、结构更优。

第四，新常态下，中国政府大力简政放权，市场活力进一步释放。简而言之，就是要放开市场这只"看不见的手"，用好政府这只"看得见的手"。比如，企业登记制度改革，2014 年前 3 个季度全国新登记注册市场主体 920 万户，新增企业数量较 2013 年增长了 60% 以上。

当前，中国经济发展正步入"新常态"。一方面，经济结构调整成效逐渐显现，金融改革不断深入推进；另一方面，经济增速面临下行压力，信用风险逐步释放。我国的社会信用体系建设的步伐，在经历 20 多年的实践探索之后，以 2014 年 4 月国务院关于《社会信用体系建设规划纲要（2014—2020）》的颁布和实施为契机，进入到了一个全新的发展阶段。目前，呈现出两个基本特点：一是市场对建立良好信用关系的要求不断增加，这集中表现为各类商事主体对市场风险管理和监督的诉求十分迫切；二是社会对建立多层次信用体系的要求日益强烈，这主要表现为广大居民对政府公共服务活动的质量、水平等方面的要求日益增加。

二、进一步加快社会信用体系建设的意义

良好的社会信用是实现中华民族伟大复兴"中国梦"的坚强基石。习近

平总书记指出，实现中华民族伟大复兴的"中国梦"，是现阶段我们党战略目标与任务。这个梦想体现了国家和社会的整体利益，具有广泛的包容性，涵盖政治领域、经济领域、文化领域等各方面。社会信用体系包含政务诚信、商务诚信和社会诚信等诸多方面，我们必须从国家治理、完善市场经济体制和构建社会主义核心价值体系等战略高度深刻认识与把握社会信用体系建设的重要意义和作用。

（一）加快社会信用体系建设是进一步推进国家治理体系和治理能力现代化的客观需要

国家治理体系和治理能力是一个国家制度和制度执行能力的集中体现，政府职能转变在其中扮演着重要角色。现代化的国家治理体系中，政府要有所为，有所不为，重在向市场、社会放权，调动微观主体的积极性，充分发挥市场机制的决定性作用。但"放"的同时，还必须加强监管，维护市场正常秩序，防止一放就乱。通过加强社会信用体系建设，对社会成员的失信行为进行记录、披露和预警，形成奖惩联防机制，可以更好做到"放""管"结合，为实现政府职能转变提供保障，为国家治理体系和治理能力现代化打下基础。

（二）加快社会信用体系建设是进一步完善社会主义市场经济体制的迫切要求

现代市场经济是信用经济，只有通过社会信用体系准确识别市场主体、记录其经济行为并有所奖惩，市场主体才会有敬畏之心，才会逐利而不唯利是图。市场越是有效，政府干预市场的必要性越小，越有利于更好地发挥政府的作用。

十八届三中全会提出，市场在资源配置中起决定性作用。目前，由于市场经济体制还不健全，各项法律法规不完善，市场经济秩序混乱无序，信用缺失现象大量存在，严重影响了社会经济活动的正常运行。保持国民经济持续、稳定增长，整顿和规范市场秩序，不能仅仅依靠行政执法、道德强化和突检严打等手段来解决，必须通过规范市场经济规则和相应的制度建设来实现。而社会信用体系是国家经济体系的重要组成部分，是社会基本经济关系和基本道德准则的基石，是一个国家经济体系是否健全的主要衡量标准，是一切经济发展的基础和前提，对整顿和规范社会主义市场经济秩序具有重要现实意义。从宏观看，发挥市场作用，需要一个良好有效的传导机制，而社会信用体系建设在其中居核心地位。通过社会信用机制，可以维系市场各经济主体之间的经济关系，增强经济社会活动的可预期性和效率，改善市场环境，降低交易成本，保障社会主义市场经济健康发展。从微观看，当前市场经济秩序存在的混乱在很大程度上是信用缺失造成的。要彻底整顿和规范市场秩序，不能仅仅依靠行政直接干预，还必须通过规范市场运行规则和建立相应的制度机制来实现。借助信用社会约束机制，使失信者不仅不能获利，反而要承担较高的失信代价，这有利于规范市场主体行为，改善市场秩序，促进市场有效运行。

（三）加快社会信用体系建设有利于促进转变发展方式和社会经济转型

我国经济日益表现为外放型，经济发展对出口的依赖度较高，受世界经济波动的影响较大，风险集中。美国次贷危机和世界金融危机的影响就是一个实例。扩大内需、提高消费需求，需要更多地启动消费信用。而健全的社会信用体系、信用制度是扩大消费信用规模的重要保证。近年来我国的三次产业并未发生重大变化，特别是第三产业基本维持在40%左右，远低于第二产业。优化产业结构效果不明显，经济结构不发达、不合理。社会信用体系的建立，将会涌现出一大批信用服务机构，能够不断丰富第三产业的种类、数量和规模，能够提高第三产业在国民经济中的比例，优化产业结构。因此，加快社会信用体系的建立，对于扩大内需、拉动经济增长、实现现代化经济建设具有极大的助推作用。能够极大地改善信用缺失的状况，规范市场经济秩序，为第三产业的发展提供条件。在加快转变发展方式方面发展方式转变意味着对市场主体的评价标准日趋多元。只有建设统一的社会信用体系才能汇总方方面面信息、综合评判，引导政府和市场主体沿着科学发展的方向前行。在经济社会转型方面，利益主体多元化、社会矛盾凸显，加大了政府实施有效社会管理的难度。面对城镇化过程中快速迁徙的人口、市场经济条件下频繁变更的法人，只有通过社会信用体系才能解决"谁是谁"的问题，才能抑制法律管辖之外的社会失范行为发生，促进社会和谐。

（四）加快社会信用体系建设是新常态下经济增长的动力

近30年来，整个经济的年增长率平均维持在8%以上，2013年中国的GDP达到568845亿元人民币，人均GDP超过41804元人民币，全年货物进出口总额258267亿元人民币，以美元计价为41600亿美元，中国已取代日本跃居世界第一大贸易大国。这说明，我国目前处于一个社会大变革、经济大转型、人民生活水平的飞跃特殊性历史时期，信用交易对经济增长的促进作用尤为明显。

发达国家的经验显示：信用交易规模和人均 GDP 存在十分密切的联系。当人均 GDP 在 300～500 美元的时候，信用的作用还不太明显；人均 GDP 在 500～1000 美元的时候，信用被大肆践踏；当人均 GDP 达到了 3000～5000 美元的时候，这时是整个社会信用的整顿阶段；当人均 GDP 在 5000 美元以上时，社会信用才进入良性循环阶段。

信用交易对经济的拉动作用具体表现为：企业通过发行股票、债券或进行赊销等手段解决流动资金不足，防止因一时的资金短缺而错失良好的投资机会，进而扩大了市场的整体需求，拉动了经济的发展。一方面，通过信用交易企业有效地利用资金扩大生产，获得规模效益，保障企业在竞争中处于有利的地位。另一方面，信用交易规模的扩大也带动了关联行业的发展，为整个经济的组织提供充足的动力，进而促进整个经济活动信用化，这也就是发达国家已经出现的信用经济的局面。

发达国家的实践证明，一国的经济越发达，信用化程度就越高；而信用化程度越高，促进经济发展的动力就越强劲，二者是相互促进、相互拉动的关系。我国信用交易对经济增长的促进作用也日益明显。

综上所述，适当的信用活动能够拉动经济增长，有效的社会信用体系能够保证适当的信用活动的顺利进行，我国已经走向社会主义市场经济，经济逐步融入全球化，亟须建立健全社会信用体系。目前，中国经济增长对全球经济增长贡献率近 30%，未来，中国经济新常态下的可持续健康发展和扩大内需为主的增长，将成为世界经济增长的主要动力。加强社会信用体系建设对保障我国信用交易安全性、合规性有重要作用，因此从某种程度上讲，加强社会信用体系建设对经济增长有显著作用。2015 年是全面推进依法治国的开局之年，是全面深化改革的关键之年，也是全面完成"十二五"规划的收官之年，做好经济工作意义重大，加快推进社会信用体系建设意义重大。

（五）良好的信用环境是深化医改和医疗事业发展的迫切需要

加快社会信用体系建设是全面落实科学发展观、构建社会主义和谐社会的重要基础，是完善社会主义市场经济体制、加强和创新社会治理的重要手段。而加快推进卫生计生信用体系建设工作，创造良好的行业信用环境更是当前深化医改和今后事业发展的迫切需要。

建立社会信用体系是创新卫生计生事业管理的重要制度安排。社会信用体系作为一种信息共享机制和有效的社会机制，通过对卫生计生行业从业人员和服务相对人失信行为的记录、揭露、信息传播和预警，解决信用信息不对称的矛盾，从而惩罚和警戒失信行为，褒扬和奖励诚实守信，促进卫生计生事业健康发展。

建立社会信用体系是改善和优化卫生计生事业发展环境的前提条件。良好的信用环境是一个行业健康发展的宝贵财富。推进社会信用体系建设，运用现代信用的理论、思想、观念和方法，促进卫生计生行业从业人员、服务相对人增强社会诚信，培育与市场经济相适应的信用文化，能有效促进医患互信，减少医患矛盾，降低卫生计生事业管理成本，优化提升医疗服务质量，构建和谐医患关系，营造和谐信任的社会环境。

建立社会信用体系是促进深化医改工作健康发展的重要保证。推进卫生计生行业社会信用体系建设，增强卫生计生人员的社会诚信，促进卫生计生机构规范执业、诚信经营，有利于推动群众对医改工作的信任、理解、支持和参与，营造全社会支持医改的良好社会氛围，从而推动医改工作健康发展。

（六）加快社会信用体系建设是进一步构建社会主义核心价值体系的现实选择

人类社会发展的历史表明，对一个民族、一个国家来说，最持久、最深层的力量是全社会共同认可的核心价值观。诚信是中华民族的传统美德，自古以来，人们就推崇至诚至信的思想品质境界。"诚者天之道也；思诚者人之道也""人无信不立"，这是中华民族坚守的基本操守和行事准则。随着时代的进步，社会经济生活发生了深刻的变化，诚信被赋予了更为广泛和深远的内涵。诚信已经成为重要的国家精神财富和价值资源，是社会主义核心价值观的重要内容，在全社会形成诚信为本、操守为重的良好风尚是时代的要求、现实的选择。

第五章　我国社会信用体系
建设总体状况研究

第一节　我国社会信用体系建设成效

近些年来，各部门按照国家《关于社会信用体系建设的若干意见》，在完善法律法规的基础上，制定相应的制度标准，加快社会信用信息的公开，通过宣传教育，实现信息的共享，同时，加快守信受益、失信惩戒机制的建设。2014 年 6 月 16 日，国务院正式出台了《2014—2020 社会信用体系建设规划纲要》（以下简称《规划纲要》）。随着价值体系的不断发展，我国社会信用体系在经济发展和社会建设中的作用显著。在有关部门的共同努力下，社会信用体系建设初见成效。

一、政府信用建设成效显著

在我国经济快速发展的同时，政府信用体系建设也在不断加快。在深化行政管理体制改革，转变政府职能，提高行政效率，进一步建设服务型政府等方面取得了一定的成效。

（一）深化政府机构改革

改革开放以来，中国已进行了 6 次国务院政府机构改革，力图降低行政成本，提高行政效率，国务院组成部门已由 1982 年的 100 个削减为 2008 年的 27 个。2013 年 2 月 28 日中国共产党第十八届中央委员会第二次全体会议审议通过了《国务院机构改革和职能转变方案》，全会建议国务院将这个方案提交十二届全国人大一次会议审议；2013 年 3 月 10 日，国务院机构改革方案公布，除国务院办公厅外，国务院设置组成部门 25 个。此次改革，以政府职能转变为核心，继续简政放权、推进机构改革、完善制度机制、提高行政效能，稳步推进大部门制改革，对减少和下放投资审批事项、减少和下放生产经营活动审批事项、减少资质资格许可和认定、减少专项转移支付和收费、减少部门职责交叉和分散、改革工商登记制度、改革社会组织管理制度、改善和加强宏观管理、加强基础性制度建设、加强依法行政等。

仿效国务院机构改革"模板"，地方政府机构改革在调整优化组织结构、积极探索实行职能有机统一的大部门体制方面，也从实际出发，整合优化组织结构，开展积极探索。

（二）优化政府运行机制

通过政府运行机制创新，进一步提高行政效能。各地方政府贯彻《行政许可法》，将行政许可事项大量精简，推广"一站式"办公，健全重要决策的听证会制度，改革行政审批管理方式等。

（三）政务公开工作取得有效进展

从中央到地方，各级政府纷纷建立了政务门户网站，开辟政府信息、便民服务等专栏，政务公开不断向为民服务层面延伸，开展了全程办事代理服务。各部门通过电子政务，开展"一网式"办公，同时开发网上监察系统，促进了政府部门的依法行政。

近年来，各级有关部门开展了"做人民满意公务员""创建文明机关、当人民公仆"等提倡诚实守信风尚的活动，不断加强诚信的教育。大力公开政务办公、新闻发言人制度化、政府采购招标、行政审批改革、机关作风评议，监督指导有关政策的落实、开门立法及广纳众议等，这些改革举措深入人心，极大地改善了政府在公众心目中的公信力。

（四）建设统一的信用信息共享交换平台取得重大进展

加快统一的信用信息平台建设，为构建守信激励和失信惩戒机制提供可靠信息来源。国家信息中心在电子政务外网上搭建了部际信用信息共享交换网站，已于2015年2月开通，现有36个部门接入，其中10个部门实现信息共享。发展改革委已部署各省区市搭建省级信用信息共享交换平台，实现信息共享功能，确保与国家平台如期对接。目前，14个地区已建立省级信用信息共享交换平台，15个地区正在建设。

二、全国集中统一的金融信用信息基础数据库建成并运行

金融信用信息基础数据库，是由国家为防范金融风险、促进金融业发展提供相关信息服务设立，由中国人民银行征信中心建设、运行和维护的征信系统，该运行机构不以盈利为目的，由国务院征信业监督管理部门——中国人民银行监督管理。根据国务院第 631 号令《征信业管理条例》的规定，金融信用信息基础数据库接收从事信贷业务的机构按照规定提供的信贷信息。该数据库包括企业和个人信用信息基础数据库。截至 2014 年 3 月末，金融信用信息基础数据库已经收集了 8.4 亿自然人和 1930.6 万户企业的信用档案，为商业银行等机构防范信贷风险提供了重要支持。

2013 年《征信业管理条例》的颁布与实施，确定了征信业务及其相关业务活动所遵循的制度规则，并从法律层面上确定了中国人民银行监督管理的地位。

《社会信用体系建设规划纲要（2014—2020 年）》提出，要进一步推动金融业统一征信平台建设，不断提升数据库数据质量，完善系统功能，加强系统安全运行管理，进一步扩大信用报告的覆盖范围，提升系统对外服务水平。继续推动银行、证券、保险、外汇等金融管理部门之间信用信息系统的链接，推进金融监管部门信用信息的交换与共享。

三、外汇领域信用体系建设取得一定成效

随着涉外经济的发展和对外交往的扩大，我国涉汇经济主体越来越多，外汇市场作为社会主义市场体系的重要组成部分，在整个市场体系中的地位日益重要。一直以来，国家外汇管理局积极贯彻和落实党中央、国务院关于社会信用体系建设的战略部署，大胆开拓，勇于创新，积极推进外汇领域信用体系建设，促进外汇市场健康有序运行。

（1）制定了外汇信用体系建设规划并不断完善。2003 年，国家外汇管理局制定了《外汇市场信用体系建设五年工作方案（2003—2008 年）》，确定了当时外汇市场信用体系建设的总体目标、主要内容和实施步骤，为外汇市场信用体系建设勾画了基本框架。2011 年，按照《社会信用体系建设规划（2011—2015 年）》的要求，结合外汇管理理念的转变与实践发展，对外汇信用体系建设规划进行了进一步完善，明确了"十二五"期间外汇信用体系建设的目标、原则与主要任务。

（2）加强外汇信用体系建设的理论研究。2008 年，国家外汇管理局与中国人民大学联合开展了"外汇监管与信用体系建设"课题研究，积极探索如何充分发挥信用关系的基础纽带作用，来规范外汇市场参与主体的市场行为，以降低市场参与主体为追求利益最大化而给市场带来的系统性风险。2012 年，国家外汇管理局开展了"外汇信用体系建设与主体监管"课题研究，整合外汇管理行政许可、业务审批、交易行为监管等监管资源，对外汇交易主体进行信用分级，并以信用分级为基础，根据不同评级对交易主体实施宽严程度不同的监管，构建按主体监管的分级管理体系，推进外汇市场信用体系建设。这些课题研究为下一步建设外汇领域信用体系奠定了坚实的理论基础。

（3）实施差别管理。国家外汇管理局在如何通过改革外汇管理、促进信用体系建设方面进行大胆探索和积极实践。2008 年，为激励银行贯彻执行外汇管理规定，促进银行依法合规经营，按年度对银行执行外汇管理规定情况进行考核，对银行进行区别监管。2012 年，在货物贸易外汇管理方面实行企业分类制度，根据企业贸易外汇收支的合规性及其与货物进出口的一致性，将企业分为 A、B、C 三类，并分别适用宽严相济的管理措施。这些措施既提高了监管效率，又极大地提高了市场主体自我约束、自律管理的水平。

（4）完善外汇违规信息披露机制。近年来，国家外汇管理局在坚持严厉打击外汇违法违规行为的同时，加大对违法（负面）信息的披露，大幅提高市场主体失信成本。2012 年以来，国家外汇管理局对外汇违规信息披露制度进行修订，进一步完善了信息披露机制，外汇违规信息不仅在外汇管理局政府网站定期披露，还进一步扩大披露渠道和范围，向外汇交易主体的监管机构，以及交易主体的总部（总行）定期或不定期共享外汇违规信息，外汇领域守信激励和失信惩戒机制得以逐步建立，取得积极成效。截至 2014 年第一季度，外汇管理局共披露企事业单位外汇违规信息 16596 条，逃逸类企业信息 1146 条。通过公开披露外汇违规信息，有力地震慑了外汇交易主体违法违规行为。

（5）推进信息共享并促进监管部门协作。维护市场经济秩序是一项需要多部门齐抓共管、多环节相互配合的综合系统工程，外汇管理局作为监管部门之一，十分重视与其他监管部门的监管配合，不断推进信息共享。一是努力推进异常外汇资金流动监管协调机制的工作，围绕当前我国外汇收支形势中的监管问题和突出矛盾，推动各监管部门之间加强沟通和协调，达成共识，形成监管合力。二是加强与人民银行信息共享，积极推进将企事业单位外汇违规信息纳入人民银行"金融业统一征信平台"，进一步丰富征信系统信用信息内容。

三是加强与中国电子口岸办信息共享，将外汇违规信息纳入"中国进出口企业综合资信库"。这些监管资源和信息的共享，有力促进了监管部门之间的协作沟通，市场主体一旦有违规行为，相关监管部门能及时获知，从而对其采取相应的防范或限制措施，既提高了监管效率，又更好地实现了失信惩戒作用。

（6）加强宣传教育。2005年以来，外汇局每年都积极响应商务部联合多部门开展的"诚信兴商宣传月"活动，针对外汇市场主体、外汇从业人员及广大社会公众开展形式灵活、内容丰富的宣传教育活动，积极普及外汇管理政策法规，活动影响范围广，公众参与度高，普法效果好，得到了地方政府、银行、企业和社会公众的肯定和支持。2013年以来，外汇局进一步将诚信宣传教育活动贯穿到全年的外汇管理工作中，而不仅局限于"诚信兴商宣传月"活动期间，活动时间更长，宣传范围更广，效果更明显，外汇管理中心工作与诚信兴商宣传活动得到更好的结合。

四、小微企业和农村信用体系建设积极推进

在积极推动全国金融信息数据库建设工作的同时，中国人民银行也致力于与发改委共同推动行业和地方信用系统的建设，对支持小微企业贷款，改善农村金融服务提供了很大便利，并取得了一定的成效。

2006年以来，中国人民银行根据"管理征信业，推进建立社会信用体系"的职责，以小微企业、农户等经济主体为对象，开展了小微企业和农村信用体系建设工作。探索建立了小微企业和农户等的信用信息征集体系，开展了小微企业信用评价（分）和"信用户""信用村""信用乡（镇）"建设，不断健全小微企业和农户等的信息通报与应用机制，推动地方政府、金融机构等制定激励措施，并在地方政府的支持下，开展了试验区建设。

1. 小微企业和农村金融服务、信用档案的建设成效

近年来，小微企业和农村信用体系建设工作步伐加快，有效地缓解了信息不对称，提高了小微企业、农户等融资的可获得性，改善了地方信用环境和金融生态环境，促进了普惠金融发展。相关数据显示，截至2010年11月，我国中小企业共累计有213万户完成信息补充，这其中有25万户得到银行授信，有将近15万户获得银行贷款，整个中小企业贷款余额为27500亿元，累计贷款总额达50500亿元；农村信用体系建设也取得了巨大成就。到2010年第三季度，全国开展农户信用档案建设的市区就达到2455个，其中约1.27亿农户建立了信用档案，获得贷款支持的农户达7000多户，贷款发生额将近3万亿

元，贷款余额为 1.24 万亿元；2157 个县（市、区）建立了农户信用评价体系，有 8000 多万农户进行了信用评定❶。截至 2013 年底，中国人民银行推动共为 243 万户小微企业和 1.51 亿农户建立了信用档案。

2. 信用体系试验区建设

小微企业信用体系建设是根据中国人民银行总行的要求，在地方政府的主导下，基层人民银行与地方政府部门合作，由金融机构、中介机构及小微企业共同参与的促进小微企业和地方经济发展的一项重要工作。以"培养企业信用意识、健全企业财务制度、构建良好银企关系、缓解企业融资困难"为目的，通过建立小微企业信用信息采集与更新的长效机制，研发小微企业信用信息辅助数据库，引导金融机构加大对有市场、有效益、有信用的小微企业的金融支持力度，积极推进小微企业融资难问题的有效解决，充分发挥小微企业信用信息"服务政府、辅助银行、助推企业"的作用，逐步构建起守信受益、失信惩戒的信用激励与约束机制。经过三年多的试点，小微企业信用体系试验区建设的成效十分显著，主要表现在：一是社会公众和企业的诚信意识明显增强，形成了良好的社会诚信风尚；二是优化了辖区金融生态环境，逐步完善了政银企联动机制，企业融资能力显著增强；三是为城市转型注入了强劲动力，助推地方经济健康快速发展；四是充分发挥了典型示范作用，对推进全省小微企业信用体系建设具有试验和基础性意义。

各地结合实际、创新思路，在地方政府的大力支持下，央行进一步推进小微企业和农村信用体系试验区建设。据央行统计数据显示，目前全国 30 个省（自治区、直辖市，除西藏外）共有 260 多个市（县、园区）开展了小微企业（或农村）信用体系试验区建设。为充分调动地方政府、金融机构等部门参与的积极性，本着试点、试验先行的思路，中国人民银行确定了 31 个地市（工业园区）、32 个县（市）作为全国小微企业和农村信用体系建设试验区。

五、地区探索建立综合性信用信息共享平台

信用信息共享交换平台是归集、整合分散于各司法机关、行政机关和其他具有公共管理职能的部门掌握的信用信息的基础性设施。《我国社会信用体系建设规划纲要》（以下简称《规划纲要》）指出，各地区要高度重视地方信用信息共享交换平台建设，加快制订省级信用信息共享交换平台建设计划。尚未

---

❶ 阎亚军. 我国新型农村信用体系构建研究［D］. 青岛：中国海洋大学，2012.

建立信用信息共享交换平台的地区要加快制订建设方案，尽快启动项目建设；已经建立信用信息共享交换平台的地区，要不断完善系统功能，提升数据质量，深化、拓展信息应用。《规划纲要》提出了三个示范工程，包括地方信用建设综合示范、区域信用建设合作示范、重点领域和行业信用信息应用示范。

我国各地区信用信息共享平台的建立正在加速进行中。

2011年12月31日，由福建省发展改革委主办、依托省经济信息中心的福建省项目信息和信用信息公开共享平台正式开通。经过一年的运行，福建省共开通项目信息和信用信息公开共享专栏1009个，其中省、市、县各级政府专栏95个，省直部门专栏9个，市直政府部门专栏100个，县（区）直部门专栏805个。福建省累计公开项目个数14858个，项目信息44356条，信用信息5711条，总计50067条，位居全国前列。在工信部下属中国软件评测中心、人民网、新浪网、百度联合主办的2012年政府网站工程建设领域专项评估中，福建省以74.2分位居第四位，仅次于广东、北京、江苏三省（市）。

2015年3月，山东省率先在省级层面提出建立"信用山东"官方网站，企业公共信用基础数据库、个人公共信用基础数据库、非企业法人公共信用基础数据库（包括党政机关、事业单位、社会组织等）三个基本数据库，省级公共信用信息交换和共享平台的"一网三库一平台"的公共信用信息系统。并且提出，要大力培育和发展各类信用服务机构，逐步建立信用信息基础服务和增值服务互为补充、相辅相成的多层次、全方位的信用信息服务组织体系。重视发挥法律服务职能作用，助推社会信用体系建设，鼓励信用服务企业整合各类信用信息资源，开展联合征信和增值服务，满足全社会多层次、多样化、专业化的信用服务需求。

2015年7月16日，随着浙江省宁波市宁海县企业信用信息共享平台个性化终端系统在西店镇的落户，企业信用信息共享平台在全县18个乡镇（街道）的接入工作已全部完成，实现乡镇（街道）全覆盖。从2011年开始，宁海县市场监管局主动对接"信用宁海""智慧宁海"建设，全面启动企业信用信息共享平台，整合集中各职能部门的信息信用数据，实现了部门间的信用共采、信息共享和集中管理，为服务党委政府决策、加强企业信用监管、提升部门行政效能提供了强大的助力。截至目前，该平台已涵盖了市场监管、卫生、国税等29家部门掌握的企业、其他组织等各类主体的信息资源，已交换各类数据1300余万条，为地方政府和职能部门提供了强有力的查询功能。

2015年7月29日，浙江省台州市金融服务信用信息共享平台正式启动，台州市推进全国小微企业信用体系建设试验区工作进入了一个新的阶段。该市金融服务信用信息共享平台的研究和搭建，旨在降低银企信息不对称、破解小微企业融资难题、营造"守信激励、失信惩戒"的良好信用环境。平台以"一平台、四系统、三关联"为主体架构体系，包含"基本信息系统、综合服务系统、评价与培育系统、风险预警与诊断系统"4个子系统，实现"投资、融资、法人代表与企业"三关联，具备信用立方体、正负面清单、不良企业名录库、自动评分、培育与风险预警等多种功能，目前征集整合了金融、法院、公安、地税、社保、国土、环保、建设、食药品监督、国税、工商、质监、电力等部门1600万条信用信息，并通过技术手段实现信息自动化与可持续采集，确保信息采集更新的及时性、准确性、完整性，形成了在理念设计、功能构建、技术应用以及可持续能力、大数据整合上都具备全国领先水平的信用信息共享平台。

通过创建社会信用体系建设示范城市，安徽省合肥市按照全国统一的信用信息采集和分类管理标准，推广使用信用指标目录和建设规范。比如，制定《信用信息征集管理办法》等市级综合性信用规章制度，明确社会信用体系建设的体制机制、信用信息的披露保护、信用市场的发展监管等内容。未来，推进合肥市公共信用信息共享服务平台建设，重点是建设和完善"一网三库一平台"，即"信用合肥网"、企业信用基础数据库、个人信用基础数据库、金融信用信息基础数据库和公共信用信息共享服务平台。如今，该市政府已正式启动社会信用信息共享服务平台建设，正在开展项目招投标前期工作。根据方案，在建立统一社会信用代码制度基础上，该平台可以归集、交换、共享全市信用体系建设联席会议51家成员单位在行政与社会管理过程中产生的信用信息，如企业法人及个人资质信息、荣誉信息、惩戒信息等，向社会提供公益性信用信息查询服务。这意味着，只要是属于法定可公开信息，比如部分企业和个人的信用度，市民就可以及时查询。

六、信用服务机构不断发展壮大

信用服务机构是信用体系建设的基础。从我国目前信用服务机构的业务性质上分，主要有：信用资信调查机构、信用评级评估机构、信用担保机构、信用咨询机构和信用管理培训机构等。

在《社会信用体系建设规划纲要（2014—2020年）》及国务院《征信业管理办法》出台后，为规范和培育社会信用服务机构，促进信用服务业的健康发展，2013 年 12 月 6 日，中国人民银行发布了《征信机构管理办法》；2014 年 4 月 30 日，我国出台了《社会信用服务机构执业管理办法》；2014 年 9 月 27 日，中国信协发布了《信用服务行业自律标准》。制度建设保障和促进了信用服务机构的发展。

（一）征信机构现状

1. 机构种类和规模

据不完全调查，截至 2012 年底，我国有各类征信机构 150 多家，征信行业收入约 20 多亿元。目前，我国征信机构主要分为以下三大类。

第一类是具有政府背景的信用信息服务机构，共 20 家左右。近年来，各级政府推动社会信用体系建设，政府或其所属部门设立征信机构，接收各类政务信息或采集其他信用信息，并向政府部门、企业和社会公众提供信用信息服务。

第二类是社会征信机构，共 50 家左右。其业务范围扩展到信用登记、信用调查等。社会征信机构规模相对较小。机构分布与区域经济发展程度相关，机构之间发展不平衡。征信机构主要以从事企业征信业务为主，从事个人征信业务的征信机构较少。征信业务收入和人员主要集中在几家大的征信机构上。

第三类是信用评级机构。目前，纳入中国人民银行统计范围的信用评级机构共 70 多家，其中 8 家从事债券市场评级业务，收入、人员、业务规模相对较大；其余从事信贷市场评级业务，主要包括借款企业评级、担保公司评级等。

2. 我国信用评级行业的发展

信用评级行业是社会信用体系中的一个重要组成部分，其已有百年的发展历史，在揭示和防范信用风险、降低交易成本以及协调政府进行金融监管等方面都起到了重要的作用。

我国信用评级行业的发展可以说经历了 5 个阶段。第一阶段（1987—1989 年），作为初创期起始于 20 世纪 80 年代末，1988 年 5 月中国人民银行（1988）127 号文件，《金融工作座谈会会议纪要》中指出，作用评估公司属于试办性金融机构。当事的评级机构主要是各省人民银行系统的内部评级机构。在此阶段，中国人民银行系统组建了 20 多家评估机构，各地的咨询公司也开展了信用评级工作。第二阶段（1980—1992 年），信用评级工作由信用评级委员会办理，撤销原先由中国人民银行和专业银行设立的评估公司，上述评级机构逐渐与所述系统分离，开始独立运营。第三阶段（1993—1996 年），资信评估业进入探索和调整阶段。1993 年国务院发文提出，企业债必须进行信用评级。此阶段，我国建立起自己的评级指标体系和方法，资信评估部分逐渐丰富。第四阶段（1997—2003 年），评估机构酝酿并迅速发展，各商业银行的信贷部门都兼有资信评估的职能。

从评级业发展的政策法规来看，1993 年以来，国家在信用评级方面出台了一系列政策和法规，使评级业有初步的政策和法规保证。1993 年国发 24 号文件关于《坚决制止乱集资，加强债券发行管理的通知》中指出，要加强债券的信用评级工作，发行债券企业必须经有关部门确认的有资格的信用评级机构予以确认；1994 年年底《中共中央关于建设社会主义市场经济体制若干问题的决定》中进一步强调，当前要着重发展信用评估机构，建立发债机制和债券信用评级制度，促进债券市场健康发展；在有关交易所的债券上市管理中明确规定，上市债券必须经过信用评级；1995 年 7 月中国人民银行发布的《贷款通则》中明确规定，要对申请贷款的企业进行资信评估；1997 年 12 月 16 日银发（1997）547 号文件对债券评级机构进行了资格认定。

在评级业务的产品种类上，目前开展的评级服务主要包括企业债券评级、银行金融机构评级、工商企业评级、基金评级等。从信用评级市场规模看，截至 2010 年二季度，中国企业债券发行规模约 300 亿元。另外，目前我国已有 20 多家发债主体接受国外评级机构的评级。

信用评级业现存的问题包括：一是社会对信用评级业务重视程度不够，信用评级还不完全具备权威性。二是有关信用评级的立法不完善，现存法律法规只涉及运营方面的问题，还缺乏整体性和针对性。三是缺乏统一监管体系，监管部门分散。

（二）担保机构现状

为了缓解中小企业资金紧张压力以及融资难等问题，国家在担保机构建立方面的推动力度逐渐加大，在此背景下各类资金看到契机，纷纷进入担保行业。我国担保业发展迅猛，2002 年中国拥有担保机构数量 848 家，而到了 2005 年末，该数量增长为 2914 家。2009 年年底，全国信用担保机构已达 5547 户；由于行业整顿，到 2010 年末，全国融资性担保法人机构共计 6030 家，融资性担保贷款余额 8931 亿元（不含小额贷款公司融资性担保贷款），较上年增长 60.9%；融资性担保贷款户数 16.6 万户，较上年增长 48.9%。在担保贷款余额中，有 77.2% 是为中小企业提供的融资性担保贷款，贷款余额达到 6894 亿元，较上年增长 69.9%。而在 16.6 万融资性担保贷款的户数中，也有 14.2 万户为中小企业，占比达到 85.5%。银监会数据显示，2011 年末，全国融资性担保机构 8402 家，同比增长 39.3%；净资产总额 7858 亿元，同比增幅达 63.8%；在保余额 19120 亿元，同比增长 39.1%。

而在 2012 年 2 月，受京广两地相继爆发的中担、华鼎、创富三家担保公司违规事件影响，绝大多数民营担保机构的业务被商业银行"一刀切"，进而导致全行业业务量开始急剧萎缩。再加上宏观经济形势低迷，担保行业无论是机构数量还是在保余额均出现了大幅度的下滑。融资性担保业务监管部际联席会议最新数据显示，截至 2012 年末，全国融资性担保行业共有法人机构 8590 家，与 2011 年末相比，尽管数量有所增加，但增速同比下降了 37 个百分点。截至 2013 年末，行业法人机构总计 8185 家（见图 5-1）。

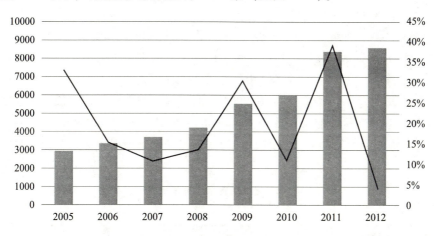

图 5-1　2005—2012 年中国担保机构数量及其增长情况（单位：家,%）

七、行业信用建设稳步推进

第一，国务院各主管部门充分利用本系统的业务系统，建成了信用信息系统，重点行业完善了信用信息的记录，有些部门还向社会提供信用信息服务，部分行业实现了信息的互联互通。例如，公安部、人力资源保障部、环境部、住房建设部、银监会与人民银行实现了部分的信用信息互联互通。

第二，颁布了相关的信用法律法规和标准，促进了行业信用建设，部分部门实现了行业的信息互联互通。近年来，国务院及各业务主管部门、各地方政府相继颁布了一些专门针对信用的法律和法规，涉及信贷、食品、建筑、商务、交通和资本市场。与此同时，我国还颁布了部分国家标准和行业标准，为促进信用行业的建设起到了法律支持和技术规范的作用。

第二节　我国社会信用体系建设问题分析

一、宏观层面

（一）条块分割问题

条块分割是指由中央直属部委自上到下的一种指挥体制。条的范围是由中央直属部委所在级别；块则是以地方行政当局统管的某一区域全部的行政行为的一种描述。条块分割就是人为地把国家各行政层次分割成不同领域。

基于行政管理方面存在条块分割，信用体系建设也难免存在条块分割。部门和地方的管理不统一，各自为政，各自按照不同的设想进行信用体系建设。各政府机关在职权范围内，可以获得企业和个人的大量资信信息，但由于制度的原因造成目前的信息系统之间相互封闭，比如税务部门的税收信息和工商部门的企业成立及年检信息等不能或者不及时互通，都会导致效率低下。制度上的条块分割必将造成信用体系的条块分割，对社会信用体系建设产生阻碍。在信用体系建设方面，我国各地区信用体系建设的主管单位不统一，部分区域地方信用体系建设主管单位如表5-1所示。

表5-1　部分区域地方信用体系建设主管单位

区域	主管单位
北京、天津、黑龙江、辽宁、河北、山东、陕西、四川、安徽、江西、武汉、济南、浙江	发改委
江苏、福建	经贸委
重庆、大连、吉林	整顿和规范市场经济秩序领导小组
广东	信息产业厅
海南	金融办

（二）信用数据封闭问题

信息数据库建设和信息采集披露制度是信用信息有效、准确供给的保障。信用信息开放度不够，影响着征信中介机构数据库建设。一直以来，我国社会信用体系建设中存在着较为严重的信用信息瓶颈，而随着有关部门和地区集结建立各自的信用信息系统，信用信息格局的倾向越来越明显。信用信息瓶颈对信用市场的发育形成了强制约。有数据显示，在我国大约有60%的信用信息分散在政府各部门，表现出高度的政府垄断现象，且垄断信息一般不对社会共享，这对信用体系建设造成了消极影响。社会需要全方面的信用报告，但各部门在提供信用信息时只提供本部门掌握的相对独立的部分，因此信用报告不具有综合性，降低了数据使用的有效性。另外，由于信用数据较难获取，各类市场主体在进行调查分析时会付出更高的资金成本和时间，相当于提高了交易成本，没有达到规模经济，使得信用信息使用效率低下，严重影响强大且完整的信用数据库的建设进程。从目前各政府部门对征信公司开放数据情况来看，政府工商部门基本上实现了少部分信息数据向公众开放。

（三）征信业的外部性与监管不足之间的矛盾

与金融业相同，征信业也有很强的外部性：资信评级机构的不公正评级可能会误导市场判断，扭曲市场信号，甚至造成金融机构的贷款损失等，社会影响很大；同时，征信业还涉及企业商业秘密和个人隐私保护、国家的信息安全等，严格监管征信市场势在必行。但从全国范围看，我国社会信用体系的建设还处于起步和积极探索阶段。政府对市场的监督管理薄弱，对信用服务机构的监管力度也不够；社会舆论监督仍不能有效制约和防范失信行为的发生，总体水平有待提高。因此，政府监管、社会监督、企业内控的社会信用监管机制还没有形成，对征信市场的发展不能起到保障作用。

（四）社会信用体系建设核心法律匮乏

信用是市场经济的基础，法律是信用体系的保障。健全的法律体系是正常的信用关系得以维系的保障，对我国国民经济的健康发展至关重要。仅依靠良心、道德，不可能有效约束债权人和债务人的经济行为，必须依靠法律的力量，把一切信用活动纳入法制的轨道，才能维护和培育良好的信用秩序，形成有法可依、有法必依、执法必严、违法必究的法制环境。

我国的社会信用基本元素是政府信用、银行信用、企业信用和个人信用，而法律体系则是由这些基本的信用元素、信用活动及法律制度构成。在我国的立法实践中，我国法律的形式体系是根据我国的立法法，以宪法为最高指引，并由法律、行政法规、地方性法规、民族自治条例和单行条例、部门规章、政府规章、国际条约共同构成的完整体系。属于第二层次的法律是我国社会信用法律生成的重要依据。但是，目前我国社会信用法律体系基本法律供应不足，缺少核心的专业法律规范，大量部门规章的生成没有基本法律的指引，法律体系生成存在阻碍，形成社会信用法律结构的虚空，导致社会信用法律效力变弱。

在政府信用法律方面，政府信用体现在地方政府以债务人的身份借助于债券等信用工具向社会各界筹集资金。这方面有关地方政府的法律有《预算法》《担保法》和《政府信息公开条例》。但随着经济的持续增长和城市化水平的不断提高，各地基础设施等的投资规模不断扩大，地方政府客观上需要通过债务融资来解决短期内财政资金不能满足基础设施建设等投资需求的矛盾。总体来说，缺乏针对政府信用的制度规范。

在银行信用规范方面，商业银行具有信用中介职能，我国信用经济的一大特点就是信用活动集中于银行，银行信用在 GDP 中所占比重过大（银行信用规模在社会净信用规模中的比例超过 85%）。由于我国银行信用在经济发展中具有举足轻重的作用，所以我国银行信用法律制度供给较为充足，有《商业银行法》《企业债券管理条例》《贷款通则》《商业银行中间业务暂行规定》等，但是缺乏针对银行信用的基本法律法规，如《平等贷款机会法》《公平债务催收作业法》《银行平等竞争法》《公平信用信息披露法》等。

在企业相应制度建设方面，为了维护市场经济发展所必需的信用秩序，国家制定了一系列的法律法规，出台了一系列政策，在维护合法政权、制止逃废债（有履行能力而不尽力履行债务的行为）现象、强化收息等方面采取了很多措施，发挥了一定的作用。例如，1993 年出台的《企业财务通则》和《企业会计准则》；1994 年实施的《公司法》；1995 年施行的《商业银行法》《担保法》和《仲裁法》；1999 年出台的《合同法》等，说明我国社会主义市场经济体制的法律体系初步形成，使市场经济有无须竞争走向有序竞争有了可能，为信用行为的记录和失信行为的惩戒提供了一个基础的法律规范和法律体系。但是，缺乏《公平信用报告法》《诚实借贷法》《信用控制法》《公平与准确信用交易法》等的指引。

在个人信用制度建设方面，个人信用是社会信用的基础，1999 年 3 月中国人民银行颁布了《关于开展个人消费信贷指导意见》，明确提出了"逐步建立个人消费贷款信用中介制度""信用制度是个人消费贷款业务发展的重要条件"等建议。中共十五届五中全会通过了《中共中央关于国民经济和社会发展"九五"计划和 2010 年远景目标的建议》，确定了"建立法人对支付个人收入的申报制、个人收入申报制和储蓄存款实名制"等个人收入管理制度。2000 年 4 月 1 日，我国正式颁布实行了《个人存款账户实名制规定》，该制度的推行成为建立我国个人基本账户和个人信用资料库的基础。我国的消费信贷已经进入市场高速成长期，其市场规模平均每年以 160% 的速度增长，占 GDP 总量的 10.46%。但上述已经颁布的规定缺少基本法律层面的法律生成依据和效力支持。

另一方面，近几年各地方积极探索信用法律和法规，取得了可取的经验。例如，2002 年 1 月，深圳市出台了《深圳市个人信用征信及信用评级管理办法》。该《办法》对个人信用信息的征集作了规定。从 2002 年起，汕头市先后制定了《汕头市企业信用信息披露管理办法（试行）》《汕头市企业信用信息采集管理办法》和《汕头市社会信用信息网络管理暂行规定》等法律和规章。北京市自 2002 年 10 月 1 日起实施了《北京市行政机关归集和公布企业信用信息管理办法》。这些地方法规和规章的出台，在一定程度上推动了地方信用立法的发展。

（五）互联网迅猛发展加剧风险

互联网金融是传统金融行业与互联网精神相结合的新兴领域，主要包括第三方支付、P2P 小额信贷、众筹融资、新型电子货币以及其他网络金融服务平台。互联网金融虽然在我国发展时间不长，但发展潜力巨大。2014 年互联网金融发展迅速，据第三方数据统计，国内 P2P 平台已接近 2000 家，且以每天新增 2 家的速度持续增长。2014 年前三季度的交易额达 1576 亿元人民币。一面是互联网金融的高速发展，另一面是由于相关的监管体系缺失导致行业风险扩大化，这些都是互联网金融行业健康发展绕不过去的问题。互联网金融发展存在的问题主要包括以下几个方面。

首先，客户身份认定问题，即怎样保证客户的真实性。尽管互联网金融在信息透明度和交易成本方面有其独到的优势，但是由于在身份认定上采取非实名制，且缺少对于客户信息安全的保护机制，使得当前的网络信用环境无法与社会信用体系形成有效的对接，身份认定的障碍将影响信用体系的建设。

其次，交易的真实性。互联网形式下的交易过程虚拟化程度高，真实性不易考察验证。如果资金的流向与实物配送一一对应，严丝合缝，且交易额度不大，那么交易风险基本是可控的；但如果钱物分离，或者形成资金池与资产池的对应，金额也超出一般水平，那就另当别论了。

最后，反洗钱问题。互联网金融的虚拟性为反洗钱增加了不少困难，如果控制不好，可能成为洗钱活动的新型载体；与传统商业银行相比，网络洗钱更为隐蔽，全球化程度更高。如果不能管控洗钱风险，互联网金融也将受到限制，不能健康发展。

（六）信用体系建设区域不平衡

区域发展不平衡是我国较长时期内的基本国情。我国尚处于市场经济初级阶段，经济发展水平不高，地区差异比较大。因此，国家制定了"东部率先、中部崛起、西部开发、东北振兴"的发展战略。基于以上国情，我国的社会信用体系建设也将会呈现较显著的层次性、阶段性。一些经济比较发达、意识较为超前的地方，根据当地经济社会发展的现实需求，率先进行区域性社会信用体系的探索。比如，上海是个大都市经济体，经济社会发展水平较高，市场化、国际化、法制化程度较高，市民素质较高，信用服务机构发达；浙江是个省域经济体，中小企业众多，民营经济发达，信用需求不足，且个别地区曾因信用缺失付出了代价，市场诚信要求非常迫切，因而，浙江是政府积极介入推动，从企业征信入手，从市场监管入手，形成了有浙江特色的建设模式；此外，还有辽宁的信用规划建设、湖南的金融信用建设等。目前已初步形成了几种比较有典型借鉴意义的示范区域。而中西部地区信用体系建设与发达区域比有较大差距，比如，上海依靠政府推动的征信行业目前已经实现金融库、电信、燃气、税务等信息的整合，征信机构所制的信用报告已经在经济生活中广泛应用；而形成对比的是，中西部地区信用信息体系建设还处于初步阶段❶。

（七）农村信用体系建设滞后

随着我国"三农"事业的繁荣，农民个人信用问题也日渐突出起来，由于缺少有效的制度约束，目前许多农民出现了信用危机。尽管近几年农村个人征信体系的建设取得了一定效果，但仍然是目前农村构建和谐金融生态环境过程中较为薄弱的环节。这主要是因为涉农的个人征信体系建设起步比较晚，征信体系建设涉及的诸多环节还不尽完善，各种潜在的矛盾和问题仍很突出。与"三农"密切接触的就是农村信用社，这就要求农村信用社在个人征信系统建

---

❶ 张颖锋. 我国社会信用体系建设研究［D］. 天津：南开大学，2014.

设中发挥主力军作用。

滞后的原因包括以下两个方面。

（1）信用环境差，主要体现在对失信行为的制裁不足，受信价值体现不充分上。近几年来，农村信用体系中对于个人失信行为的制裁缺乏联动，制裁和惩罚的对象针对的往往是失信者拥有的单个产品或者服务，而不是失信行为人本身，使得失信行为人难以从根本上受到有效遏制，信用风险继续蔓延。

（2）收集、整理、核准评估、查询农村信用信息难。由于目前农村的经营形式多，绝大多数的农户信用信息原始资料调查采集困难，信用基础信息多变，真伪不易甄别。农户信用数据库所需要的基础信息很大一部分隐藏于民间，收集整理工作量多，难度大。

二、微观层面

（一）政府信用体系建设

1. 缺乏失信惩罚，监管机制不健全

舆论的监督和对失信行为的惩戒实际上是一种社会约束机制，它能够整合各种与信用相关的社会力量和制度，对社会各类信用主体的信用情况进行有效监督，依靠法律和道德的合力、自律与他律的作用，共同防范政府失信行为的发生，惩戒失信行为，从而确保社会经济秩序的良好运行。我国也在积极地进行社会信用监管体系的构建以完善当前的信用环境。但由于信用立法滞后，社会上缺乏严格的失信惩戒机制，政府对信用市场的监管力度不足，导致有法不依、执法不严等现象多发，严重制约着信用体系的建设。

2. 政府职能错位或缺失，行为不规范

我国体制转轨的性质决定了政府在转轨过程中的特殊地位和作用。政府需要及时根据市场发展和改革进程转化职能，规范行为。然而，我国却出现了政府职能错位和缺位并存，政府行为不规范现象。这就使本应成为建立社会主义市场经济信用秩序的主导者的政府，成为信用缺失的发端者，使作为社会信用最终保障的政府信用受到损害。一方面，政府存在行为不规范现象，破坏政府信用。例如，某些政府官员以权谋私和弄虚作假等行为直接损害了政府形象，使过去清正廉洁政府下人民群众对党和政府的信任遭到破坏；地方政府对假冒伪劣产品的生产和销售的纵容和庇护，不履行政府与人民签订的合同，重收费轻服务等行为直接损害了人们的利益。另一方面，政府职能错位破坏社会信用。政府利用行政权力推动经济发展，但容易使政策和市场的发展产生脱节出

现职能错位现象。例如，在早期转轨时期本应建立适应市场经济需要的社会信用体系，但政府一方面禁止民间融资的发展，抑制民间信用；另一方面用政府信用与银行信用担保和实行"债转股"等，助长企业失信行为。政府严格控制企业债券的发行，导致企业为取得资金，利用各种手段到股市"圈钱"，产生严重的失信行为等。又如，地方政府从维护本地利益出发，依靠行政力量实行的地方性垄断，主要表现在用行政手段限制外地产品进入本地市场或者本地商品流向外地市场，强令区域内经营者销售本区域的产品，迫使和诱使区域内企业实施封锁措施等。在这样政府干预的情况下，全国统一的信用市场难以形成。

（二）企业信用体系建设

企业作为市场经济微观主体的重要组成部分，其信用等级不仅关乎自身的生存与发展，还直接影响着整个市场的运行与发展，目前我国企业在信用建设上还存在一些问题与不足。

1. 企业间信用系统互通障碍

目前，我国各行业间都有自己的一套数据、信息系统，而缺乏一整套完整的系统性的信息平台，由于种种原因如争夺市场份额，企业不愿将掌握的信息与同行分享，因此会出现多次统计，大大增加了信息采集的成本。为寻求更大的发展空间，企业间也容易陷入恶性竞争，由于存在互通障碍，披露虚假信息、提供虚假证明和进行黑幕交易等违法行为不易被察觉，容易使更大群众蒙受损失。

2. 内部信用管理制度匮乏

企业信用管理制度是企业在资本运作、资金筹集和商品生产流通中所进行的信用活动方式、管理规则制度、相关措施和办法等方面因素的总和。经验证明，企业整体信用管理水平提高，能够在一定程度上遏制失信行为的滋生，从而对提高整个社会信用水平起到积极作用。目前，很多企业自身没有设立信用管理机构，更没有安排专门人员从事区域信用管理工作，往往是由企业的财务部、销售部或者审计部门等来做一些信用管理的基础工作，这样远远达不到信用管理工作的要求，造成授信不当和受信企业对履约计划缺乏管理的违约现象频发，使企业损失严重。2011 年的一项统计显示，我国企业坏账率高达 1% 至 2%，且呈逐年增长势头，而相比较下，成熟市场经济国家企业坏账率通常为 0.25% 至 0.5%；我国每年签订约 40 亿份合同中，履约率只有 50%；我国企业对未来付款表现缺乏信心，近33.3%的企业预计情况将"永不会改善"。另据商务部的统计，我国企业每年因信用缺失导致的直接和间接经济损失高达6000亿元，其中因产品质量低劣、制假售假、合同欺诈造成的各种损失达2000亿元。在征信成本太高，而失信又几乎没什么成本的情况下，违约、造假、欺诈的故事几乎每天都在上演。就目前情况来看，我国企业信用制度建设还处于探索阶段，企业信用水平较低，信用缺失现象严重，大部分企业还没有相应的信用管理制度。据不完全统计，目前，我国每年签订的经济合同大约有40亿份，合同的履约率却仅有60%。另外，企业在订立合同时故意隐瞒相关事宜或者提供虚假情况，利用合同进行欺骗的行为也屡见不鲜。我国每年因为逃废债务造成的直接损失约为1800亿元，每年因合同欺诈造成的损失约为55亿元，可见对经济发展的制约。

3. 信用服务不规范

一方面，由于市场监管体制不完善，信用服务体系不成熟，信用服务市场不发达，难以满足市场经济发展对信用服务的需求。另一方面，信用信息开发和利用不充分，信用产品供给创新动力不足，信用产品需求潜力有待开发，信用产品市场发展滞后。总体上，信用市场发展滞后影响了我国市场经济的健康发展。目前从事商账追收、信用保险、信用保理服务的都采取公司制的混业经营模式，专业性不强，并且处于发展的初级阶段，市场需求少，公司规模小但数量多，市场竞争激烈。根据有关数据显示，目前在我国从事信用担保、信用评估、信用调查、信用咨询的中介机构大约有1500家。另外，关于这类中介机构规范经营的法律法规不健全，监管主体不明确，也是制约其发展的重要原因。

4. 信用产品滞后

在我国，需要使用个人信用产品的场合比较少，主要集中在信贷领域，人们只有在办理或申请信用卡时才会关心自己的信用情况，在大多数时候不会在意自己的行为对信用记录的影响，因此，我国的个人信用产品市场缺少有效需求，不利于信用产业的形成。而在美国、德国等发达国家，人们的生活与其信用情况息息相关，这就使得信用产品的关注度和使用率非常高，相应的需求量也比较大。需求反过来又会刺激供给，对信用产品的质量和种类提出要求，促进征信行业、评级行业、信用服务行业等的蓬勃发展，这样一来，信用相关行业随之形成了一类服务行业，为社会提供了新的就业岗位，进而促进经济的发展。

（三）个人信用体系建设

1. 个人信用观念淡薄

在一些发达国家，个人信用制度相对完善，政府和企业都比较看重个人信用，如在美国，信用记录差的企业在业界很难生存，个人在信用消费、求职等很多方面都会受到一定的制约，因此信用意识深入人心。在我国经济飞速发展的大背景下，从微观个体来看，人是贪婪的，追求利益最大化，自然会优先选择个人利益，加之失信的相关惩戒机制不完善，对失信的打击力度不够，使得失信成本较低，个人容易进行逆向选择。个人信用观念淡薄也易导致整个社会的信用风气淡化。

2. 诚信激励机制不健全

诚信是一项重要的道德准则，它能够指引人们正确处理各种关系，是做人的根本，也是国家生存和发展的根本。当前的失信惩戒机制尚不健全，并且相应的诚信激励机制也较为缺乏，这不利于鼓励持续坚持诚信的信用交易参与主体。以贷款为例，按时甚至是提前还款的贷款主体，在下一次申请贷款时，为鼓励其诚信行为，金融机构可以授予其相对优惠的利率或其他一些奖励政策。社会生活中应及时对诚实守信的模范事件进行广泛宣传，使诚信的良好风气得到最大化传播，逐渐深入人心，进而促进人们自觉守信。

第三节　加快我国社会信用体系建设的路径

全面推动社会信用体系建设，必须坚持以邓小平理论、"三个代表"重要思想、科学发展观为指导，按照党的十八大、十八届三中全会和"十二五"规划纲要精神，以健全信用法律法规和标准体系、形成覆盖全社会的征信系统为基础，以推进政务诚信、商务诚信、社会诚信和司法公信建设为主要内容，以推进诚信文化建设、建立守信激励和失信惩戒机制为重点，以推进行业信用建设、地方信用建设和信用服务市场发展为支撑，以提高全社会诚信意识和信用水平、改善经济社会运行环境为目的，以人为本，在全社会广泛形成守信光荣、失信可耻的浓厚氛围，使诚实守信成为全民的自觉行为规范。

《社会信用体系建设规划纲要》明确提出，社会信用体系建设的主要目标是：到 2020 年，实现社会信用基础性法律法规和标准体系基本建立，以信用信息资源共享为基础的覆盖全社会的征信系统基本建成，信用监管体制基本健全，信用服务市场体系比较完善，守信激励和失信惩戒机制全面发挥作用。政务诚信、商务诚信、社会诚信和司法公信建设取得明显进展，市场和社会满意度大幅提高。全社会诚信意识普遍增强，经济社会发展信用环境明显改善，经济社会秩序显著好转。

一、构建守信激励和失信惩戒机制

加快构建守信激励和失信惩戒机制，加强对守信者的激励和奖励、对失信者的惩戒和约束，建立失信行为有奖举报制度以及跨地区、跨部门的信用联合奖惩制度。所谓守信激励和失信惩戒机制，一般指信用奖惩机制，就是通过对信用主体诚信或失信行为的记录、发布和应用，运用法律、行政、经济和道德等手段，主动奖励诚信、打击失信，逐步形成社会信用联防，提高失信成本，使诚信者受益、失信者付出沉重代价的机制。这是社会信用体系运行的核心机制、保障机制，也是维护市场正常秩序的治本之策。守信激励和失信惩戒机制直接作用于各个社会主体信用行为，通过促进地方、部门加强信用记录和信用报告等信用产品应用，可以有效缓解信息不对称问题，从而改善社会信用环境，保持经济发展和社会和谐稳定。各地各部门的成功实践表明，当前建设联合奖惩机制有很大的发展空间，建立运行高效的守信激励和失信惩戒机制，需要从以下 5 个方面加以推进。

（一）建立健全信用法规制度

建立健全信用法规制度，为构建守信激励和失信惩戒机制提供法制保障。奖惩制度作为一种调控手段，必须通过法律法规来体现。《规划纲要》要求，加强信用法律法规制度方面的研究，尽快开展社会信用法的立法调研和起草工作，切实加快信用立法步伐，使信用信息征集、查询、应用、互联互通、信用信息安全和主体权益保护等有法可依。制定守信激励和失信惩戒条例，明确守信激励和失信惩戒的基本内涵、适用范围、具体奖惩措施、地方和部门职责等内容。目前，黑龙江、辽宁、江苏和浙江等地均陆续出台了若干政府的规范性文件。

继续做好《征信业管理条例》配套制度的制定工作，进一步完善征信业制度体系。加强对信用基准性评价指标体系和评价方法的研究，科学评价市场主体信用状况。建立健全责任追究制度，对有关部门不严格执行信用法律法规制度，信用主管部门要依法追究单位负责人和当事人的责任。

（二）加强政务信息化建设

加强政务信息化建设，为构建守信激励和失信惩戒机制提供技术支持。应用现代信息和通信技术，将管理和服务通过网络技术进行集成，实现政府系统行政管理和办公业务的信息化、网络化，努力解决政府部门之间信用信息资源共享水平不高、重复开发建设、部门内部信息化工作发展不平衡等问题，推动政务工作的体制创新、结构创新和发展环境创新，改进工作方法和作风，提高工作质量和效率，为归集和更新政府部门所掌握的企业和个人的信用信息提供较好技术支持。

加强整体规划，实现协同办公，对政府信息化建设不仅做到办公软件系统的统一，而且还应该是各类监管系统、业务系统、面向社会公众的办事系统和网上服务大厅等平台的统一，实现"一张网、一盘棋"，只有这样才能为实现信用信息资源共享奠定基础。

（三）强化信用信息公开

强化信用信息公开，为构建守信激励和失信惩戒机制提供便利条件。深入贯彻实施《中华人民共和国政府信息公开条例》，按照主动公开、依申请公开对政务信息进行分类管理，坚持公开、公平、公正和诚实守信原则，及时、准确、完整地进行信用信息公开，为信用信息的归集、交换和查询提供便利条件。加强信用信息公开方面的研究，建立健全信用信息披露制度，充分发挥各类媒体尤其是"微博""微信"等新媒体的优势，发挥群众评议、讨论、批评等作用，完善社会舆论监督机制。

加强宣传诚实守信的先进典型，披露严重失信行为。当前，重点是要披露关系到人民生命财产安全和社会稳定的重大失信行为，包括环保违法违规、食品药品安全、拖欠工程款与农民工工资、欠缴社保资金、恶意逃废银行债务、上市公司违规担保、关联交易、部分高管人员失信等突出问题，让失信行为无处藏身。

（四）创建统一的信用信息平台

加快统一的信用信息平台建设，为构建守信激励和失信惩戒机制提供可靠信息来源。落实《国务院办公厅关于实施〈国务院机构改革和职能转变方案〉任务分工的通知》（国办发〔2013〕22号）有关要求，强化信用信息的整合和应用，完善信用信息系统，推进信用信息在全国范围内互联互通。制定全国统一的信用信息采集和分类管理标准，统一信用指标目录和建设规范。各部门要结合自身业务工作需要，建立健全本部门信用信息系统。各地方要加快整合本地区各部门、各单位信用信息，建设区域性的信用信息服务平台。按照"条块结合、互联互通、全国交换"的原则，通过信息化手段，构建全方位、多层次、覆盖全部信用主体、所有信用信息类别、全国所有区域的国家统一的信用信息平台，从根本上消除信用信息"孤岛"，为建立守信激励和失信惩戒机制提供证据。

（五）培育和规范信用服务业

培育和规范信用服务业，为构建守信激励和失信惩戒机制提供高质量信用产品。逐步建立公共信用服务机构和社会信用服务机构互为补充、信用信息基础服务和增值服务相辅相成的多层次、全方位的信用服务组织体系。建立信用服务机构准入与退出机制，实现从业资格认定的公开透明，进一步完善信用服务业务规范，促进信用服务业健康发展。规范发展信用评级市场，提高信用评级行业的整体公信力。借鉴浙江、辽宁等在全省重点工程建设招投标领域使用企业信用报告的经验，拓展信用报告应用范围，加大信用报告在社会治理和市场交易中的应用。鼓励信用服务机构加强信用服务产品开放和创新，满足各类市场主体的信用产品需求，同时推动在政府采购、招投标、融资发债、药品安全、社会组织评价等领域使用信用报告。当务之急，各地各部门应当按照《关于在行政管理事项中使用信用记录和信用报告的若干意见的通知》要求，对照权力清单确定的行政审批事项，将行政相对人的信用记录或信用报告作为实施行政审批的参考。

构建守信激励和失信惩戒机制是社会信用体系建设中一项长期性、系统性的工程，只有起点，没有终点。只有通过一系列的制度安排，完善信息记录和披露机制，运用经济惩戒和道德谴责相结合的方式，弘扬诚信立身、信誉立业的"诚信"精神，营造"守信者路路畅通、失信者寸步难行"的社会氛围，潜移默化地培育市场主体诚实守信的经济文化，形成信用有价的经济价值观。

二、注重信用评级的发展

根据国际评级业发展的经验，政府推动仍是我国今后一个时期评级业发展的主要动力。随着政府管理经济方式的改变，监管部门将越来越多地使用评级结果，这将有力地促进信用评级的发展。

随着市场化改革的深入，主要是企业产权制度、投资风险防范和承担机制等的完善，评级机构的市场需求将不断增加，评级机构的自我约束会进一步增强，有影响力的权威评级机构将逐步出现。目前国际著名评级机构进入我国评级业的市场条件还不太具备，我国评级机构应抓住时机，加快发展。

第一，政府应大力支持信用评级行业的发展。应加快建立和完善相关法律法规，给予资信评估一个明确的定位，促使信用评级行业规范经营。政府应制定和完善有关信息的披露法规和程序，规范管理行为，增强政策的透明度和连续性。应注重促进信用体系发展的大环境建设，加快企业产权制度的改革，转变政府职能、完善个人和企业对信用风险防范与承担的机制等。还应按照市场经济原则，培育信用服务中介机构，加强政府有关监管部门使用信用服务产品的力度，推动信用服务体系的发展。

第二，建立信用评级业有效的监管体制和认可制度。信用评级机构的监管主要包括建立信用评级业务的许可制度、日常管理制度和"退市"制度。我国应建立对资信评估机构统一监管，对资信评估业务资格或评估结果分别认定或认可的统分结合的监管体制。评级机构可作为一般企业设立注册。根据市场情况，从监管部门使用评级结果的角度建立认可制度。

第三，积极培育信用评级市场。通过扩大监管机构对信用评级结果的使用范围，来推动评级市场需求的增加。打破地区封锁和行业封锁，推动独立的信用评级公司的发展。不断整合评级机构，提高评级机构素质和评级质量，引导、培育和完善信用评级市场。此外，应着力培育几家独立的国际性权威评级机构。

第四，加强评级机构的自身建设。加强评级方法的研究，建立统一科学的信用评级指标体系，由金融监管部门推进其在证券市场上的运用，并进行适当调整。还应加强评级队伍建设。可依托高校建立培养资信评估人员的基地，对从业人员的任职资格作出明确规定，并建立资信评估师的资格考试制度。参照其他各类中介机构的管理办法，建立自律性的资信评级行业协会。

三、加快推进小微企业和农村信用体系建设

一是以我国《社会信用体系建设规划发展纲要（2013—2020）年》为指导框架和发展原则，发挥社会信用体系建设部际联席会议协调机制的作用，积极推动我国社会信用体系建设。二是要推动各地方、各行业主管部门推动信用

信息系统建设，建立健全本地方、本行业的信用信息记录，在各部门、各地方信用信息基本分工明确的基础上，记录个人和机构在经济、社会活动中的信用状况，在此基础上推动信用信息在行业间、地区间的交换和共享。三是要促进信用信息的应用与服务，促进企业和个人自律，建立健全守信激励和失信惩戒机制，形成有效的市场约束，推动政务诚信、商务诚信、社会诚信和司法公信建设。

（一）小微企业信用体系建设

小微企业是非公有制经济的重要组成部分，在增加就业、促进经济增长、科技创新与社会和谐稳定等方面具有不可替代的作用。首先，小微企业具有广泛性。目前中小企业占我国企业总户数的 99.7%，其中，小微企业占 97.3%，广泛分布于各行各业。无论是第二产业还是第三产业，尤其是文化创意产业等新兴领域都有着众多的小微企业。一批走产业集聚与"专精特新"发展之路的小微企业展现在人们面前。小微企业具有创新性。实践证明，经过 30 多年的发展，民营经济以资源成本、人工成本和环境成本为代表的比较优势已经消失，走技术创新、产品创新、品牌创新和管理创新的转型升级之路已经成为实现可持续发展的必然要求。时至今日，我国 60% 以上的专利申请、75% 以上的企业技术创新和 80% 以上的新产品开发来源于非公有制经济。这其中量大面广的小微企业功不可没。

但是，因为抗拒市场风险的能力小，小微企业具有脆弱性，需要政策扶持。

小微企业在发展过程中面临着贷款、融资难的问题。从企业自身讲，一方面，小微企业缺乏融资担保，抵押品的品质不够硬；另一方面，小微企业在财务、行为和管理方面都存在不规范问题，企业的财务报表不能真实反映其经营状况，加之部分企业的诚信意识不足，为逃废银行债务而进行资产转移等行为时有发生，让银行处于较大的信贷风险之中，使银行不敢对其贸然贷款。从商业银行方面讲，商业银行对小微企业担保和抵押的要求较为严格且贷款审批手续烦琐，加之由于小微企业自身的问题，使得对其贷款后银行信贷人员的压力较大，因此当贷款对象是小微企业时，银行信贷人员积极性不高；从社会环境方面讲，小微企业的信用担保体系不完善，大部分担保公司成立较晚、规模小，难以满足小微企业的担保需求，加之前些年，政府对小微企业的财政支持力度不足，所以企业在初创时期缺乏资金支持。

目前小微企业贷款难的一个重要原因是商业银行难以全面了解中小企业的信用状况，加之一些中小企业也不注意自身的信用建设。因此，加快推进小微企业信用建设对缓解贷款难有着十分重要的意义。

第一，发挥政府和银行的合力，通过宣传、教育、培训和辅导，提高小微企业的信用意识，促进小微企业建立健全内部经营管理和财务制度，帮助小微企业练内功，提升其信用管理水平，增强其对外部资金的吸引能力。

第二，采取积极的措施，尽快解决小微企业与放贷机构之间的信息不对称问题，利用社会信用体系建设这个契机，建立可持续的新型银企关系。

采取多种措施，围绕小微企业融资的市场需求，促进商业银行等放贷机构创新对小微企业融资服务的方式和手段，推行各类小额信贷，扩大信用贷款的比重，完善贷款抵押担保制度。同时，配置以风险投资和税收等宏观政策，促进小微企业信用制度的完善，推动其健康快速发展。

信用评级市场发展缓慢。一方面，社会信用缺失现象严重，信息不对称导致企业特别是中小企业"贷款难"、银行"难贷款"的问题比较突出；另一方面，受观念、经济条件及评级机构自身素质等因素影响，专业化的信用评级、信用评分还没有被企业、社会普遍接受，实践中推动此项工作难度很大。

建立和完善征信体系。政府要加强金融生态环境建设，组织相关部门构建统一的小微企业社会征信系统和运行机制，扩大征信系统的覆盖面和信用信息的采集面，尽可能详细地提供企业基本信息和情况，方便金融机构查询，提高市场透明度。

（二）农村信用体系建设

当前影响农村信用体系建设的因素很多，主要有以下几点：一是农村信用意识淡薄，信用体系建设参与度不高；二是信用征集手段多样化，信息整体质量不高；三是信用评级结果综合运用不足。上述问题的存在，严重影响了农村信用环境的优化和农村信用体系的建设。只有不断提高农村信用意识，形成统一的、科学的信用征集机制，并对评级信用结果科学运用，才能充分发挥金融"支农"的效果，才能实现农村经济效益和社会效益的双赢。

对于农户、企业的信用评级结果的运用主要是金融机构。对于信用良好的企业、个人，在相关金融机构办理贷款业务时，可以享受贷款优先权、利率优惠、保证方式灵活的激励政策，而且还可以享受较高的授信额度，满足守信农户和企业发展的资金需求。相反对于失信的农户和企业，要严格坚持限贷、甚至拒贷的原则，让其为自身的失信行为受到相应的惩戒。此外对于农户、企业的信用评级结果的运用不仅仅是金融机构，政府也可以运用评级结果，来决定对地区、企业和个人的政策支持力度，对于守信的地区、企业和个人，可以实行较优惠的税收优惠等，相反对于失信的地区、企业和个人，则可以采用一定的税收政策限制其发展。社会其他组织在日常的往来中，也可以运用这一评级结果来降低信用风险。只有形成对信用评级结果的综合运用的形势，才能使得信用评级结果的价值充分发挥起来，才能使得守信者路路畅通、失信者寸步难行，才能形成一种人无信不立、事无信不成的社会局面。

第六章　我国征信体系建设问题研究

第一节　征信体系概述

一、内涵与特点

"征信"一词源于《左传》中的"君子之言，信而有征"，信而有征即可征验其为信实也。当前根据人民银行定义，征信是指依法收集、整理、保存、加工自然人、法人及其他组织的信用信息，并对外提供信用报告、信用评估、信用信息咨询等服务，帮助客户判断、控制信用风险，进行信用管理的活动。

征信是评价信用的工具，是适应社会化分工发展的需要，从信用交易活动中分离出来的，是为解决交易双方信息不对称问题的专业化第三方服务，其存在的价值在于提供客观、准确、及时、全面的信用信息服务。

征信体系指由与征信活动有关的法律规章、组织机构、市场管理、文化建设、宣传教育等共同构成的一个体系。征信体系的主要功能是为借贷市场服务，但同时具有较强的外延性，也服务于商品交易市场和劳动力市场。从世界各国征信体系的发展过程来看，由商业银行所占据主导地位的信息采集和信息使用业务，事实上构成了征信体系的主要部门。征信体系是金融体系发展和稳定的基础，同时对社会经济的发展发挥多种促进作用。❶

根据上述有关征信与征信体系的定义，可见征信体系具有以下 4 个特点。

一是独立性。征信机构必须是独立于信用交易双方之外的第三方机构，其通过采集、整理、归纳和分析信用信息资料，再对外提供信用报告、咨询、评估等信用服务。征信机构需要处于独立地位，这样才可保证公平、公正和公开的征信活动，而只存在于交易双方之间的信用管理与风险管理不是征信，如商

---

❶　胡峰松. 我国征信体系建设研究［D］. 合肥：安徽大学，2011.

业银行内部记录下客户信息以用于客户维护和信用评级便不属于征信范畴。

二是信息性。征信机构的职能是收集散落于社会各处的企业和个人信用信息，并以信用信息为原料，为信用交易主体或其他服务对象提供信用信息服务，以便帮助其充分判断风险，而其本身并不参与授信方或服务对象的经济活动，仅仅参与价值的分配过程，如果作为第三方参与了授信方或其服务对象信用管理活动，也不属于征信范畴。

三是时效性。在现实征信过程中，由于信用信息采集对象的信用状况可能随时发生变化，因此征信机构征信服务的结果反映的只是一段特定时期内的情况，通常也仅在一定时间期限内是有效的，因此必须不断更新征信数据，以确保征信结果的时效性。

四是以解决信息不对称为目的。以采集或评估企业或个人的信用状况为主要特征的征信，其目的是解决信息不对称。根据这一属性，对单纯通过分析企业本身的经营状况、财务状况等提供咨询服务的咨询公司（如投资咨询公司等），因其并未解决信息不对称问题，所以不属于征信的业务范畴。

二、模式种类

根据不同的基准，可将征信体系划分为不同模式。

（一）按照征信主体划分

根据征信主体的不同，可将征信活动划分为个人征信和企业征信。

个人征信下，数据生产者是个人，由依法设立的个人信用征信机构对采集的个人信用信息进行采集和加工，并根据用户要求提供个人信用信息查询和评估服务的活动，目前主要用于银行的各项消费信贷业务。2015 年 1 月 5 日央行要求芝麻信用、腾讯征信、拉卡拉信用、深圳前海征信中心、鹏元征信、中诚信、中智诚征信及北京华道征信等 8 家机构做好开展个人征信业务的准备工作❶。对于获得牌照的征信机构，虽然短期内很难获得央行征信中心开发和对接的机会，但在数据库建设上先行一步，具有很强的先发优势，在未来能够提供更加个性化及多样性的信用服务，还可以基于数据开展商业决策和市场营销等增值服务。随着社会信用体系的不断完善，个人信用报告等个人征信产品将被更广泛地用于各种商业赊销、信用交易和招聘求职等领域，为查询者本人提

---

❶ 资料来源：《征信行业深度研究报告》。

供审视和规范自己信用历史行为的途径，并形成个人信用信息的校验机制。

企业征信下，数据生产者是企业（工商企业、政府、金融机构或小微企业等），由以各大商业银行为主体构成的征信机构按一定规则联合收集、整理、归纳和分析企业信用信息，加工整理形成企业信用报告等征信产品，有偿提供给经济活动中的贷款方、赊销方、招标方、出租方、保险方等有合法需求的信息使用者，为其了解交易对方的信用状况提供便利。企业征信的目的主要在于调查借款企业、被赊销企业或商务合作方的信用状况，了解其偿债能力与意愿，协助授信银行、赊销企业等主体规避信用风险。这使其由专业化的联合征信取代个人征信，使社会经济活动中买卖双方的博弈由一次性博弈转变为无限期重复博弈，具有高效、便捷、全面的特点，为金融机构等主体与企业间的合作提供资信信息支持，降低商务和信贷交易成本，越来越多地应用于社会生活的各方面。

（二）按照征信特点划分

根据征信特点的不同，征信体系可分为市场主导型、政府主导型和会员制型三种模式。

市场主导型（私人征信）模式最大的特点是市场化，美国、加拿大、英国和北欧国家采用该模式。在美国，艾克菲公司（Equifax）、益佰利公司（Experian）和环联公司（Trans Union）三家征信公司❶ "三足鼎立"，分别拥有覆盖全美的数据库，其中包含超过 1.7 亿消费者的信用记录，这些海量的个人征信数据经过 FICO 的计算方法模型形成征信产品——信用分析报告和325～900 分值区间的评分。

政府主导型（公共征信）模式最大的特点是由政府主导，大多数的欧盟成员国，如法国、德国、意大利、西班牙等，都采用以央行建立的中央信贷登记系统为主体的社会信用管理模式。所有银行统一接口，依法强制向央行信用信息局提供其所有的征信数据，由央行搭建全国性的数据库。

会员制（介于私人与公共征信之间）模式最大的特点是会员制。包括银行、信用卡公司、金融机构、企业、商店等机构都是信用信息中心的会员，通过内部共享机制实现中心和会员之间的征信信息互换。会员有义务向中心提供客户个人征信数据，中心也仅限于向会员提供征信查询服务。实行行业协会征

---

❶ 资料来源：企业网. 《大数据背景下的中国征信体系如何发展》.

信模式典型的国家是日本。

（三）按照征信内容划分

根据征信内容的不同，征信体系可分为信用调查体系、信用报告体系、信用评级体系和信用咨询与管理体系等。

信用调查体系：指征信机构接受客户委托，依法通过信息查询、访谈和实地考察等方式，了解和评价被调查对象信用状况，并提供调查报告，为决策人授信或者处理逾期账款和经济纠纷、选择贸易伙伴、签约等决策提供参考的活动。信用调查报告不向社会公众公开，仅提供给委托人，供委托人决策参考，包括企业信用调查、消费者信用调查及财产调查。

信用报告体系：指征信机构采用特定标准与方法采集、整理及加工企业和个人信用信息并形成数据库，根据查询申请提供信用报告查询服务的活动。

信用评级体系：包括信用评级与信用评分。信用评级业务是指运用科学的指标体系，采用定量和定性分析相结合的方法，对被评对象未来一段时间如约偿还债务的能力和意愿进行分析预测和综合评价，并以特定直观的等级符号表示其信用等级的活动，包括主体信用评级和债券信用评级。

信用管理咨询服务及其他类征信体系❶：这类服务是指征信机构为促进信用交易顺利开展而受托对特定信用信息所开展的分析及使用等活动。20 世纪90 年代以后，征信服务从主要提供信用报告、信用评级等上游产品为主转变为全方位地向客户提供信用管理顾问和策划服务，特别是征信比较发达的美国和英国，除提供传统的信用报告、信用评级类产品外，还根据征信市场发展的需求和客户的实际需要，提供包括评分模型开发、防欺诈解决方案的提供、策略决策引擎服务、信息技术解决方案、市场营销服务等其他新兴信息服务。因此，将新出现的这一类服务都归为信用管理咨询服务/其他类征信服务类。

第二节　我国征信体系建设现状

我国征信业从 20 世纪 80 年代起步以来，到目前征信市场已初具规模，征信业在经济发展中的作用日益显现。

---

❶ 贺学会，尹晨. 信用体系与征信：概念与基本框架［J］. 金融理论与实践，2005（02）.

一、征信体系建设的发展历程

改革开放以来，我国征信业共经历了探索期、起步期与发展期三个时期。[❶]

（一）探索期（1995 年以前）

20 世纪 80 年代后期，随着改革开放我国市场经济得到长足发展，大量外资企业涌入中国，征信业便在此环境下摸索着起步。为满足对外商贸，商务部与知名征信机构邓白氏公司合作，互相提供中外企业的信用报告，同时借鉴征信机构的发展模式。这一阶段国内征信企业积累了经验，但获取企业信息的难度高，基本只能从政府部门获取部分信息，使得工作效率缓慢，在开始的数年中，征信业的发展碰到了诸多问题（见表 6 - 1）。

表 6 - 1　探索期重要事件

1987 年	商务部（原外经贸部）研究院设立信用管理处
1988 年	我国第一家独立于银行系统的社会专业信用评级机构——上海远东资信评估公司成立
1990 年	中国人民银行出台《关于设立信誉评级委员会有关问题的通知》
1992 年	专门从事企业征信的北京新华信国际信息咨询有限公司正式对外服务，中国征信业正式走入市场化阶段
服务类型：主要从事企业征信，几乎没有专门的个人征信机构	

（二）起步期（1995—2006 年）

这一时期由于经济危机的爆发，大量贷款难以收回，欺诈事例日渐增多，信用风险在经济交易中的重要性日益突出，国内征信机构开始大量服务于国内商业贸易，出现了较多新的征信公司，如上海中商商业征信有限公司、北京信用管理有限公司等。从表 6 - 2 看出，政府开始探寻适合中国特色的征信业发展模式，国内征信机构的信息来源也更加广泛。

但是许多征信企业也面临难题。由于我国未建立自己的信息数据库，新兴民营征信企业多从国外购买信息，加大成本，机构竞争也导致征信企业利润微薄、难以生存。这使得我国信用信息征信系统的建设提上日程。

---

❶ 查慧园，刘洋. 征信体系下的企业信用政策选择 [J]. 价格月刊，2011 (10).

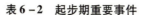

表6－2　起步期重要事件

1995 年	中国人民银行在全国范围推广贷款证制度
1997 年	中国人民银行牵头开始组建银行信贷登记系统
1999 年	上海资信公司成立，从事个人和企业征信服务
2000 年	经银行批准上海率先试点个人信用联合征信
2001 年	国务院联合十部委下发《信用管理指导意见》
2002 年	北京、上海开通城市内企业信用信息系统，同年银行信贷登记咨询系统建立地、省、总行三级数据库全国联网
2003 年	中国人民银行组建成立征信管理局
2004 年	中国人民银行组建成立银行信贷征信服务中心
2005 年	中国人民银行发布《个人信用信息基础数据库管理暂行办法》

服务类型：个人征信开始局部试点

（三）发展期（2006 年至今）

中国人民银行征信系统的设立标志着我国征信业迈入加速发展阶段，中国人民银行征信业监管部门与服务部门的分设，使征信行业的管理更加科学化。同时，国家对征信法制建设的重视也推动了征信体系的进一步建设，但征信信息披露与征信个人隐私保护方面的专项法律并未建立，有待今后进一步发展。

在中国，征信业的发展才不过20 余年，但征信机构的发展十分迅速，并且服务于各项经济活动之中，与经济的发展形成了良性循环（见表6－3）。

表6－3　发展期重要事件

2006 年	个人信用信息数据库与企业信用信息数据库正式运营，并组建了征信中心
2007 年	中国人民银行征信中心开通应收账款质押登记公示系统
2009 年	中国人民银行征信中心开通融资租赁登记公示系统
2010 年	征信中心开始对企业和个人征信系统试行收费
2012 年	中国人民银行在全国范围内推广机构信用代码
2013 年	《征信业管理条例》（国务院令第631 号）正式实施；颁布《征信机构管理办法》
2014 年	中国人民银行先后发布《金融信用信息基础数据库用户管理规范》和《征信机构信息安全规范》两项征信行业标准

服务类型：政府主导征信发展，以公共征信为主

二、征信体系建设的发展现状

目前，在我国的征信体系建设过程中，还是以中国人民银行的企业和个人信用信息基础数据库为核心，商业征信体系为辅助，初步搭建起我国的征信体系框架。中国人民银行企业信用信息基础数据库和个人征信系统在金融系统也已得到广泛应用。由于发展时间较短，我国的征信业还有诸多不足，存在着充足的发展空间。我国征信事业近年来发展迅速，从 2002 年 10 月中国人民银行开始召集商业银行协助进行个人征信业务的调研和个人征信系统的开发，到 2004 年 12 月个人信用信息基础数据库（简称个人征信系统）实现试点运行，仅两年多的时间里中国的征信事业走过了西方发达国家需要走几十年甚至上百年的路。今天中国人民银行的征信系统，已经建设成为世界规模最大、收录人数最多、收集信息全面、覆盖范围和使用广泛的信用信息基础数据库，基本上为国内每一个有信用活动的企业和个人建立了信用档案。征信系统全面收集企业和个人的信息，目前主要分为身份信息采集、信贷信息采集、非金融负债信息采集三大块，涵盖了贷款、贸易融资、保理、票据贴现等各类企业授信产品，以及个人消费贷款、住房抵押贷款、信用卡、个人经营性贷款等个人信贷产品（见表 6-4）。

表 6-4　当前征信系统信息覆盖范围

身份信息	自然人、法人等身份认证
信贷信息	自然人、法人贷款缴存信息
非金融负债信息	电信缴费信息
	公用事业缴费信息等
公共信息	住房公积金缴存信息
	社保参保缴费信息
	司法改革：立案、判决和执行信息公开
	商事改革：登记注册、财务信息

我国征信业发展尚处于市场培育阶段，无法与国外成熟的征信市场相比较，围绕征信体系建设的法律法规、业务规则以及数据处理模式及方法都需要完善和加强。截至目前，在征信领域中国和欧洲类似，央行征信系统一家独大。

近年来，征信工作取得了可喜成绩。2013 年 5 月，《征信业管理条例》正式实施并得到贯彻落实，在全国范围内统一开展对商业银行征信业务的现场检查。当年12月紧接着出台了《征信机构管理办法》，推进社会征信机构管理工作。实施信贷市场评级管理方式改革。金融信用信息基础数据库不断完善，服务渠道和产品日益丰富。社会信用体系建设稳步推进，2014年6月《社会信用体系建设规划纲要（2014—2020）》获国务院审议通过，小微企业和农村信用体系建设也取得了积极进展。截至2014年年底，我国有各类征信机构200多家，征信行业收入约20亿元，征信系统收录自然人8.57亿人和企业及其他组织1969万户，其中有个人信贷记录约1.9亿条，收录企业及其他组织近10亿条公共信息❶。接入了商业银行、农村信用社、信托公司、财务公司、汽车金融公司、小额贷款公司等各类放贷机构；征信系统的信息查询端口遍布全国各地的金融机构网点，信用信息服务网络覆盖全国，形成了以企业和个人信用报告为核心的征信产品体系。

我国征信业经过多年发展，取得了三大成就，这也是未来国内征信业发展的三大支柱：征信法规制度建设、金融信用信息基础数据库建设及征信机构的发展。

在征信法规制度建设方面：为了保护信息主体权益，促进征信业发展，央行自2005年起先后颁布了《征信数据元设计与管理》《中国人民银行信用评级管理指导意见》及《征信业管理条例》《征信机构管理办法》，其中《征信业管理条例》规定了征信机构的设立条件和程序、征信业务的基本规则、金融信用信息基础数据库的法律地位及运营规则等，解决了征信发展中无法可依的难题。

在金融信用信息基础数据库建设方面：截至2012年年底金融信用信息基础数据库已基本涵盖金融市场所有授信机构类型，企业信息基础数据库累计接入机构622家，个人信用信息基础数据库累计接入机构629家。2014年12月，中国人民银行征信中心国家外汇管理局管理检查司签署《关于金融信用信息基础数据库采集外汇违规信息的合作备忘录》，进一步规范数据库建设。

在征信机构方面：征信机构不断壮大，2012年国内征信行业创收便已达到20多亿元，根据《中国征信业发展报告》，我国征信机构主要分为以下三大类。

第一类是具有政府背景的信用信息服务机构，共20家左右。近年来，各

---

❶ 数据来源：大数据.

级政府推动社会信用体系建设，政府或其所属部门设立征信机构，接收各类政务信息或采集其他信用信息，并向政府部门、企业和社会公众提供信用信息服务。

第二类是社会征信机构，共50家左右。其业务范围扩展到信用登记、信用调查等。社会征信机构规模相对较小。机构分布与区域经济发展程度相关，机构之间发展不平衡。征信机构主要以从事企业征信业务为主，从事个人征信业务的征信机构较少。征信业务收入和人员主要集中在几家大的征信机构上。

第三类是信用评级机构。目前，纳入中国人民银行统计范围的信用评级机构共70多家，其中8家从事债券市场评级业务，收入、人员、业务规模相对较大；其余从事信贷市场评级业务，主要包括借款企业评级、担保公司评级等。

由于我国征信实际中主要依据征信主体的不同划分为个人征信和企业征信，因此下面分别详细阐述常见的这两类征信类别。

（一）个人征信体系现状

1. 基本情况

个人征信系统又称"个人信用信息基础数据库"，是一种个人信用信息的共享平台。它经过采集、加工、整理、保存个人的信用信息，供个人、金融机构及政府部门法定用途查询信用信息。我国个人征信体系以个人征信系统为平台建立，中国人民银行自2004年开始了个人征信系统的建设，2005年8月底完成与全国所有商业银行和部分有条件的农村信用社的联网运行，经过一年的试运行，2006年1月正式运行。该系统主要体现出以下4个方面特点。

一是信用信息进出严格管控。我国采取征求当事人同意，双向把关管控信用信息：金融机构在采集个人信用信息时必须"严进"，征求同意；征信机构在对外提供个人信用报告时必须"严出"，征求同意。自2012年年底，个人征信系统融资担保和资产处置信息采集功能进一步上线，扩充了信息采集功能。

二是个人信用查询便捷易行。个人征信系统是一个开放式的查询端口，大众和商业银行都可以通过分布在各地的中国人民银行征信管理处查询网点及时了解所需要的信用信息。中国人民银行查询网点包括上海总部、北京管理总部、各分支行营业网点共388家，需求者可就近选择查询。

三是报告异议高效处理。征信服务中心在接到异议申请后2个工作日内就会通过查验个人信用信息基础数据库与银行交易记录等方式，进行内部核查。

若确实有误，15 个工作日内申请人就可收到其反馈信息与更正后的信用报告，整个异议流程不超过 17 天。

四是信贷高度依赖。系统运行多年来，个人信用信息数据库对商业银行与个人的信贷活动的促进作用效果明显。查询征信信息已是银行贷前的必要环节，有些甚至将贷款前查询征信信息纳入业务管理条例，授信企业信用报告也是贷款提交的必备材料之一。商业银行与个人现已对信用信息数据库形成高度依赖。

截至 2014 年年底，我国个人征信系统收录自然人数达 8.57 亿人，但其中仅 3.5 亿人有信贷记录，相比同期全国 13.68 亿的总人口数，覆盖率仅为 25.6%。考虑到有贷款记录的个人占收录数量的比重不到一半，且无贷款记录的主体仅有基本信息，因此当前的有效覆盖率更低。从采集的 12.52 亿条信贷信息中也可看出，非信贷信息占比约 17.1%，仅有 2.59 亿条。在输出产品上也较为单一，当前最广泛的是由央行征信中心出具的个人征信报告，该报告可输出信贷记录、公共记录和查询记录等内容，从前文也可看出尚无个人信用评分。

2015 年年初，央行批准 8 家民间机构展开个人征信准备工作，这些机构包括新近成立的芝麻信用、腾讯征信，以及早已成立并涉足企业征信业务的深圳前海征信、鹏元征信、中诚信征信、中智诚征信、拉卡拉征信、北京华道征信。此举被视为我国个人征信业务向民营企业开放的信号，民营征信机构介入个人征信将对现有的央行征信形成有力补充，为征信结果和报告出具提供更多数据，有效扩充个人征信系统覆盖范围，在互联网大数据下培养良好的个人信用意识。但与企业征信状况与国外成熟个人征信市场相比，我国个人征信 25.6% 的覆盖率仍较低，在当前移动互联趋势下还有待进一步发展。

2. 运作流程

个人征信系统依托个人信用信息基础数据库，其主要使用者是金融机构。商业银行等金融机构总部通过专用线路与其相连，并经由银行的内部网络系统将终端延伸到商业银行分支机构，显示于信贷业务人员的柜台，达到了个人信用信息由各金融机构定期传输给个人征信系统，汇总后各家金融机构实时共享的要求。这是双向的过程，既表现为金融机构向个人征信系统报送数据，又体现出个人征信系统为金融机构提供个人信用报告的实时查询。从接入和服务的机构来看，截至 2014 年年底，个人征信系统接入机构达 1811 家，基本覆盖各类放贷机构（见图 6-1）。

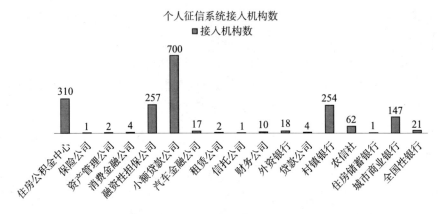

图6-1　2014年底个人信用信息基础数据库服务的机构用户

个人征信系统实现全国联网，个人可以凭自身的有效身份证明向当地的中国人民银行分支行征信管理部门，或直接向征信服务中心提出查询本人信用报告的书面申请。中国人民银行输出的个人信用报告所包含的全部项目如表6-5所示。

表6-5　个人信用报告涵盖内容

基本信息	报告编号、报告时间、查询时间、姓名、查询证件、婚姻状况
信贷记录	信息概要、资产处置信息、担保信息、信用卡、住房贷款
公共信息	欠税信息、民事判决记录、强制执行记录、电信欠费记录
查询信息	包含申请人信用报告最近两年内被查询的记录

到目前为止，该项查询服务免收服务费，其流程如下：第一步先按照个人信用信息基础数据库信用报告本人查询规程的规定要求，个人在提出查询本人信用报告的申请时，要填写个人信用报告本人查询申请表，同时提供有效身份证件供查验，并留身份证件复印件备查；第二步当征信管理部门受理后，要在接到申请表的15个工作日内把征信服务中心的查询结果反馈给申请人。申请人如果认为本人信用报告中的信用信息存在错误时，可以通过所在地中国人民银行征信管理部门或直接向征信服务中心提出书面异议申请。

异议信息确实有误的，商业银行应当采取以下措施：首先向征信服务中心报送更正信息；其次检查个人信用信息报送的程序；再对后续报送的其他个人信用信息进行检查，发现错误的应当重新报送。一旦征信服务中心收到商业银行重新报送的更正信息后，应当在2个工作日内对异议信息进行更正。

3. 制度建设

开放征信数据，且允许以市场方式经营征信数据是建立个人征信体系的基础，但由于我国现行数据共享体制的不完善，大约50%～60%的个人征信数据集中掌握在公安、法院、工商、国税、劳动保障、人事等多个政府部门以及商业银行、公用事业、邮政、电信、移动通信、保险等非政府机构，没有像发达国家那样开放个人征信数据，使个人信用评估公司难以获得征信数据或只能获得片面或虚假的信息，无法对个人的信用作出客观、真实、公正的评估，缺乏公开透明的征信保障制度。

目前，我国个人破产制度、社会保障制度、个人财产申报制度及个人账户制度等尚未出台，这导致个人及其家庭收入状况不透明，对于个人征信的配套政策滞后于经济的发展与信贷等实际业务的开展。此外，银行很难完全获取有关个人信贷业务需要客户的全部准确资料，个人基本账户及科学的信用评估机制还未建立，这种前期审查制度的不规范容易造成控制的不严格，导致征信受阻引发信贷风险。

个人征信行业尚没有建立起一套完整而科学的征信指标评价体系❶，导致个人信用状况得不到科学、合理的评分，有些征信公司甚至为了短期利益，依据不规范的信息、标准和指标乱评估，严重扰乱了个人征信市场。

4. 法律规程情况

当前有关个人征信体系方面的法律规程情况具体表现为以下三点。

一是征信业法律依据不足，相关法律法规比较少，几乎没有可以用来规范个人信贷业务的准则，个人征信数据开放的范围、方式和保密程度没有法律依据，授信者和征信者都存在法律风险，限制了征信数据的开放和获得，这也使得商业银行无法对贷款申请人进行详尽的信用分析。

二是征信信息涉及隐私保护的尚无明确法律界定。我国现行法律保护公民隐私权，如《民事诉讼法》第120条规定"人民法院审理民事案件，除涉及到国家秘密、个人隐私或者另有规定的除外，应当公开进行"。而《个人征信管理条例》和《个人数据保护法》等法律对征信数据的收集、开放、使用和披露，特别是对消费者个人公开信息和个人隐私，缺乏明确的法律界定，相比欧美发达国家成熟征信，直接造成个人信用信息的低透明度，也使个人信用信息的合法采集存在深水区。

三是现行法规层次较低。现有的个人征信法律规范主要以地方性规章和部门规章为主，法律层次较低。我国最完善的中国人民银行个人征信系统在实际

---

❶ 孙晓燕. 关于我国个人征信体系建设的困惑与思考［J］. 集团经济研究，2006（25）.

操作中主要依据《个人信用信息基础数据库管理暂行办法》（中国人民银行令〔2005〕3号）等部门规章或文件来运行，在银行体系内有一定的约束力，而对其他政府部门和社会单位没有效力，而且该办法的制定依据为《中国人民银行法》，而涵盖的范围却是超越了银行系统的所有社会个人信用信息，存在较大争议。此外，中国人民银行与其他部委签订的关于个人非银行信用信息方面的协议、意见、备忘录等严格意义上说不具有法律效力的，非议颇多。如2007年初❶中国人民银行与信息产业部联合发布《关于商业银行与电信企业和个人信用信息有关问题的指导意见》，将手机欠费信息纳入个人信用信息数据库，就曾引起社会强烈反应。

5. 监管惩戒力度

由于2003年中国人民银行和银监局的分设，造成当前中国人民银行对金融体系以外的所有征信机构的监管缺失，实际上实行的是各试点部门、行业和地区自己来执行。比如上海市曾发文规定由上海市征信管理办公室负责对个人征信的监管，中国人民银行上海总部仅负责对银行业相关的个人征信业务的监管❷。目前，中国人民银行内部也没有制定任何个人征信监管的实施办法，个人征信管理还限于系统操作性、数据服务性内容，对中国人民银行个人征信系统外的监管不足。

此外，由于我国没有对民营和外资个人征信机构的准入机制，对民营个人征信机构市场监管实际上仍按照职责分工分散在为企业提供注册的工商部门，对此类机构的信息统计业务的监管则在统计部门等。

除此之外，我国个人征信的行业自律也未有效建立约束机制。当前个人征信还没有行业协会，自律机制也仅在单一的个人征信机构内部发挥作用。行业协会自律带来的正向约束效应，诸如政府沟通搭桥、业内信息交流、技术标准制定、行规自律、从业人员定期培训等内容均未得到体现。

（二）企业征信体系现状

1. 基本情况

我国的企业征信体系以企业征信系统为支持平台建立，于2006年6月开通。企业征信系统又称企业信用信息基础数据库，是采集了全部银行信贷信

---

❶ 查慧园，刘洋. 征信体系下的企业信用政策选择［J］. 价格月刊，2011（10）.
❷ 中国上海《上海市个人信用征信管理试行办法》，http：//www. shanghai. gov. cn/shanghai/.

息、部分公共信息与企业信息，并加以储存、整理、加工，提供数据服务的全国集中式的数据库系统。主要体现出以下三个特点。

一是服务范围广泛。企业征信系统的接入机构多，覆盖范围广。截至2014年年底，征信系统接入的金融机构达到1724家。新增接入企业和个人征信系统的小微机构分别为982家和1032家，通过新渠道互联网平台接入的分别有693家和642家❶（见图6-2）。

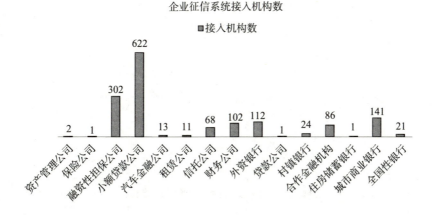

图6-2 2014年底企业信用信息基础数据库服务的机构用户

二是采集信息全面。企业征信系统数据库采集信息的主要渠道为各类商业银行，采集的内容主要有与银行业务关联的企业基本信息与信贷资料。截至2014年12月底，企业征信系统共收录企业及其他组织1724家，有贷款卡信息的企业1009家，信贷记录2.19亿条。

三是数据准确及时。自2012年6月1日始，机构信用代码应用服务系统已面向所有金融机构开放，统一代码后，数据库之间的企业信用信息数据将更加精准。

2. 运作流程

目前，金融机构等企业征信数据主要集中在央行，少部分集中于私营征信机构和政府背景的征信机构。其征信运作流程与企业相似。

中国人民银行的企业征信接入了包括所有商业银行、信托公司、财务公司、租赁公司、地方性金融机构和部分小额贷款公司等各类金融机构。此外，采集信息的渠道还扩展到金融机构之外的公共部门，政府各职能部门共同建立

---

❶ 央行王晓蕾征信会议汇报分享. 大数据下的金融征信.

了数据共享的信息平台，再由该平台与企业信用信息数据库建立联系。在输入信息的基础上采用了 T＋1 模式的企业数据库报送模式，即报送单位于企业信贷信息发生变动的第二天将变动信息传送到企业征信系统，第三天就能查询到更新后的即时数据，还有专门人员定期对企业信用信息数据库数据与银行内部数据库数据进行对比核查。通过数据库对输入信息的分析加工，最终输出四大类征信产品，包括信用信息查询、信用报告、关联企业查询、风险专题分析报告等不同类型，在研制征信产品的同时，也不断更新产品的提供方式（见图 6－3）。

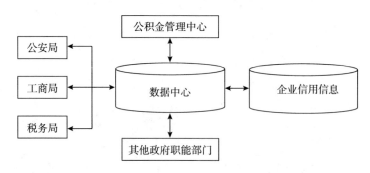

图 6－3 政府部门共享信用信息流程图

3. 制度建设

虽然目前中国人民银行已初步建成全国统一的企业征信信息基础数据库，但处于发展中的该征信系统在许多制度建设上仍需不断完善。

企业征信在信息共享机制上面临与个人征信同样的难题。一是各部门间信用数据档案系统条块分割，处于极端分散和相互屏蔽的状态，无法形成连通、共享信用资源；二是现阶段可供企业查询到的信息不充分，中国人民银行的企业信用信息基础数据库只对商业银行开放，还未做到对社会企业和个人完全公开，社会企业若要查询自己的信用记录和评级记录，只能通过银行信贷部门得到简单的信用信息。

此外，现有的中小企业融资难也是企业征信制度建设乏力的具体表现。由于银行很难完全获取有关企业信贷业务所需的确切资料，常常导致信贷遇阻，并伴随着信用风险的频发。

4. 法律规程情况

市场经济是法制经济，企业征信制度的有效运作离不开相关法律的支撑。欧美两种征信制度都是建立在比较完善的法律基础之上的，事实上，美国征信体系最突出的特征就是法律制度健全。虽然我国《征信业管理条例》等法律法规的实施为企业征信提供了一定的法律依据，但国内法规章程的完善程度远远低于欧美成熟的征信立法，仍需要加强立法保障。

5. 监管惩戒力度

我国企业征信体系的发展过程中，存在着当前征信业一个共性的问题——监管混乱、惩戒力乏。多头监管与监管缺位同时共存，监管客体的界定模糊不清，由于政出多门，这在一定程度上扰乱了征信市场的总体发展思路，因此需要将征信市场监管部门做系统梳理，分析其监管职能，统筹合并或删减。

此外，由于国内长期没有相关法律规范的制约，使企业征信存在惩戒不足的现象。开展企业征信业务的除信用评估公司外，还有一些企业评级机构和信用风险管理公司等，有的征信机构利用与相关部门的特殊关系便利地获取相关信息，进行不公平竞争，破坏了企业征信行业的市场秩序。

第三节　我国征信体系的作用及其价值分析

一、经济发展与征信体系建设

（一）加快征信体系建设是我国经济转型的迫切需要

在当前经济结构转型和中国经济进入新常态的大背景之下，2015年面对复杂多变的国际环境和艰巨繁重的国内发展改革稳定任务，中国经济克服诸多挑战，经济总体平稳，2015年上半年国内生产总值达296868亿元，按可比价格计算，一、二季度的GDP同比增速均为7.0%，相比2014年的7.4%其增速有所下降，但缓中有稳、稳中有进，反而进一步优化了结构，形成了新动能，跑得更加稳健有力——经济结构由工业主导向服务业主导加快转变，服务业占国内生产总值比重达到51.6%❶；需求结构中城乡居民最终消费的比重稳步提升；对外经济平稳发展，2015年上半年实际利用外资4205.2亿元人民币，同比增长8.3%，外资利用结构进一步向服务业优化；增长动力结构方面，以移动互联网为主要内容的新产业、新技术、新业态、新模式、新产品不断涌现并加速成长，电子商务保持蓬勃发展态势，网上商品零售额增长41%，占社会消费品零售总额比重达8.9%，信息消费增长迅猛。总体趋势表现为国民经济运行区间合理，主要指标逐步回暖，呈现缓中趋稳、稳中有好的发展态势，经

---

❶ 资料来源：国家统计局.

济运行质量进一步提高。同经济的快速发展相比，我国征信体系建设相对滞后。比如，关于企业和个人信用信息的采集、服务、管理跟不上社会需要，致使失信行为得不到应有的约束，或者失信成本远远低于所获利益，这就导致了守信者吃亏、失信者得益的现象，在一定程度上助长了失信行为。

从当前我国经济发展现状来看，征信体系的发展同时也拉动了信用经济的发展。征信系统促进了银行对于小微企业贷款的增长以及普惠金融的发展，2014 年小微企业贷款余额占企业贷款达 30.4%❶，且呈上升态势。2014 年 7月 6 日清华大学发布的《征信系统对中国经济和社会影响研究》报告指出，征信系统拉动我国 GDP 增长 0.33%，对促进 GDP 增长具有重要作用，并且在促进中小企业贷款增长方面效果显著，促进小微企业贷款增加额占比近三成。报告估算，从 2008 年到 2012 年，征信系统每年平均改善了超过 4000亿元人民币的消费贷款质量，而每年由于征信系统带来的总消费增加平均约为 2458 亿元人民币（见图 6-4）。征信系统也给银行带来收益，征信系统投入使用后，在 2011 年为银行带来的收益达到 682.9 亿元，2012 年增长到801.6 亿元，2012 年贷款周转率比 2011 年同期提高了 0.07 个百分点，同期银行不良贷款率也有所下降（见图 6-5）。从贷款及信用卡审批效率上来看，征信系统的使用明显缩短了审批时间，大大提高了审批效率，加快了信贷资金的周转率。

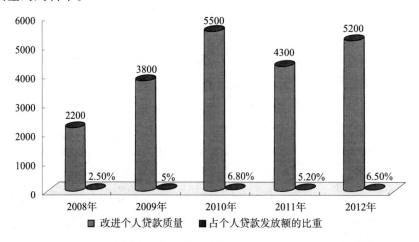

图 6-4　征信系统对个人贷款质量的改善作用（单位：亿元）❷

---

❶ 资料来源：《中国中小企业贷款行业发展监测分析与发展趋势预测报告（2015—2020 年）》.

❷ 数据来源：《征信系统对中国经济和社会影响研究》，信达证券研究中心.

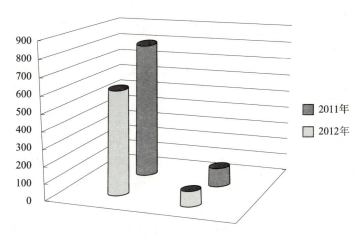

图 6 – 5   征信系统给银行带来的净收益（单位：亿元）❶

由此可见，经济的转型稳健发展对和谐社会信用体系和优质高效的征信体系建设都提出了相适应的配套发展要求。征信体系的建设可以促进经济的发展，同时经济的持续健康发展更离不开征信体系的完善。征信业在中国当前覆盖人口数仅占 20%，远没有达到美国 60% 的成熟水平，征信经济在未来存在巨大的潜力。

（二）脆弱的信用发展现状亟须健全征信体系

目前，我国信用市场仍较混乱，存在普遍的信用缺失问题，急需健全的征信体系加以规范。由于征信主管部门与地方政府的监管乏力等原因，使得近年来三角债、城投债问题不断凸显，已经严重影响了部分地区引进资金与经济的平稳发展；"地沟油""瘦肉精"等频频见报的食品安全事件令人触目惊心，使民众对当下食品企业心有芥蒂，信用缺失已经成为制约我国食品行业健康发展的重要因素，要求建立完善的食品安全档案的呼声日益高涨；同样地，由于失信成本过低、诚信教育不当等原因，当前污水违规排放、制造含有超标金属的产品在某些企业已成为一个不争的事实，长此以往必将严重制约我国经济转型与产业升级。这些频发的信用事故与十二五期间经济发展改革和结构转型要求的良好信用环境是不相符合的，若放任自由，将会对市场经济与社会发展造成"劣币驱逐良币"的严重后果，一些守信者由于诚实守信而遭受"损失"，最终迫使很多讲诚信的"好人"变成"坏人"，进而可能引发社会信任危机。

---

❶ 数据来源：《征信系统对中国经济和社会影响研究》，信达证券研究中心.

因此，加强全社会的信用体系建设已刻不容缓，必须建立健全联结全国各个企业与自然人的征信系统，以制度规范并保障我国经济转型与发展。

以中美两国 P2P 网贷为例，由于美国征信体系完善，以企业或是个人为单位的相关信用数据容易获得，所以 Lending Club 和 Prosper 等美国 P2P 采用纯平台模式运营，而我国由于征信体系缺失，历史数据少，网贷平台很难获得足够数据（评级模型也还需要大量数据补充优化），因此国内平台一般采用本金保障制度。国内 P2P 网贷平台存在着加大的信用风险和流动性风险，自 2011 年以来国内网贷平台跑路的现象屡见不鲜，2014 年全国出现提现困难或倒闭的 P2P 平台达 275 家，与 2013 年的 76 家问题平台相比大幅增加，然而截至 2015 年 4 月，出现提现跑路问题的 P2P 平台已达 253 家，平均每天就有 2.14 家 P2P 网贷平台跑路倒闭。而且常规性的以资本金的多寡评断企业信用等级也已经不适用，注册资金为 1000 万（含）至 2000 万之间的跑路平台占比最高，达 50%，2000 万（含）至 1 亿元的跑路平台占比为 24%（见图 6 - 6），业内迫切需要可以准确测度 P2P 平台靠谱性的一种标准。跑路现象的出现反映了经济发展过程中浮躁投机的一种不良信用心态，由此可见，国内 P2P 行业乃至整体大经济环境风险都迫切需要提高低信用水平，完善国内征信体系来化解。

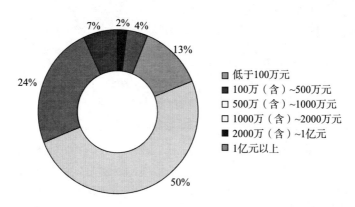

图 6 -6❶ 2015 年 P2P 网贷跑路（提现困难）的平台注册资本金划分图

二、征信体系建设的价值分析

2014 年 6 月，国务院下发《社会信用体系建设规划纲要（2014—2020

---

❶ 数据来源：银率网.

年)》，明确指出社会信用体系是社会主义市场经济体制和社会治理体制的重要组成部分。加快社会信用体系建设是全面落实科学发展观、构建社会主义和谐社会的重要基础，是完善社会主义市场经济体制、加强和创新社会治理的重要手段，对增强社会成员诚信意识，营造优良信用环境，提升国家整体竞争力，促进社会发展与文明进步具有重要意义。

市场经济的基础就是信用制度，发达的信用在某种意义上便意味着发达的市场经济。由此，征信体系作为社会信用体系的基础，加强对其建设更加具有战略意义。随着大数据时代的到来，加之现代经济中客观存在的不对称信息引发的逆向选择与道德风险，在交易参与者构成的社会由传统的"熟人社会"逐步过渡到现代"网络社会"的过程中，为减少信息不对称，提高交易效率，建立现代征信体系十分必要。在当前市场交易中信用问题严峻、中小企业贷款不易的形势下，建立现代征信体系尤为迫切。

宏观而论，征信系统是金融机构的信息共享平台，也是我国一项重要的金融基础设施❶。建立现代征信体系对于完善我国市场经济体制，促进经济健康、持续、快速发展意义重大，是现代金融体系得以安全运行的有效保障，也是市场经济走向成熟的重要标志。目前，企业和个人两大征信系统已经成为我国重要的金融基础设施，在我国经济社会生活中发挥着重要作用。它们不仅促进了商业银行经营理念、管理方式和业务流程的转变，而且在防范信用风险、提高信贷市场效率、推动解决中小企业融资难问题、促进经济金融健康发展和改善社会信用环境方面发挥了积极作用。两大系统提供的信用报告，正逐渐成为以信贷交易信息为核心，全面反映企业和个人借债还钱、遵守合同及遵纪守法状况的"经济身份证"。对征信的作业可从理论与实际两方面来理解。

（一）理论价值分析

从理论层面可概括为以下 4 方面价值。

一是减轻逆向选择。征信活动能使信贷机构有效甄别借款者信用风险的大小，改善银行对申请借款者特征的了解和比较准确地预测还款概率，较少信息不对称性，有利于实现对贷款对象的优化和贷款定价的合理化，减轻逆向选择问题。

二是减轻对申请借款者的掠夺。银行自身所拥有的信息优势赋予银行享有

---

❶　资料来源：人民银行副行长杜金富对《中国征信系统的发展定位》报告，人民网.

对其拥有的客户一定的市场垄断权力，产生了对客户的掠夺行为，通过征信活动，促使信息在银行之间传递，减轻了银行从关系客户中所榨取的信息租金。贷款机构也有动力去组建征信机构，实现信息共享，保证信息在贷款机构之间的传递。当申请高额的潜在借款者可选择机会多时，贷款机构更有动力去推动借款者的信息在银行间共享。

三是产生违约披露的纪律约束。银行之间存在共享借款者记录的动力，会对借款者产生纪律约束：违约行为会导致其他银行拒绝贷款的惩罚。为避免惩罚，借款者将会更加努力偿还贷款，从而降低信贷市场的违约率和利率，增加信贷市场的贷款金额。这一机制提高了借款者的还款激励，减少了道德风险和商业银行的损失。

四是避免过度借贷。借款者要对总负债支付的期望利息负担是总负债的减函数，因此存在动机过度借贷，即同时向多个放贷机构申请信贷，且常能从那里获得贷款。如果贷款机构达成一致协议，同意相互披露对每个借款者贷款额度和信贷最高限额，这种道德风险就可以避免。这表明，当贷款机构共享贷款余额信息时，将会增加放款额度，并且可能会改善提供给借款者的利率条款。

（二）对我国经济发展的现实作用

征信活动服务的范围很广，如金融业、电信业、公共事业、政府部门等，从这些服务对象的不同角度出发，可以总结出征信具有以下5个实际作用。

一是促进信贷市场平稳发展。通过征信活动，查阅被征信人以前的历史记录，商业银行能够比较方便地了解企业和个人的信用状况，采取相对灵活的信贷政策，扩大信贷范围，特别是对缺少抵押品的中小企业、中低收入者等边缘借款人。

二是提高市场参与者履约水平。现代经济的核心是信用经济，授信市场除银行信贷外，还包括大量的授信活动，如企业和企业、企业和个人、个人与个人之间的授信活动，担保公司、租赁公司、保险公司、电信公司等在开展授信业务时，均需要了解受信方的信用状况。征信活动通过信息共享、各种风险评估等手段将受信方的信息全面、准确、及时地传递给授信方，有效揭示受信方的信用状况，采用的手段有信用报告、信用评分、资信评级等。

三是加强监管维护金融稳定。征信对监管者的帮助主要有两个：监控总体信贷质量、测试银行是否满足监管要求（尤其是满足新巴塞尔资本协议要求）。征信对宏观调控者的帮助主要体现在通过整体违约率的测算来判断经济目前所处的周期。例如，意大利的监管机构就利用征信数据库来测算商业银行的资本金要求、总体风险构成等，作为对商业银行进行监管依据的外部补充。

四是揭示风险提供决策依据。征信机构不仅通过信用报告实现信息共享，而且会在这些客观数据的基础上通过加工推出对企业和个人的综合评价，如信用评分等。通过这些评价能有效反映企业和个人的实际风险水平，有效降低授信市场参与各方的信息不对称，从而得到市场的广泛认可，从而作出更好的决策。

五是提高社会信用意识。良好的社会信用意识不仅依靠教育和道德的约束就能够建立，而且必须在制度建设上有完备的约束机制。征信在维护社会稳定方面也发挥着重要的作用。在我国，征信活动有助于金融机构全面了解企业和个人的整体负债状况，从制度上防止企业和个人过度负债，还有助于政府部门及时了解社会的信用状况变动，防范突发事件对国计民生造成重大影响，维护社会稳定。

综上所述，正是因为征信能够帮助实现信息共享，提高对交易对手风险的识别，所以，征信在经济和金融活动中具有重要的地位，构成了现代金融体系运行的基石，是金融稳定的基础，对于建设良好的社会信用环境具有非常深远的意义。

第四节　我国征信体系建设的机遇与制约

由央行主导的征信系统自2006年左右基本成形，现已将近10年，10年来我国征信体系积累了丰富经验，取得了长足进步，随着我国经济社会不断发展，中国征信业将迎来前所未有的发展空间和机遇。但因我国征信业起步较晚，发展现状与信用经济和社会信用体系建设的要求还存在一定差距，存在一些制约因素，如信用信息的行政性分割与垄断造成大量的信息被闲置或重复统计，信用制度相关的立法滞后造成的信息保护难题，以及专业的私营征信公司发展迟缓等。

一、我国征信体系建设的机遇

近年来，我国政府开始重视信用建设和征信体系的发展，切实发挥征信服务群众、服务民生、服务实体经济的作用。十七届六中全会明确指出要"把诚信建设摆在突出位置，大力推进政务诚信、商务诚信、社会诚信和司法公信建设，抓紧建立健全覆盖全社会的征信系统，加大对失信行为惩戒力度，在全社会广泛形成守信光荣、失信可耻的氛围"。党的十八届三中全会再次提出"建立健全社会征信体系，褒扬诚信，惩戒失信"，进一步明确了政府应该加快征信立法和制度建设、完善信用服务市场体系、加强政务诚信建设、培养社会诚信意识，在社会征信体系建设中发挥重要作用。

自《征信业管理条例》出台后，近年来我国又陆续出台了《征信机构管理办法》、《金融信用信息基础数据库用户管理规范》和《征信机构信息安全规范》❶ 等法规，进一步健全了征信业发展的法律法规体系。集中在规范征信机构运行、个人征信业务、企业征信业务等方面的各项配套制度也在不断完善。对于规范征信活动，保护信用信息主体合法权益、人民银行依法履行征信业监督管理职责等，都发挥了重要作用，推动我国征信业步入有法可依阶段。

改革开放以来，我国经济伴随着扩大内需、提升经济增长质量和效益一系列政策措施的稳步实施快速增长，迫切需要征信服务，消费领域、生产环节等对信用信息的需求也与日俱增。随着各地区、各部门推动社会信用体系建设的各项政策陆续出台，为征信业提供了有力的政策支持，特别是在信用信息采集、征信产品应用等方面，进一步夯实征信业发展的基础，推动了征信业市场需求的增加。

此外，自 2008 年全球金融危机后，各国普遍意识到信用信息服务在经济、金融运行内生稳定机制中发挥的重要作用，纷纷在信用信息服务的机制安排、技术改进、监督管理等方面出台相关政策，以推动征信发展，这对于正处经济下行压力下的我国也是学习借鉴优秀征信管理体制的良机。

以上种种现象显示出我国正处于征信发展历史机遇期，我国应发挥后发优势，学习优秀征信业发展经验，抓住难得的发展机遇，进一步加快我国征信体系建设。

二、我国征信体系建设的制约因素

（一）技术性层面分析

1. 两大征信系统联合度不高

个人信用信息数据库与企业信用信息数据库从目前来看还分属两个相对独

---

❶ 资料来源：新华网，http：//news. xinhuanet. com/politics/2014 – 11/26/c_ 127252732. htm.

立的系统。在查询公司的信用信息时，若想查询相关董事、高管人员信息必须另外登录个人征信系统进行查询。在查询个人信用信息时，若想了解其是否担任过企业法人，也必须另外登录企业征信系统进行查询。两个征信系统的联合度不高，导致了查询效率的下降，有时还容易在切换中造成差错。

2. 存在信息壁垒

信息壁垒阻碍了国内征信业的发展。现在央行征信中心和私营征信机构输出的均为描述性信息，并未涉及国外常见的评分、违约概率预测等内容。政府各部门所持有的信用信息基本上处于封闭状态，大量的信息资源不能得到及时有效的共享，前文提到的来自于工商、税务、海关、法院、环保等政府部门的信息也缺乏制度性的信用信息公开机制，这也使私营征信公司从公共征信系统或政府部门获得信用信息将付出更大成本，导致了低效的信息使用率。

目前，我国信用信息数据库对企业与金融机构及公共部门间的信用信息采集较为完整，但对企业彼此间的采集工作力度尚不透彻。而企业市场交易的发展依靠的便是商品交易，诚信是在这交易中供对手企业选择投资、销售的重要标准。虽然央行征信中心实行了企业应收账款质押登记和融资担保等事项的登记，但相比于庞杂繁细的企业交易行为而言尚不全面，仍需进一步的信息采集。

3. 授权查询不规范

《征信管理条例》明确指出"向征信机构查询个人信息的，应当取得信息主体本人的书面同意并约定用途"，但部分商业银行在办理信贷时，授权查询操作十分不规范，表现在：一是未经客户亲自签署授权书便自行查询客户信用信息；二是先查询后签文，查询客户信用信息后才与其签署授权书；三是贷后管理中未经内部授权便自行查询；四是查询授权范围超出《个人信用信息基础数据库管理暂行办法》指定的业务范围；五是关键事项填写缺失，如授权查询的日期未填。

（二）制度性层面分析

1. 征信立法不健全

虽然我国已初步进入征信立法有法可依的阶段，但相比欧美成熟的征信法律体系仍有很大差距，在立法的量、质、面上均有不足。

一方面我国法律建设缺乏恰当的隐私保护与数据共享机制，由于征信直接涉及商业秘密和个人隐私问题，因此需要十分细致明确的法律进行规范，而我国尚未制定出与个人信息的采集范围、采集方式和披露制度有关的隐私保护法规，漠视信息主体的利益补偿问题；另一方面，各地出台的一些行业和地方性征信法规适用面和规范性存在偏失，如《深圳市企业信用征信和评估管理办法（2002年）》，其内容对个体和民办非企业单位就缺乏适用性。这些法规虽对征信立法做了有益尝试，但与征信行业发展的整体需求相差甚远。此外，在征信服务行业的准入管理、从业人员的职业资格管理、执业技术准则、行业标准等方面迄今为止还没有出台较全面的管理规范，当前立法对信用信息的采集、加工、保存、查询和使用支撑力度不足。

2. 失信惩戒机制不完善

失信惩戒机制作为一种制度安排，当信息不对称、不完全，市场不确定，而制度存在缺陷时，经济人就有了"逆向选择"或"道德风险"的行为倾向。因此，从根本上来说，制度的缺陷是导致经济人失信的主要原因。我国的失信惩戒机制虽然也存在，但尚不完善，对于一些失信行为虽然有惩罚，却不足引以为戒，从政府层面看，在行政过程中尚未全面建立起"守信激励、失信惩戒"的机制。另外，失信惩戒的主体、客体、惩戒手段等很多因素都还没有明确的法律规定，以及部门职能不清等很多问题依然存在，因此，我国失信惩戒机制的完善还有很多工作要做。

3. 社会信用意识培育不足

我国市场经济体制建立的时间较短，全社会信用意识和社会信用环境还比较薄弱，从经济主体看，为争取经济利益而失信的行为时有发生。这既有信用意识淡薄的原因，也有因征信法律和失信惩戒机制不健全导致的失信成本过低的原因。信用是市场经济的运行基础，淡薄的信用意识不利于我国经济社会各方面的发展，这已成为我国征信体系建设过程中亟须解决的现实问题。

（三）市场层面分析

1. 征信市场基础薄弱

我国征信市场的发展历史不长，与发达国家成熟的征信市场相比，市场基础较为薄弱。从征信机构看，我国征信机构总体实力较弱，在产品研发、征信技术、内控机制等方面存在较大差距，影响了行业活力；从征信产品看，现有的征信产品较为单一，产品创新较少，不能完全满足多层次的市场需求；从征信需求看，企业、个人对征信产品的需求还局限于较小的范围，距离全社会的广泛应用还有很大的差距。总体来看，征信市场的供、需两方面都存在不足的情况，对我国征信业的持续发展产生了一定的阻力。

2. 征信市场开发不足

央行的《中国征信业发展报告》显示，截至 2014 年年底，我国个人与企业征信的总规模仅为 20 多亿元。而据多家券商测算，在发展成熟后中国征信行业仅个人征信市场总空间将在 1000 亿元左右，可见征信市场仍有很大的发展空间。当前金融信用信息基础数据库仅为 8.57 亿自然人和 1969 万户企业建立了信用档案，然而其中只有 3.5 亿人和银行或其他金融机构发生过信贷关系，征信数据仅覆盖人口约 25.6%，而美国这一比例高达 60%，大部分具备经济行为能力的人都具备有效的信用数据。这显示出我国征信市场的潜力尚未得到全面开发，征信市场发育不足。

3. 民间征信不充分

虽然国内市场上也出现了一批私营征信公司和信用评级机构，但是，规模普遍较小，缺乏大规模、专业化的征信机构，有些私营征信机构存在采集数据困难、专业化水平低、信用产品质量差的问题。据小贷、P2P、征信公司走访得知，目前除了央行征信系统和国内几家屈指可数的"有政府背景"的征信机构外，民间征信机构少之又少，除去政府背景机构和信用评级机构，社会征信规模仅有 50 家。民间征信机构紧缺，市场需求得不到有效满足❶，而且民间企业还存在不愿"被征信"的纠结心态，一方面希望获得合作方或交易方的信用信息，另一方面又不希望他人获取自己的信用（如民间贷款）信息，这也在一定程度上限制了民间征信的发展程度。

第五节 我国征信体系建设的模式设想——基于国际经验

一、国外征信体系模式对我国的启迪

社会信用体系是市场经济发展的必然产物。经过上百年的市场经济发展，发达国家形成了相对比较完善的社会信用体系。但是，由于各国经济、文化、历史不同，不同国家形成了不同的信用模式，集中体现为前文所述的市场主导型、政府主导型和会员制型这三种征信体系。这些模式各具特色，有着不同的优点与不足，对我国征信体系的建设有着或多或少的借鉴作用（见表 6-6）。

---

❶ 资料来源：深圳商报. 征信业亟待民间拓荒者.

表 6 - 6　三种征信模式优劣对比❶

征信模式	优势	劣势
市场主导型	①征信机构积极主动采集信息，信息全面。 ②征信服务样式多样化。 ③所有有需求的参与方都可在法律允许范围内获得服务	①隐私保护困难。 ②不同征信机构采集渠道不一，很难保证数据的准确性
政府主导型	①利用行政和法律手段采集个人信用信息，保障个人信息的完整性和准确性。 ②由央行设立征信机构，可使政府及时掌握个人经济市场的运行情况，采取针对性监管措施；成本低廉，降低了使用者成本	①体系不够灵活，且个人的信贷数据结构不全面，现实中很难真实反映个人信用状况。 ②服务对象主要是银行业等金融机构，其他有需求的领域不能获得信用服务。 ③缺乏利益刺激，工作积极性不高，服务质量较差
会员制型	会员单位按照标准格式提供个人信用信息，数据稳定准确，降低了征信成本	①此类信用报告专业性较强，需求比较狭窄。 ②仅对会员开放业务，其他有需求的领域不能获得信用服务

　　市场主导型征信通过商业运作形成征信体系，以盈利为核心，征信机构自主收集、整理、加工信用信息及数据，一般采用 FICO 评分模型处理数据、获得信用报告。政府提供立法支持和监管，规范信息采集、整理、存储及加工流通的规则，形成自由竞争。具有数据采集的渠道广、数据多样性、服务多样性（内容多样性和服务对象的多样性）等优势，使用市场化征信的美国现已成为全球最大的消费信贷国家。但数据的权威性与可靠性的程度则需要取决于征信机构自身，难以得到保障。该模式对我国民间征信市场的培育有一定借鉴作用。

　　政府主导型征信由政府直接出资建立公共的征信机构，并对其进行监管，不以盈利为目的，运用行政手段强制要求数据生产者向公共征信机构提供信用信息和数据，这种模式的优势在于公共征信机构可以建立垄断的、比较权威的信用信息数据库，并保证信息和数据的真实性。但单一缺乏竞争的征信机构设

❶　资料来源：信达证券研发中心.

置，容易导致登记系统的低覆盖率，进而影响信贷发展。法国便是该模式的代表，其在 20 世纪 90 年代下半叶的覆盖率只有全国总人口的 2.2%。我国目前形成的以中国人民银行征信中心为主体的征信体系就带有政府征信模式的特点，在现阶段的我国，信用经济的发展需要政府的支撑，这种征信模式也存在可取之处。

会员制模式下的征信机构由各会员单位在自愿的前提下出资建立的，会员有义务向征信机构提供各自掌握的信用信息及数据，汇集到征信机构由其加工供会员单位使用，不以盈利为目的。由于采用相同的标准格式，使征信数据稳定可靠，也能达到降低成本的目的。但仅对会员开放，其他有需求的商贸或服务领域便无法获得所需信用信息。目前，日本形成了全国银行个人信用情报中心、全国信用情报中心联合会和日本信用卡信息中心，这三大个人征信机构开始共享互通个人信用信息和数据。总体来看，这种模式对我国的可用性不大。

二、我国征信体系建设的模式设想

我国征信体系是由国务院授权、中国人民银行负责组织成立，并且数据库系统也是由中国人民银行征信中心负责日常运营维护，中国人民银行征信管理局负责日常监督管理，因此，我国的征信体系建设属于国家强制性征信制度供给。这与国外其他国家采用的各种征信制度相比具有三方面的优势：一是因政府强制性实施制度供给，有效克服了信用信息产品这一公共产品的外部性问题，缓解了搭便车现象；二是由国家强制力作为保障，避免了花费大量时间和精力去协商和谈判，可以减少征信制度的安排成本；三是具有规模上的优势，信用信息数据库所收纳的信息质量与数量具有集中性规模集聚效应。

虽然央行掌握庞大的数据库，但是其存在以下几个问题一直为人诟病：一是封闭[1]，央行的征信数据很大程度上并没有助力于中国征信体系的发展；二是方便性差、代价高，个人查询信用数据只能到各地的人行支点，且每年只有两次免费机会，超出则按每次 25 元收取服务费，企业若想获得相关信用数据会更加困难；三是数据失真严重，鉴于目前接入的金融机构数与社会征信公司的匮乏，以及国内人口的高度流动，央行统计的数据覆盖率和维度都有限，难以满足商业交易与信贷对信用数据的需求。

鉴于我国强制性征信制度存在的优势与不足，在当前经济改革形势下，必

---

[1] 资料来源：《大数据背景下的中国征信体系如何发展》。

须尽快探索出一种新的征信体系建设模式。本文对征信新模式做出以下设想：

开创一条"以中国人民银行征信系统为支撑、多元化征信主体并存、依托数据挖掘技术、个人征信与企业征信协同发展"的适应中国特色市场经济的征信道路。在这种征信模式下：央行退居二线，发挥看不见的手的作用，主要负责各类政务信息采集或其他征信信息的汇总梳理、量化定级、报告输出等工作，尽到信用信息服务机构的职责；鼓励第三方社会征信机构与信用评级机构等多元化的市场征信主体进入国内信用评估市场，以达到专业化分工与风险控制的目的，同时需有序放开个人和企业征信牌照的发放，通过市场化征信模式来有效满足多样化征信服务对象的个性化需求；技术上需要借助大数据与云计算等移动互联手段深度挖掘整合信用信息，全面分析公众与企业的信用状况，为征信事业提供必要的技术支撑；多管齐下，弥补当前个人与企业征信体系的不足，尤其是严重短板的个人征信，走出适合我国国情的市场化征信道路。

本文在综合借鉴三亚等地方征信管理信息共享平台之下，认为市场化征信主体流程图和功能模块图如图6-7~图6-9。

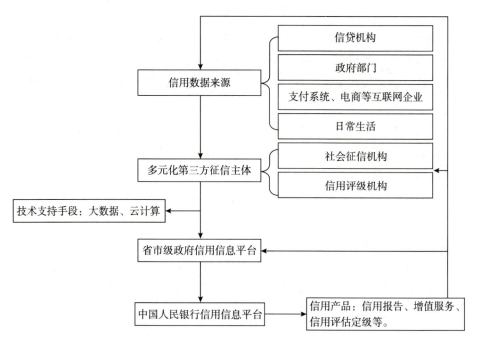

图6-7 征信主体流程图

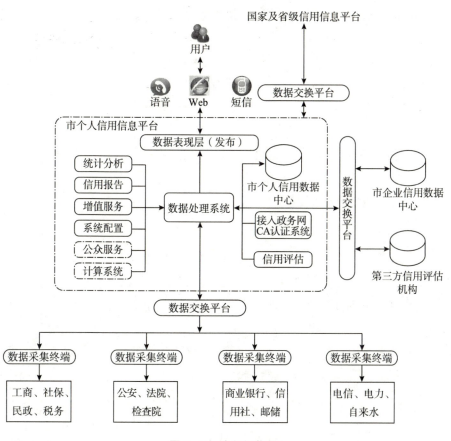

图 6-8　流程细化图

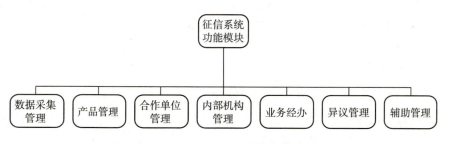

图 6-9　征信功能模块图

　　选择这样模式的主要原因有以下三方面：首先市场征信模式可满足国内多样的征信服务对象以及住房贷款等个性化信贷形式的要求；其次，大数据技术也提供了系统支持，通过采集企业与个人的基本行为数据，便可分析刻画出其信用画像；最后，《征信业管理条例》等国内征信法规也进一步支持了征信市场化运营。国内征信系统将以央行征信中心为主导，建设多层次征信机构的市场体系。

在这一过程中，要以贯彻落实《征信业管理条例》为核心，以促进征信业健康快速发展、保护信息主体合法权益为重点，推动征信服务水平的整体提升，由此促进社会信用体系建设不断深入。

第六节　我国征信体系建设的发展思路和路径

一、征信体系建设的发展思路

（一）指导思想

为全面推动我国社会信用体系建设，必须坚持以邓小平理论、"三个代表"重要思想、科学发展观为指导，按照党的十八大精神和国家《社会信用体系建设规划纲要（2013—2020年)》要求，以健全法律和标准体系、形成覆盖全社会的征信系统为基础，以推进政务诚信、商务诚信、社会诚信和司法公信建设为主要内容，以推进行业信用建设、地方信用建设和信用服务市场发展为重点，以建立守信激励与失信惩戒机制、推进诚信文化建设为手段，以提高全社会诚信意识和诚信水平、改善经济社会运行环境为目的，在全社会广泛形成守信光荣、失信可耻的浓厚氛围，使讲诚信成为全民的自觉规范。

依据"统筹规划、分类指导；政府推动、市场运作；完善法规、强化监管；整合资源、协同推进；重点突破，强化应用"五项原则❶促进征信体系建设，为当前经济改革与发展提供内生驱动力。

（二）实施步骤

考虑到我国当前征信建设现状及实施难度与先后顺序，建议将我国未来市场化征信模式的发展过程划分为以下三个实施步骤。

第一步：完善立法和资源共享。

相关部门应进一步完善有关征信数据收集、处理和使用的法律法规，规范信用信息采集行为，同时明确各部门数据开放的方式与责任范围，为信息安全与规范征信提供法律保障。在夯实立法的基础上，有序拓宽当前信用信息的使

---

❶ 资料来源：中国江苏网《江苏省社会信用体系建设规划纲要》.

用范围，整合各征信主体采集的个人和企业信用信息基础数据，进一步量化分析定级，提高数据质量，汇总构建全国性的权威信用信息基础数据库，实现资源共享，为各用信对象提供精确的信用指标数据，努力构建一个立法健全、信息共享的优质信用环境。

第二步：加强监管和鼓励开发征信产品。

社会化征信工作的开展需要建立在对公众隐私保护的合理基础上，正如欧洲征信实践中提炼的核心观点"技术可行并非是道德的，大数据意味着更多的责任"一般，营造数据开发、信息公开的征信环境需要给予公众足够的权利尊重，在数据使用的过程中，加强信用报告使用的制度建设与用信监管，注重透明性原则与个人权利的保护，完善隐私及商秘保护等法律，规范信息采集、使用、披露的条件和程序，对已形成的负面信用信息，尽快考虑相应的信用救济制度。同时，改变当前单一的信用报告产品输出方式，创新应用大数据技术，鼓励第三方信用评级和征信机构提供更多样化、个性化的征信产品与增值服务，进一步建立整个征信行业统一的行业标准与科学评估方法，创新核心的评分模型，力争通过多样化征信产品蕴含的多维度数据绘制用信个体的全息画像。

第三步：交流合作并取长补短。

在前两步基本解决信息共享、立法障碍、监管乏力、产品单一的问题后，应进一步完善和发展我国征信数据平台，扶植一批全国性的国有或民营综合型征信服务机构，走市场化征信之路。同时在各国都日益重视社会征信体系构建之际，积极走出去，加强交流合作，充分借鉴国外同业的先进管理经验，取长补短，增强我国征信机构在资源整合、信息共享、资信评级等方面的竞争力，满足新时期经济转型下社会不同层次的征信需求，构筑多层次、全方位的市场化征信服务体系。

（三）对征信业未来发展的思考

1. 征信体系与互联网金融信用融合发展

互联网金融是现有金融体系的有益补充，而征信体系是现代金融的基石。P2P网贷作为当前国内如火如荼发展的互联网金融的典例，是金融借贷服务不断创新的产物，迫切需要征信体系在互联网上进行信息共享，这也即对互联网金融信用产生了迫切的征信需求。国外P2P互联网金融机构因依靠完善的社会化征信服务体系等因素获得了飞速发展，现已渐成体系，与之相比，我国当前的 P2P 机构就类似一个个信息"孤岛",社会其他机构无法查询到借款人在平台上的借贷信息,P2P 平台也无法直接从央行和政府查询到借款人的征信信息。征信体系不完善已经是制约互联网金融发展的软肋。同时,征信立法滞后、监管缺位也严重影响着个人征信体系的搭建,完善 P2P 行业的个人征信体系刻不容缓。

国内当前整个市场利率依然偏高,贷款平均市场利率为 6% ~ 7%,而投资者通过直接融资,收益率往往在 10% 以上。这说明我们国家金融市场结构还是存在扭曲的现象,这与国内征信体系的成熟度密集相关。互联网金融能够帮助推动资金价格逐渐趋于一致,还内嵌普惠金融的信用本质,即可以为在银行体系很难获得融资的群体提供金融服务。当前银行的征信系统无法全面衡量个人信用,采用方式较为简单,无法了解每个个体的征信状况。互联网金融机构的服务则更加接近地气,风险管控也更为灵活。通过将二者融合,使征信数据库与互联网金融信用相冲撞,可使资金有效地流动起来,也会迫使国内市场利率按照市场风险来定价,必将对整个金融体系产生变革。

互联网金融本质是一种金融行为,其核心问题仍然是信用风险管理,这就离不开征信的支持。未来的发展方向必将是二者的有机统一,为实现征信与互联网金融的双赢,应尽快健全征信管理体系,开放信息共享平台,促进包括 P2P 在内的互联网金融业态有效接入现有征信体系,降低公众投融资成本,从而促进整体经济发展。

2. 征信体系与农村信用融合发展

我国拥有十分广阔的农村市场,但当前农村信用环境较差,导致社会经济活动中的各项交易活动发生困难,大大提高了社会运作成本,阻碍了农村经济的发展,因此促进农村经济建设发展,建立并完善农村征信体系,将现代征信业与农村信用经济相融合,有着现实迫切性,对于农村金融的可持续发展以及农村金融生态环境建设也具有深远意义。

当前农村征信基础较差,主要表现在农民信用观念较差,主动归还贷款意识欠缺,大部分农户贷款到期都要信用社催收,由于很多农民缺乏诚信意识,提供虚假信息,造成农村信用社有相当数量的摸底数据失真。农村金融机构本身技术人才较少,且绝大多数的农户存在多种经营,半数的农户存在人口临时流动,因此导致收集、整理、核准评估、查询农村信用信息比较困难。目前,农村信用社是农村征信体系建设的主力军,虽然各地基本已实现联网,然而因信息不完整、信息采集范围相对狭窄、信息真实性得不到有效验证等原因使信息失真较为突出，征信系统的功能大打折扣，其征信能力尚且不足❶。

　　社会主义新农村建设离不开农村金融的支持。未来我国征信体系与农村金融必将互为补充、彼此支撑，共同发展。因此，为完善农村征信体系的发展，首先可通过建立农村公共信用信息数据平台，扩宽征信数据来源渠道，宣传守信激励失信惩戒制度，出台相关配套的法律等多元途径，使农村尽快建成完善的征信体系，为新农村建设提供信用保障。另外，也可通过高质量人才引进、加快系统研发等方式增强农村信用社的征信力量，加大村镇银行等其他金融机构的征信力度，丰富农村征信建设的机构，加快建立农户信用记录档案，增加入库信息。多方努力，实现以信用经济带动农村发展的战略。

二、当前加快我国征信体系建设的保障机制和措施

　　征信体系的建设是一个系统工程，涉及社会经济发展过程中的方方面面。近些年来，我国征信体系的建设取得了瞩目的成绩，但依然存在一系列的问题亟须解决。针对当前我国征信体系发展现状以及存在的问题，我们提出以下对策和建议。

（一）塑造征信体系总体框架

　　近年来，中国征信业发展取得明显成效，征信业下一步的发展，需要进一步明确总体框架，做好制度安排。我国征信应由两大数据体系构成，即金融业征信体系和行政管理征信体系；同时，在两大数据体系基础上逐步建立一个法制、征信、奖惩三位一体、有机联动、共同发挥作用的征信体系框架。

　　目前，中国人民银行征信中心是我国金融征信体系的数据核心。它实际上只是以金融信贷的信用信息为主，未来应扩展到证券、保险、信托等各种金融信用交易信息，甚至还应包括金融机构与上市公司高管人员的个人信用信息、上市公司信息披露与诚信监管信息、企业与个人骗保诈保等信用信息❷。全国统一的企业和个人征信系统的建设、运行和管理是一项系统性工程，政府要按照社会征信体系建设的指导思想与发展步骤，以更加市场化的方式推动我国征信业发展，通过中国人民银行、行业协会及其他各级监管部门的引导管理，营造数据共享、信息公开的用信环境，扶植、培育业务过关的民营征信公司与信

---

❶ 王惠凌. 农村征信体系的现状和发展建议 [J]. 全国商情（经济理论研究），2009（03）.
❷ 吴晶妹. 中国未来征信体系建设之三大数据体系 [J]. 征信，2013（01）.

用评级机构，全面开展企业与个人征信工作，形成多层次的市场化征信体系。同时，随着互联网金融的发展，逐步建立完善的互联网金融征信体系，并逐步推动互联网金融全面进入央行征信体系，实现信息的共享。

行政管理征信体系是以政府及其主要职能部门为主导进行建设，以政府及其各职能部门为主要用户，以企业和个人为征信对象，以信用信息在政府及其各部门间互联互通、实现统一的信用惩戒与预警监管为主要目的的政府行政管理征信系统及运行机制的总称。我国目前尚无完整统一的行政管理征信体系，主要政府职能部门、地方政府，特别是与经济活动相关的政府职能部门，都已经建立了自己的行政监管征信数据库。当前，各级政府应加快构建系统硬件和网络设施，完善软硬件运行环境，实现系统数据库与各职能部门数据库互联互通，与对外发布平台对接。实现各有关部门、单位按照统一的接口标准，向公共信用信息基础数据库报送数据。同时，公共信用信息基础数据库可向各部门、各行业及社会各方提供信用信息，促进信用服务业发展。政府部门在社会管理、公共服务、行政执法、经济交往中可随时使用公共信用信息基础数据库的数据。

（二）加强征信立法建设和执法能力

征信工作的开展离不开国家法律的保护，因此征信工作应始于立法，遵循"既要保证信用信息的全面可靠，又要注重个人隐私权利保护"的原则制定针对性的征信法律法规，从全国角度出发，以高度的强制力约束各界征信、用信行为。一方面，尽快制定出台有关企业和个人信用信息保护、商业交易信用规范、信用评级等方面的法律制度，督促好工商、税务等与征信活动密切相关的政府部门出台征信规范性文件，弥补当前适用性法律规章匮乏且集中于信贷信息采集的不足。另一方面，要加快地方性征信法规的制定步伐，扶持好落后、边远城市的地方性征信法规建设，可在立足当地信用实际情况与需求的基础上，加派专家组进行针对性指导。在建立健全征信立法工作的基础上，应切实提高行政执法效能，督促各行为主体严格按照规章制度开展征信活动，保障发挥国家征信法律对实际工作的指导作用。

（三）完善激励惩戒机制和系统建设

健全的激励惩戒机制是征信体系发挥作用的重要保障，也是征信体系不断完善与发展的重要标志。可从三个方面来入手：一是增加失信惩戒的范围，将欠费逃税等各类社会不诚信行为涵盖在失信惩戒的范围内；二是增加失信惩戒的形式，在当前单一的"黑名单"惩戒制度之上考虑采取罚款、处分、拘禁等手段；三是加强失信惩戒制度建设，制定统一、明晰的监管规则，完善对征信市场主体的监管架构，使失信惩戒措施有章可循，营造一种"守信光荣、失信可耻"的信用氛围。此外，要加快推进征信系统二代建设工作，适应现代通信信息技术和征信活动快速发展的现实，构建一个可拓展配置、前瞻性的高效系统平台，平台接口进一步拓宽，通过接入更广泛的金融机构与P2P领域的互联网信用信息，不断丰富信息数据的采集范围，夯实采集反映信用状况的其他信息的长效机制，防范商务与信贷交易风险，加快推进社会信用体系建设。

（四）加强信用文化建设和意识培育

促使我国征信体系的良性发展不仅需要法制，更离不开文化。通过征信文化宣传能够提高信用主体的信用意识，使征信业务活动的参与方认识到征信的必要性，形成主动参与征信的软约束，因此必须加强征信制度的文化宣传工作，做好诚信文化宣传、征信知识宣传与传统征信模式回归三方面的建设工作，让更多人了解征信，认识到征信的重要性。具体实施而言，需在采用现代媒体手段做好诚信文化宣传工作同时，围绕信用报告解读、作用法规等知识展开征信知识宣传，介绍一些征信的历史故事与优秀的传统征信模式，使人们在利用现代征信系统获取信用信息的同时不要丢弃最直观的信息获取渠道。

（五）加速民间征信发展

征信业迫切需要民间力量来拓展，民间征信已成趋势，市场化征信将是我国未来征信必经之路。《征信业管理条例》中"央行对企业征信机构实行备案管理，对个人征信机构实行审批管理"的规定，使得在我国规模相对较少的社会征信机构中，主要以从事企业征信业务为主，从事个人征信业务的征信机构较少，截至2015年上半年，我国个人征信收入仅占行业20多亿元收入的1/10，未来亟须加速个人征信业的发展，推动我国征信均衡化、规范化发展。2015年初，央行也批准了8家民间机构发放个人征信牌照，有序开展民间征信工作。因此，民间征信公司应该积极发掘个人征信市场潜力，对数据的整合能力以及能否开发出满足个人征信市场需求的产品和服务，将会成为各家竞争力的关键因素。

（六）加快征信服务行业建设

我国征信体系当前主要还是以政府为主导，一些私营的征信机构、资信评级机构及信用信息服务机构都还没有得到应有的发展。因此，要鼓励有实力、有资源的各类社会机构积极参与到信用服务行业中，特别是要做到充分开放征信市场，出台明确的资质管理和行业监管办法，引入充分的竞争机制，实现信用中介机构的优胜劣汰，提高信用市场的效率和信用机构的市场竞争力。一是应加快培育第三方信用评级机构，建设一支独立于政府部门优质的信用评级队伍；二是要成立诸如中国征信业协会等行业自律组织，通过其规范统一的信用数据接口、行业标准，加强对征信工作和信用中介机构的监督和管理，以达到整肃信用中介机构，规范从业人员的目的。

（七）依托大数据提升数据库水平

目前，我国个人有征信记录的仅有 3.5 亿人，央行的征信数据覆盖率严重不足，因此建立在传统信贷记录基础之上的征信技术已无法解决当前的个人征信问题，需要借助移动互联时代下的大数据技术。大数据基于大量网络行为数据来刻画个人信用画像，具有更广的数据覆盖面和更全面的维度，可很好解决个人信用记录缺乏的问题，优化整个征信市场格局。因此在建设我国特色市场化征信体系的进程中，需要借力于大数据技术，深度挖掘用户信用信息，防范信用风险，在数据充分信息化的基础上实现信用的精细化管理，同时促进数据处理能力与征信监管技术的提高，保障信息安全，加快信用评级管理方式的变革，提升金融信用信息基础数据库服务水平，以此推动征信发展。

第七章 我国互联网金融征信 体系建设问题研究

第一节 互联网金融与互联网金融的征信体系

一、互联网金融的发展概况

改革开放几十年来，我国的经济建设取得了举世瞩目的成就。与此同时，作为各类市场纽带的金融市场也得到了长足的发展。无论是货币市场还是资本市场，不仅有政府部门、各类金融机构以及大型工商企业的参与，而且民营企业和个人也广泛地参与到金融市场中来。金融工具不断地被创造出来，金融市场的组织形式日益丰富，金融监管也在不断完善。一方面，我国金融市场正变得越来越规范化和专业化，各类金融机构为金融市场的参与者们提供了多样化的金融服务，满足了大多数参与者的金融需求。另一方面，我国金融业的发展与发达国家相比还相对落后。

我国金融业以国有或者国有控股为主，在利率未完全市场化和征信体系不完善的条件下，相当一部分企业（特别是小微企业）和个人的金融需求得不到满足。以银行为主的存款类金融机构以及以银联为主的从事支付服务的金融中介机构，因为享有政府赋予的特权以及相关的垄断利益，失去了为社会提供完善的、人性化的金融服务的动力。以商业银行为主的直接融资和以证券公司为主的间接融资的传统融资模式对资源配置和经济增长有重要作用，但也需要巨大交易成本，主要包括金融机构的利润、税收和薪酬。据估算，2011 年中国全部银行和证券公司的利润就达到约 1.1 万亿元，税收约 5000 亿元，员工薪酬约 1 万亿元。❶ 上述都是我国传统金融体系存在的问题，但这也为互联网

---

❶ 谢平邹，传伟. 互联网金融模式研究 [J]. 金融研究，2012 (12).

金融的发展留下了市场空白。在我国利率市场化进程中，互联网技术带来的产业融合、效率提升以及全新的客户定位，为互联网金融的发展提供了前所未有的历史机遇。

互联网金融是指以依托于支付、云计算、社交网络以及搜索引擎等互联网工具，实现资金融通、支付和信息中介等业务的一种新兴金融模式。我国现行互联网金融从模式上分类，大体可分为互联网金融服务、互联网融资、虚拟货币以及传统金融机构互联网化 4 类。传统金融服务的互联网延伸，是一种广义的互联网金融。它是借助互联网本身的便捷和广度实现传统金融机构在互联网上的服务延伸。电子银行、网上银行乃至手机银行都属于这类范畴。在这一模式下，传统金融服务从线下扩展到线上，在时间和空间上外延了银行服务。从狭义的层面，互联网金融只包括金融的互联网居间服务和互联网金融服务。前者典型的应用模式有第三方支付平台、P2P 信贷、众筹网络等，后者是网络形式的金融平台，包括网络小额贷款公司、互联网基金、保险销售平台等，这一模式多为电商向金融行业的渗透。

近年来，互联网金融服务继续保持快速增长的态势。在互联网支付方面，2014 年中国第三方互联网支付市场的交易规模超过八万亿元，同比增长50.8%；❶ 从交易规模结构来看，网络购物、航空客票以及基金申购的占比较大，分别为 35.2%、13.2% 和 10.5%；从市场格局来看，支付宝等核心企业的市场份额相对保持稳定，支付宝以 48.7% 的交易规模占比保持领先，财付通和银联在线分别以 19.4% 和 11.2% 的占比位列第二、第三位；从支付方式来看，移动支付市场发展迅猛，交易规模达 12197.4 亿元，同比增长 707.0%，其中远程移动支付占比达到 93.1%，近场支付的占比降至 0.8%。在互联网理财方面，2013 年的互联网理财呈现爆发式增长，涌现出的商业模式有以下 4种：理财模式，如天天基金网的"活宝期"、数米基金网的"现金宝"和同花顺的"收益宝"；自售模式，如汇添富的"现金宝"和"全额宝"、民生加银的"现金宝"、华夏的"财富宝"等，截至 2013 年年末，上述 4 个产品的总规模达到 143.79 亿元；支付模式，如余额宝、百度财理和易网理财，其中余额宝是这一规模最为成功的案例，截至 2013 年年末，嵌入余额宝的天弘增利宝货基激增至 1853.42 亿元，稳居国内最大基金宝库；电商模式，以淘宝网销售基金为代表，2013 年 11 月，淘宝网获得证监会出具的无异议函，正式成

---

❶ 艾瑞咨询：2014 年年度数据发布 [EB/OL]. www.iresearch.cn.

为首家开展基金销售业务的第三方电子商务平台。

互联网融资整体保持较快速度发展态势。电商网络小贷的规模不断扩大，并日趋成熟和规范；P2P 网络贷款规模呈爆发式增长，但行业风险依然较大；众筹平台稳步增长，但依然处于起步阶段。到 2013 年，中国电商小贷规模已经达到 2300 亿元，其中阿里小贷全年贷款投放 1000 亿元。2013 年，阿里巴巴集团在重庆设立了阿里小微小额贷款有限公司；腾讯在深圳成立了财付通网络金额小额贷款有限公司。而在 P2P 网络贷款方面，截至 2013 年年末，P2P 全行业总成交量为 1058 亿元，较 2012 年的 200 亿元左右的规模呈爆发式增长。2013 年我国共出现约 800 家 P2P 网站，贷款量达 268 亿元，其中在全国范围内活跃的 P2P 网络借贷平台已超过 350 家，累计交易额超过 600 亿元。2015 年 1 月至 8 月 P2P 网贷行业累计成交量达到 4805.91 亿元。在众筹方面，截至 2013 年年末，我国众筹平台达到 21 家，为数百个项目完成了融资，但是到了 2015 年上半年我国众筹平台总数量已经达到 211 家，其中 53 家属于 2015 年上半年新诞生的平台，成功募集 46.66 亿元人民币。

虚拟货币近年来也取得了长足的发展，其代表比特币自问世以来，特别进入 2013 年以后，价格波动非常大。在某些交易所价格最高曾达到 1242 美元，价格曾一度超过黄金，后来又迅速回落。比特币的巨大涨幅也吸引了大量的中国"炒家"。但无论是从技术角度还是法律角度看，比特币都存在巨大风险。2013 年 12 月 3 日，央行、工信部、银监会、保监会、证监会联合下发了《关于防范比特币风险的通知》，支出比特币是一种特定的虚拟商品，不具有货币同等的法律地位，要求各金融机构和支付机构不得开展与比特币相关的业务。

二、互联网金融的征信体系

（一）互联网金融的信用风险

信用风险也称违约风险，是指受信人无法按时履行还本付息的责任而使授信人发生损失的可能性。互联网金融与传统金融存在着较大的差异，其以互联网技术为支撑，并对金融功能的发挥起到了促进作用，提高了金融的效率，形成了在金融市场中更为快捷的运营方式，然而，互联网本身所具有的开放性特征，使得互联网金融在具有传统金融风险特征的前提下增加了新的风险，尤其是在信用体系建设不完善的情况下，会对金融运行产生较大的冲击，因此必须促进信用体系的建设与完善，才能确保金融体系的安全运行。作为一种新的金融模式，互联网金融发展迅猛，以互联网为独立载体的第三方支付、P2P（又称人人贷，就是陌生人之间的网上借贷）网络信贷平台、众筹、电商大数据金融、互联网金融门户等服务类型，虽然运营形态各异，却无不深刻改变着金融版图。互联网金融的信用风险主要是指网络贷款的违约风险。网络贷款可以分为网络银行贷款和P2P类网贷平台贷款。然而在急剧扩张的背后频现的网络信贷公司"倒闭潮"也暴露了互联网金融信用体系建设滞后和监管缺失的问题。2013年10月1日至11月19日短短50天内，倒闭或资金链断裂的网络信贷公司达39家，涉及约10亿元资金，给互联网金融的发展带来不利影响，2015年8月底，问题平台多达976家，8月跑路类型平台占本月问题平台数量比例显著上升，达到79.01%。现有征信体系在互联网金融方面的不完善是造成现在P2P问题的很重要的一个原因，互联网金融征信体系的滞后是互联网金融特别是P2P行业发展的最主要制约因素之一。

（二）互联网金融征信体系

互联网征信主要是通过采集个人或企业在互联网交易或使用互联网各类服务过程中留下的信息数据，并结合线下渠道采集的信息数据，利用大数据、云计算等技术进行信用评估的活动。作为传统征信的有益补充，互联网征信的发展将极大扩展征信体系的数据范畴，带来全新的服务理念和先进的信息处理方式，推动传统信用评分模式的转变，进而对完善我国征信体系乃至社会信用体系发挥重要作用。[1] 在互联网金融行业中，风险管理是关键，互联网金融的健康和长远发展离不开一个强大的征信系统。互联网金融是现有金融体系的有益补充，而征信体系是现代金融的基石，在互联网金融背景下，征信体系的完善更是改善互联网金融生态的重要方面。征信就是未来互联网金融的水电煤，是一项基础设施。

传统金融业如银行要发放贷款，需要对贷款人进行信用审核，注重实物资产、债务水平、现金流水等，而互联网金融征信注重消费数据、频率和地位。不同于传统的金融业，互联网金融公司，尤其是电子商务平台，拥有自主支付渠道和积累大量数据是它们的优势所在，以此来有效、快捷地对借款人进行资信评估，并快速发放贷款。基于电子商务平台的大数据金融，就是因为掌握了

---

[1] 邓中豪. 网络贷款公司频频倒闭暴露"互联网金融"监管漏洞［EB/OL］. http：//news. xin-huanet. coin/fortune/2013－11/19/c_ l18208210. htm.

用户的交易数据才能为内部的商户提供融资业务，并借助大量的网络信贷业务发展壮大，同时将平台信贷的不良率保持在较低水平。如阿里巴巴网贷，就是利用其电商平台进行信用数据征集和使用，很好地控制了商户信贷违约的风险，进而实现稳定、可观的利息收入。再如，腾讯、苏宁、京东等电商，也是利用自身电子商务平台上的客户数据开办网络小额贷款或与金融机构合作开发金融产品。另外，P2P网贷平台放款人通过数据来分析、评估借款人的信用，其实也是借助互联网数据进行征信管理。除上述电商大数据金融及P2P网贷平台，数据征信还可以独立开办业务，国外专门提供数据征信服务的公司就普遍存在，它们通过搜集、挖掘、加工数据，形成信用产品卖给需要这些征信数据的公司和个人。

完善的征信体系有助于互联网金融控制风险。互联网金融征信系统对于信贷风险管控的价值在于它把以前商业银行通过看报表、现场收集的资料通过网络抓住了，从而大大提高了效率和精确度，而且一旦交易达成后会产生新的信息又进入征信系统，累积成范围更广、行业更多、数据更全的征信数据，这也正是征信系统相比较于电商平台自筹的征信组织本质上的不同。一个主体在阿里平台上有表现，在京东平台上有表现，在其他平台上也有表现，这样的表现是隔离的，独立取得的互联网行为报告是不全面的，正如在进入中国人民银行征信系统前，工商银行有一个主体的信贷记录，农业银行、建设银行都有，但是信息隔离得出的信用报告是不全面的，信息只有在更广更大范围内共享，才会全面完整地体现主体的信用记录。征信系统可以帮助互联网金融企业解决以下核心问题：一是放大网络金融的违约成本，降低行业总体经营风险。二是帮助互联网金融企业全面掌握融资主体的负债水平和历史交易表现；优化信审流程，降低成本。三是帮助投资人了解投资对象的真实信用水平，为互联网金融企业被迫超自身能力提供担保获取资金的局面解困。

互联网金融征信的探索有利于传统征信业务创新。首先，征信系统需要覆盖更广大人群。中国13亿人口中目前仅3亿多人有信贷征信记录，金融服务有明显的长尾效应，处于尾部的人群较难获得理想的金融服务。互联网金融的发展弥补了正规金融领域没有服务到的人群，而征信需要为每个有金融需求的个体建立信用档案。其次，征信系统需要探索更便利的服务方式。互联网技术日趋成熟，应用互联网技术对网络上的信息进行征集、加工，并形成征信产品提供给征信需求方是未来征信服务的技术趋势。最后，征信系统需要创新风险评价模式。网络社会中个人的行为方式，已经在电商平台、社交网络、网络工作工具及渠道上留下痕迹，基于此类信息开发有效的风险防范模型，是对传统风险评价方式的重大突破。

互联网金融征信体系的建设有助于促进全社会形成良好的信用环境：一方面，互联网金融机构可以通过借助征信系统的威慑力和约束力，增加对线下信用风险的管理手段，控制还款人信用，督促客户按时还款，使客户更加重视保持良好的信用记录，更大程度提高金融资源的配置效率，减少互联网金融模式下的金融交易成本；另一方面，可以使互联网金融的守信用客户积累信用财富，进而提升个人、小微企业的信用水平，使其获得成长为传统金融服务对象的机会和资格，在客户成长发展维度上，互联网金融将为传统金融培育潜在客户，二者形成良性互补。

三、我国互联网金融征信体系的现状

我国互联网征信活动日益频繁。以阿里巴巴为代表的电商平台对用户在网上交易的行为数据进行采集、整合。目前国家金融信用信息基础数据库即央行征信体系，主要包含银行信贷数据，截至 2013 年年底，有征信记录的仅有 2.3 亿人，有征信记录的企业仅有 959.7 万家，一般为大中型企业。而互联网金融的服务对象主要是新兴消费者和小微企业，他们一般缺乏银行有效的信用记录，没有被央行的征信体系所覆盖，所以如何为互联网金融行业提供征信服务面临很大挑战，更何况互联网金融由于本身的监管和合法地位没有得到明确，还无法从正规渠道获得征信系统提供的信息服务。没有统一的征信体系，意味着这些互联网金融机构在开展金融业务时无法全面准确地判断其客户的信用情况，同时客户的不良信用记录，如逾期、坏账等信息不会进入信用信息基础库，致使失信惩戒机制缺失，借款人失信成本低，给互联网金融企业的资金借贷流转带来威胁，也不利于互联网金融业的发展。一个互联网金融行业流传的真实事件：2012 年一位"老赖"在人人贷平台拍拍贷上借了一万元，后来因逾期上了拍拍贷自身的征信系统的黑名单，可随后没有共享的信贷记录，这位"老赖"竟然又从另外两家 P2P 平台借了 100 多万元和 50 多万元的贷款，最后全部逾期。由征信缺失带来的信息不对称，使得多家 P2P 平台受到不同程度的损失。

2013 年 12 月 20 日，中国人民银行出台的《征信机构管理办法》正式开始实施，明确了中国人民银行为征信业的管理部门，征信行业步入有法可依的轨道。征信监管的相关政策的明朗化为创办征信机构、建立互联网金融的征信

体系提供了契机。互联网金融征信体系在不能接入中国人民银行征信系统的情况下，发展正呈现"百花齐放"的局面。当前，国内的公共征信组织主要有中国人民银行征信中心和其他 70 多家社会征信机构。在互联网金融模式下，互联网企业、金融机构也将开展征信业务。一类是电子商务公司组建征信机构，依托自身电商平台和支付渠道，建成覆盖广泛的信用信息数据库，开展小额贷款、网络联保贷款和网络理财等业务，其中以阿里金融尤为突出。另一类是金融机构拓展业务成立征信机构，征集银行信贷记录、P2P 借款信息以及其他公共部门提供的信用信息等，成为专门挖掘金融数据的中介组织，如平安集团下属的 P2P 平台陆金所。还有一类是第三方公司利用共享平台，借着互惠互利的机制，为会员机构提供信息查询及征信报告，深圳鹏元、上海资信、北京安融惠众是这一类市场化征信机构的代表。

上海资信是上海目前唯一集个人征信系统与企业征信系统于一体的公司，主要业务为提供个人与企业征信、评级服务，2009 年被央行征信中心正式控股。2013 年 8 月，上海资信发起设立全国首个网络金融征信系统，而该系统也被业内普遍视为监管层为 P2P 行业接入央行征信系统所做的准备。可类比的是，目前上海的小贷公司，也是通过上海资信间接接入央行征信系统，获得查询权限。截至 2014 年 7 月 25 日，上海资信旗下的网络金融征信系统（NFCS）共接入 P2P 平台 203 家，日均查询量达到约 2000 次。不过在实际操作中，上海资信遇到的难题是，一些大的 P2P 平台，出于种种原因不愿加入 NFCS；另外，上海资信必须加强审核，限制 P2P 平台接入，这也就导致一些小 P2P 平台不得其门而入。NFCS 的价值：据了解，NFCS 运作机制与目前的央行征信系统基本类似，但其收集的信息则仅限于 P2P 网络金融平台，NFCS 目前将收集 P2P 借贷机构业务开展过程中产生的包括贷款申请和偿还在内的全部信用交易信息，同时向 P2P 机构提供查询服务。按规定，P2P 机构在选择接入平台后，一般要向 NFCS 提供全部的借贷双方的信息。在一个平台的借款人有 30% 会去其他平台再借款。对于这一局限于 P2P 领域的征信系统的价值，意味着借款人在一个平台上发生违约后，有大约 30% 的人可能继续在另一个平台上借款违约，而有了这套系统，至少可以在一定程度上规避这种风险。

实际上，互联网金融企业本身也在努力构建征信系统，在 NFCS 推出前，一些 P2P 机构已经开始抱团自己搭建 P2P 的黑名单平台。2013 年 3 月，安融惠众在北京发布了"小额信贷行业信用信息共享服务平台"（MSP），该平台以会员制同业征信模式为基础，采用封闭式的会员制共享模式，目的是帮助

P2P 公司、小额贷款公司、担保公司等各类小额信贷组织防范借款人多头借款，降低违约风险和减少坏账损失，提供行业借款信息共享服务，形成业内失信惩罚机制。陆金所在 2012 年年底就牵头发起设立了上海网络信贷服务企业联盟，并尝试建立网络信贷黑名单制度。2014 年年底，上海市网络信贷服务业企业联盟（上海网贷联盟）发布了《网络信贷行业标准》，并增补 17 家平台及第三方服务机构加入联盟，这批机构除了一些公众认可、比较规范的 P2P 企业，还包括征信公司、第三方支付以及会计师事务所。其中，第三批加入联盟的 P2P 平台包括爱投金融、合盘贷、永利宝、国诚金融、奇子贷、汇盈贷、玖富财富、合拍在线、爱财客和金银猫；第三方服务机构包括普华永道、中智诚征信、维氏盾征信、富友支付、快钱支付、新浪支付和银联支付。希望能够通过这一举措，逐渐探索出一个健康的行业生态，促进网络信贷行业可持续发展。2014 年，上海网贷联盟统计的 P2P 交易总规模与 2013 年同期相比增长了300%。值得一提的是，联盟自 2012 年成立以来，联盟内的 P2P 平台 3 年来无一发生跑路、资金链断裂、无法兑付等现象，同期国内共发生类似恶性事件304 起。事实证明，建立互联网金融针对借款人的信息共享平台，破除平台间的信息壁垒，建立各个互联网金融企业之间借款人的征信共享机制，不仅可以促进行业的发展，也可以大大降低不同平台的经营风险。

除了接入有央行背景的上海资信有限公司网络金融征信系统，P2P 平台抱团建立 P2P 黑名单制度，抑或 P2P 平台借助担保公司间接实现查询央行征信系统等三种模式外，一些大的平台机构已经自己申请个人征信牌照。2015 年被喻为我国征信元年，2015 年 1 月，央行印发《关于做好个人征信业务准备工作的通知》，钦点国内首批 8 家个人征信牌照。要求芝麻信用、腾讯征信、前海征信、鹏元征信、中诚信征信、中智诚征信、考拉征信、华道征信 8 家民营征信机构做好个人征信业务的准备工作，准备时间为 6 个月，随着央行对上述 8 家机构完成终期验收，首批征信牌照的下发指日可待。目前，我国征信系统的信息覆盖面主要集中在银行信贷系统，民营征信公司的这些数据源会是央行征信中心很重要的补充，各家在这方面肯定会有所不同。在服务领域，民营征信机构产品化会更加丰富，这也是中国征信行业应该有的状态。8 家民营征信公司与央行征信中心确有区别：一方面是数据资源。基于互联网的大数据，除了金融数据，也在收集其他数据，包括生活的数据、电商的数据、其他交易的数据。另一方面，民用征信机构产品化更加丰富。除征信报告外，各家都有自己的评分，还有更深层次的模型、精准营销、大数据的服务。随着民营征信公司拿到个人征信牌照，征信市场会出现激烈竞争的势态。但是，最后一定会规范成为一套完整的数据，对构建我国互联网金融征信体系以及对我国构建信用社会都会起到积极带头的作用。

第二节　我国互联网金融征信体系建设中的问题分析

一、当前互联网金融征信体系的不足

（一）当前互联网金融征信体系的不完善

互联网金融的发展方兴未艾，创新型金融服务平台如雨后春笋般出现，而现有征信体系建设已滞后于金融业的发展，制约着互联网金融的发展。目前，互联网金融监管仍未最终明确，互联网金融的信用信息尚未被纳入统一的征信系统。传统的征信系统的数据主要来源并服务于银行业金融机构等传统意义上的信贷机构，P2P、电商小额贷款机构等新型信贷平台的信贷数据游离于征信体系之外，无法利用征信系统共享和使用征信信息，对借款人的信用缺乏了解，导致坏账率升高，风险加大。我们可以看到，无论是政府部门还是互联网金融企业本身，都在积极探索建立互联网金融征信体系，积极防范互联网金融风险的发生。但是总体而言，无论是央行背景"网络金融征信系统"（NFCS）还是自发组织或市场化运营的共享平台的信用信息，远远满足不了互联网金融行业发展的需求。上海资信旗下的征信业务已经获得央行颁发的征信牌照，于2013年6月正式上线的"网络金融征信系统"（NFCS），服务于中国人民银行征信系统尚未涉及的互联网金融领域，为网络金融机构业务活动提供信用信息支持。但是在没有强制性行业规范或者征信标准的情况下，作为互联网金融征信国家队的NFCS和一些民间征信平台的冲突也有所显现，尤其是大的P2P平台，选择接入NFCS的更是不多。截至2015年年底，综合实力排名靠前的P2P平台，大部分未接入NFCS，现在大型的P2P平台不肯接入，主要是担心数据流失。目前，国内大型的互联网金融机构一般都搭建有内部的征信评分系统，而拥有海量数据的平台，自然不愿意把所有借款信息都交给NFCS，它们可能只愿意提交进入黑名单的那部分数据，这也是一些民间征信联盟存在的原因。

许多公司已经看到互联网金融征信系统缺位产生的机会，纷纷尝试涉足互联网金融征信体系的建设，开展互联网金融业务的公司也建立了自身的客户信

用信息的数据库。以阿里巴巴为例，为了旗下蚂蚁金服的互联网金融业务的开展，阿里巴巴运用大数据及云计算技术客观呈现个人的信用状况，建立了独立的第三方信用评估及信用管理机构——芝麻信用。芝麻信用分是芝麻信用对海量信息数据的综合处理和评估，主要包含了用户信用历史、行为偏好、履约能力、身份特质、人脉关系5个维度。芝麻信用基于阿里巴巴的电商交易数据和蚂蚁金服的互联网金融数据，与公安网等公共机构以及合作伙伴建立数据合作，与传统征信数据不同，芝麻信用数据涵盖了信用卡还款、网购、转账、理财、水电煤缴费、租房信息、住址搬迁历史、社交关系，等等。"芝麻信用"通过分析大量的网络交易及行为数据，可对用户进行信用评估，这些信用评估可以帮助互联网金融企业对用户的还款意愿及还款能力做出结论，继而为用户提供快速授信及现金分期服务。从本质上来说，"芝麻信用"是一套征信系统，该系统收集来自政府、金融系统的数据，还会充分分析用户在淘宝、支付宝等平台上的行为记录。除了阿里巴巴、腾讯等互联网巨头外，各P2P网贷平台以及其他互联网金融企业都根据自身开展的业务建立自己的数据库。但是这些信用信息共享平台有着各自的风控模型，数据来源或是通过自身的业务累积的数据，或是通过自己的线下团队人工获取数据搭建数据库。而且，这些数据全都是割裂开来的，由每个平台各自使用，截至目前，鲜有将自己的数据与其他平台共享，但是民营征信公司的发展却刚刚起步，这些民营征信企业的服务对象很可能也仅仅限于其母公司的互联网金融业务，是否能够形成良好的共享机制还有待考证，对建设互联网金融行业统一、规范的征信体系作出的贡献也不得而知。

（二）当前互联网金融的监管和相关立法的不足

我国现有法律条文能够对互联网金融进行规范和约束的不多，即使相关的也并不完善，尚未制定具有针对性的法律或法规，社会上更是缺乏对互联网金融欺诈与失信行为的严格惩罚机制。一方面，征信法律法规不完善，2013年3月《征信业管理条例》的出台为征信业的规范发展提供了法律依据，但与该条例相配套的规章制度尚未出台，同时，该条例对在互联网上开展的征信活动缺乏约束力。在互联网金融模式下，金融机构将打破分业经营的限制，因此，未来的征信系统需要综合信贷、结算、保险、证券等多种业务，才能获得可持续发展，因此需要综合性的法律法规管理和规范。另一方面，互联网法律法规不健全，2005年4月1日正式实施的《电子签名法》和《电子认证服务管理办法》，虽对互联网金融带来的身份认证问题有一定帮助，但是，在互联网金融市场准入、认证体系、服务体系、电子发票、支付结算、交易主体的行为规则等关键环节，缺乏具体的法律法规。互联网金融信用体系建设目前可依据的法律、法规较少，《网络商品交易及有关服务行为管理暂行办法》只是对卖家的资质进行了初级认证规范，要求实名制注册等，其他方面还没有更高的要求。在互联网金融方面，目前客户资金、第三方监管制度规范缺失，不少领域处于监管盲区，加上互联网金融缺乏有效的欺诈和违约行为记录查询，导致融资方的欺诈和违约成本较低，信用风险比较高。互联网金融法律、法规的缺失，导致最基本的身份实名制认证都未能实现，也缺少对于客户信息安全的保护机制。这使得当前的网络信用环境无法与社会信用体系形成有效的对接。联网金融信用需要通过顶层框架设计来推动。2013 年以来，我国互联网金融发展迅速，而与之相对应的是 P2P 网贷平台纷纷陷入"倒闭潮"。2013 年 10 月，由中国人民银行牵头，国务院八部委组成了互联网金融发展与监管小组，并深入到深圳对第一网贷、红岭创投等 P2P 网贷公司进行了风险状况调研。央行等部门对 P2P 网贷行业监管政策正在加速推动之中。有专家建议，可直接将 P2P 网贷公司接入央行征信系统，从而将网贷公司纳入更为正规的信用评估体系，维护互联网金融秩序。不久前，由央行征信中心控股的上海资信就宣布，全国首个网络金融征信系统正式上线，网贷企业征信数据将在该系统上实现共享。这表明，网络借贷乃至所有互联网金融企业纳入央行征信系统，已在不断推动之中。央行正在按照《征信业管理条例》和《征信机构管理办法》的要求，开展征信机构设立申请和备案工作。目前，整合各平台信用信息的信用中国网站已经完成域名申请工作，正在研究组建。

二、互联网金融征信体系建设的隐私保护问题

大数据背景下，互联网企业越来越多地利用用户在互联网平台上留下的行为信息，对客户进行精准的建模，从而为客户提供个性化的精准营销。可以预期的是，互联网金融时代，对客户行为数据的记载、分析，进而逐步与现有的征信系统对接将逐渐成为主流，这一趋势将为客户带来更加便捷的服务体验。就拿网购来说，某淘宝用户经常在网上购买登山用品或者其他男士用品，这些消费行为都基于电商平台或者电商的电子支付平台，都会被电商的数据库所记载。电商便可以根据该数据分析出客户可能是一个男性的登山爱好者，还可以根据其消费产品的品牌和价格估算其购买能力和产品偏好。电商平台就可以向

买家推荐更适合也更具有吸引力的产品，甚至可以向他提供消费贷款。而对于淘宝的卖家而言，根据平台的交易记录和行业分析可以有效运算出该卖家的经营状况；根据卖家的电子支付行为可以计算出卖家的财务周期、资金运作以及个人信用水平，必要时向其提供个性化的金融服务从而获取报酬。这些互联网金融行为得出的大数据通过有效分析和云计算，就是一条条具有商业价值的信息。个人信息收集的界限就会变得模糊，客户的隐私可能会面临被搜集、挖掘甚至非法存储与贩卖的风险，这个"风险"包含两个方面的内容。首先是客户信息的泄露。2005 年 6 月 17 日，由于黑客的木马入侵，美国信用卡系统解决方案公司违规保存并且没有加密的，包括万事达、Visa 等信用卡在内的4000 万条信用卡信息被泄露。2012 年 3 月 30 日，由于信用卡支付中介机构美国全球支付公司系统被黑客侵入，估计超过千万的万事达和 Visa 信用卡账户信息失窃。国内则多次传出快递单上的个人信息被非法组织搜集、加工和贩卖的消息，消费者对此感到忧虑。上述案例一方面说明了隐私信息的不当使用与泄露对于相关行业的重要性，另一方面也反映出了一个隐私保护中容易被忽视的问题：合作方的短板效应。万事达、Visa 卡组织对于客户的隐私保护十分重视，而对于与其合作的专业的数据处理机构而言，尽管客户信息是其重要的数据资源，但是出于对成本的考虑，这些机构往往不能像卡组织以及互联网金融企业一样重视隐私保护，因此上面的泄密事件就会时常发生；国内电商机构也对客户信息的安全进行了有效的保护，但对于快递公司而言，订单信息的保护并不是其核心业务，因而对于订单信息泄露并不会加以重视。互联网金融企业存储的个人信息，将不仅仅局限于简单的浏览行为，个人账户信息、征信信息、居住地、财产等信息都将遭遇流失的风险。因此，必须重视客户信息的泄露问题，做到全流程的信息保护。像合时代金融这样的新兴网贷 P2P 理财网站，就做了 SSL 数字证书，这是对用户访问平台时对数据在传输中进行的一种加密手段。就相当于你和合时代的服务器之间通信加了一层外套。外边的人不知道你传的是什么东西。采集的范围主要以能够识别信息主体，能够充分判断信息主体的信用状况的信息为主，防止过度采集信息。建立个人不良信息告知制度，采用个人信息需要取得信息主体同意，明确使用规则，信息使用者不得将信息用作与信息主体约定之外的用途。其次，要高度重视信息安全，加强信息安全防范，建立健全并严格执行保障信息安全的规章制度，采取行之有效的技术手段，预防客户信息和数据泄露。

三、建设互联网金融信用体系的其他制约因素

（一）我国互联网金融仍处于初级阶段

近年来，以第三方支付和P2P网络借贷为代表的互联网金融发展迅速，据艾瑞咨询统计数据显示，2013年中国第三方互联网收单交易规模突破59666亿元，同比增长56.9%。P2P网贷方面，正如上文所阐述的，截至2013年年底，我国P2P网贷平台数量为523家，同比增长253.4%，成交额达897.1亿元，同比增长292.4%，2013年的日均交易额超过60亿元。但与英美等发达国家相比，我国的互联网金融仍处于初级阶段，消费者通过互联网消费及借贷的比例较低。在英美等发达国家，由于信息化程度较高，大部分人消费时喜欢刷卡，很少使用现金，从而为互联网金融征信提供了丰富的源数据，而我国的现金使用率较高，个人金融数据难以统计，政府推动信息化的进程相对缓慢。另外，我国互联网金融自身的不够完善，监管和法律地位不明确。作为新生事物，互联网金融的法律地位、行业地位和行业的监管框架还没有完全明确。由于互联网金融的行业准入门槛相对比较低，技术实力和管理运营能力差距比较大，所以目前互联网金融行业的信用信息还不规范，相关的业务标准还没有形成。

（二）统一征信标准问题

互联网金融信贷数据数量巨大，种类复杂，形成的信用信息多种多样，信用信息的哪部分内容适合采集，采集多少，各个征信机构缺乏统一的口径和标准，且不同数据库和征信机构间缺乏共享交流，独立操作，重复征集，自成体系，导致客户互联网交易、信贷信息分散，信息征集、评价的指标、方法不统一，造成混乱，无法形成共享互补，造成资源浪费的同时也无法全面评估客户的总体信用状况。如何统一征信标准，开发符合互联网金融各类网络业务接口尚需论证。

（三）数据质量问题

互联网业态虚拟化程度高，互联网金融信贷过程的真实性不易考察验证。电子商务方面，多数电商网站以交易成功次数作为信用数据累积基础，而忽略交易的金额和内容，造成利用虚假交易快速提高信用等级的现象时有发生，"刷信用""假评价""给好评返现金"等现象降低了网站评级威信及可信度，

对网络交易造成了负面影响。网络信贷及众筹方面，利用互联网融资平台变相吸收公众存款或非法吸收公众存款案例屡有发生，一些网络信贷平台已超越信息中介属性，利用互联网进行民间非法集资，存在虚构债权债务、转移资金、短贷长投的行为，一旦采集了这些虚假互联网金融信息后，征信系统的可靠性将会下降。

（四）信息共享机制欠缺

美国很多政府部门的个人社会化数据是共享的，征信机构搜集信息相对容易。而我国目前信用数据开放程度低，信用信息的条块分割和部门垄断现象也比较严重，许多信息相对封闭和分散于各个部门，使用信息缺乏透明度。由于互联网金融无法全面接入中国人民银行征信系统，互联网金融公司间信用信息共享渠道不畅，难以有效规避客户的重复融资行为，增加互联网金融公司和商业银行的整体金融风险。目前仅有少数的互联网金融企业被纳入中国人民银行征信系统，大部分互联网金融企业游离于中国人民银行征信体系外，无法直接查询借款人在银行的贷款及负债情况，只能依赖自身的审核技术和策略，独立采集、分析客户信用信息，时滞较长，除了降低互联网金融公司审贷效率，影响网络贷款的发放，也容易诱发恶意骗贷、借新还旧风险。同时，由于信用信息交流存在障碍，无法形成有效的事后惩戒机制，借款人的违约成本较低，无法对借款人的骗贷行为起到足够威慑，不利于互联网金融行业的长期健康发展。

第三节　我国互联网金融征信体系建设方案

一、国外互联网金融征信体系建设的借鉴

发达国家经过长时间的市场经济发展早已形成了较为完善的社会信用体系，但因各国在文化、历史、经济及法律体系方面存在差异，形成不同的社会信用体系建设模式，目前国际上主要有以下三类征信体系模式。一是市场主导型模式，此模式下的征信系统是由私人组织开发运营，用于商业目的，通过收集、加工信用信息，为个人和企业提供第三方信用信息服务来进行营利。而政府的作用只是立法和监督法律执行。市场主导型征信体系的特点是政府只处于辅助地位，仅负责信用管理的立法和监管法律的执行，而市场信用机构却占据

主导地位，通过发达的行业自律，依靠市场经济法则和运行机制来形成具体的运作细则。典型的代表是美国，采取此类信用体系模式的还有英国、加拿大及北欧国家。二是政府主导型模式，此类模式下的社会信用体系以"中央信贷登记系统"为主体，以私营征信机构为辅助，"中央信贷登记系统"是由政府主导的中央银行或金融管理部门牵头建立。主要用于银行业金融机构防范贷款风险、中央银行加强金融监管及执行货币政策。政府主导型的征信系统主要有强制提供征信数据、隐私保护、保密、报告贷款信息的最低贷款规模和计算机密集型技术等特点。主要在意大利、奥地利、德国、西班牙、葡萄牙、比利时和法国等国家广泛使用，其中，除法国外，其他国家还存在一定的私人征信机构作补充。三是会员制模式，此类模式既不同于以美国为代表的市场主导型征信模式，也区别于政府主导型征信模式，可以说是介于前两类模式间的一类特殊的行业协会会员制征信模式。它是以行业协会为主建立信用信息中心，通过搭建互换平台，达到会员间信用信息共享的目的，不以盈利为目的，只收取成本费用。将自身掌握的个人或者企业的信用信息提供给信用信息中心是会员的义务，反过来中心则给予会员信用信息查询的服务。会员制征信体系模式主要在日本使用。

通过比较上述三种模式的区别和利弊，分析它们各自适用的国家类型，对我国选择适合我国国情的互联网金融征信建设模式具有重要意义。市场主导型模式优点在于高度的市场化，征信服务覆盖面广，公共财政投入不大，在促进信用消费、扩大信用市场规模、充分调动民间资本参与和提高经济运行效率方面优势明显；不足在于需要长期的市场充分竞争和甄选，对国家法律环境、人文环境等软实力，政府部门的监管水平要求较高，否则容易出现侵犯隐私和因重复建设而造成资源浪费，难以在较短的时间内建立起覆盖面广、市场占有率高的征信系统。政府主导型模式的优点在于创设周期短，有力地保护信息安全，规避金融机构信贷风险，且政府与私营机构互相配合，各有分工，相得益彰；不足在于前期投入较大，政府与私营机构的职责和责任分工、成本和收益分配难以权衡。建设周期长短、强制性和全体参加是政府主导型模式与以美国为代表的市场主导型模式之间的重要差别。会员制模式优点在于通过共享机制降低会员各自的系统建设、信息收集处理成本，扩大信用信息覆盖范围；不足在于不考虑商业性信用服务需求，信息采集面仅限于会员间，覆盖面难以推广到全社会，商业化程度低。这三种模式是在不同历史条件、法律制度、文化氛围和社会信用状况等背景下产生的。市场主导型模式适合市场化程度较高的国家；政府主导型模式要么适合小国，要么适合处于转型阶段、私营征信机构不发达和对债权人保护较差的国家；会员制模式则适合行业协会较发达的国家。从目前我国互联网金融征信业发展的现状与趋势来看，要选择符合我国基本国情的模式来发展我国的互联网金融征信体系，必须结合我国当前的历史条件、征信市场化状况、社会信用环境状况和社会信用体系建设模式等实际情况，做到借鉴与创新相结合。我国尚处在转轨时期，征信市场化状况和社会信用环境不甚理想，单纯采取市场化的互联网金融征信模式并不现实，还需要充分发挥政府的作用。在借鉴国外经验的基础上，建设政府主导型的互联网金融征信体系更符合中国国情。

二、我国互联网金融信用体系建设的模式选择

征信管理相关政策的明朗化为创办征信机构提供了契机。2013 年 12 月 20 日，中国人民银行出台的《征信机构管理办法》开始正式实施，明确中国人民银行为征信的监督与管理部门，从此以后征信行业步入有法可依的轨道。金融信用风险管理的迫切需要和征信监管政策的明朗化极大地刺激了那些有意在互联网金融领域一展宏图的企业。通过之前的介绍可知，目前准备尝试互联网金融征信的机构主要分为以下两大类。第一类是互联网金融机构本身。阿里巴巴集团这样的互联网金融企业已经申请了信牌照，并有望在 2016 年获批，利用自己电商和支付平台沉淀的数据进行客户风险评估。京东商城从 2012 年起和银行开始合作，向合作伙伴提供基于教育数据的贷款。2012 年，苏宁电器宣布设立"重庆苏宁小额贷款公司"，发展供应链金融服务体系，基于供应链上的企业上下游关系，进行相应的信用风险评估。一些 P2P 网贷平台也在建立自己的征信数据库，如拍拍贷、平安集团的陆金所、人人贷、信而富等互联网金融企业。第二类是独立的第三方专业的征信机构，如上海资信有限公司、中诚信有限公司等。中诚信的业务范围以企业征信、互联网金融授信的小微企业和个人信用为主，针对网贷平台的风险控制需求量身定做风控模型，阿里巴巴就是其客户。如今安众已经有 200 余家会员，90% 是 P2P 机构，会员之间可以共享信息。截至 2013 年 4 月，在安融惠众征信平台具有信贷记录的自然人数量就达 60 万人、日信息查询量约为 5000 次。❶

虽然互联网金融征信已经在市场上引起众多企业的关注，上述多家互联网

---

❶ 王晓洁. 互联网金融撬动征信行业大数据驱动信用经济［EB/OL］. 新华网，2014－5－18.

公司也都在进行相关的尝试，但是这些对于构建整个互联网金融的信用体系还是远远不够的。目前可以借鉴的互联网金融征信模式可有三种选择：以中国人民银行征信中心为代表的政府主导模式、以电商征信机构和金融企业征信机构为代表的市场主导模式、以互联网金融协会信用信息中心为代表的会员制模式。

政府主导型模式。中国人民银行征信中心采集的金融机构的贷款、信用卡等记录，具有系统技术成熟、规模效应、信息保密性强等优势。可逐步接入众筹等网络贷款平台，并征集相关信用记录，为互联网金融企业提供服务，同时丰富数据库。互联网金融和中国人民银行征信系统可互相补充完善，共同发展。

市场主导型模式。电商平台或金融机构设立征信机构电商组建征信机构，利用自身用户多、交易数据包含的信息量大，通过大数据、云计算充分挖掘数据信息，控制信贷风险，并对外提供征信服务金融机构组建征信机构，通过组建电商平台，并利用综合牌照，风险管理能力等优势，将交易数据和传统资产负债，抵押物等信息综合，充分挖掘银行、证券、保险、信托、基金等信息，控制信贷风险，并对外提供征信服务。

行业会员制模式。互联网金融协会设立征信机构，通过采集互联网金融企业信贷、物流信息开展征信活动，并免费供会员共享，也可向非会员开展收取金融中介服务费用。

对于模式选择次序上，一是在互联网征信业务发展初级阶段，可以政府主导模式为主，充分利用中国人民银行征信系统。互联网金融企业，特别是众筹模式等自身数据缺乏，可试点通过接入中国人民银行征信系统，了解借款人信用，控制信贷风险。二是逐步引导市场主导型模式健康发展，鼓励互联网电商平台、金融机构组建征信机构，在充分保护个人信息和企业商业秘密的前提下，开展征信活动，条件成熟的可以对外提供征信服务。三是完善相关立法，成立互联网金融协会，加快建设互联网金融征信行业标准，形成协会成员信用信息共享机制，实现征集和使用信用信息。四是形成政府征信机构为引导，市场征信机构为主体，行业协会征信机构共同发展的征信体系，促进互联网金融持续发展。

三、促进我国互联网金融征信体系发展的措施

（一）进一步完善征信法规体系

20 世纪 60 年代美国便开始颁布信用监管的法律，发展至今，其信用信息

服务业的法律体系已经比较齐备。其主要做法：一是使法律范畴涵盖信用产品生产、销售、使用的全过程。涉及信用管理的主要法律有《消费者信用保护法》《诚实借贷法》《公平信用报告法》《公平债务催收作业法》《平等信用机会法》《公平信用结账法》等。二是对信用报告机构和信用报告使用者均进行规范。《公平信用报告法》是美国信用管理法律框架中最为核心的法律，消费者信用报告机构和使用信用报告的消费者都要遵守《公平信用报告法》的条款，并以这些条款为依据保护消费者权益。三是及时对法律法规进行完善。上述法律伴随着美国的经济发展变化都进行了相应修改和完善，其中 1970 年出台的《公平信用报告法》在 1996 年、2002 年分别进行了重大修改。英国，为了明确信用管理服务供应者的资格条件，1974 年出台了《消费者信用法》；为了规范信用数据的取得和使用，1998 年又颁布了《数据保护法》。两个法案的实施对保护消费者个人隐私，规范征信业发展起到了重要作用。

在我国互联网金融发展的初级阶段，为鼓励金融创新，避免"一管就死"，我国政府监管部门鼓励互联网金融的创新和发展，使得我国互联网金融行业发展十分迅速，初期阶段不设立专门的政府监管机构或出台针对性法律和法规。但随着互联网金融行业发展壮大，我国将不断规范互联网金融秩序，保障互联网金融健康持续地发展。我国于 2015 年 7 月 18 日对外发布了《关于促进互联网金融健康发展的指导意见》（以下简称《指导意见》），是由央行会同有关部委牵头、起草、制定的互联网金融行业"基本法"，《指导意见》按照"鼓励创新、防范风险、趋利避害、健康发展"的总体要求，提出了一系列鼓励创新、支持互联网金融稳步发展的政策措施，积极鼓励互联网金融平台、产品和服务创新，鼓励从业机构相互合作，拓宽从业机构融资渠道，坚持简政放权和落实、完善财税政策，推动信用基础设施建设和配套服务体系建设。《指导意见》按照"依法监管、适度监管、分类监管、协同监管、创新监管"的原则，确立了互联网支付、网络借贷、股权众筹融资、互联网基金销售、互联网保险、互联网信托和互联网消费金融等互联网金融主要业态的监管职责分工，落实了监管责任，明确了业务边界。

《指导意见》的出台，在宏观层面为我国互联网金融在监管和立法上指明了方向。同时，我国应该在法律上推动出台社会信用促进和个人信息保护的专门法律法规，指导信用促进行为，规范信息收集使用，合理平衡信息主体权益保护和征信业发展的关系。在行政法规层面，首先要研究制定"信息安全条例"和"政务信用信息管理条例"，加强信息安全管理，规范信用信息公开和应用，为征信机构依法采集相关信息提供保障。其次要依法加强信息安全监管，严格落实国家信息安全等级保护要求，大力发展电子签名、身份认证、访问控制等安全服务，保障重要信息系统和信用信息安全。最后，应强化对信息主体权益的保护，建立多渠道的个人信息保障与救济机制，完善异议处理和侵权责任追究制度，并加大征信宣传力度，引导信息主体通过合法手段维护自身权益。在部门规章层面，应抓紧出台企业与个人征信业务管理办法、个人征信信息保护暂行规定等配套制度。此外，还应根据互联网金融背景下征信市场的发展和变化，适时修订和完善现有征信法规，在对新型征信业务模式进行规范管理的同时，应提高后续制定制度的前瞻性，充分考虑互联网环境下征信活动的大数据特征，将互联网金融信用信息纳入管理范围。中国人民银行及其派出机构应依法履行对征信业监管职责，加强与行业、地方主管部门的协调配合，完善征信监管机制，严格落实征信法律法规，不允许有从事征信业务的机构游离于监管之外，清理借征信名义非法采集信用信息的活动。

（二）推动征信标准化建设和建立信用信息共享机制

根据目前我国互联网金融的现状，我国首先应该从国家层面研究制定信用信息标准规划，建立全国统一的信用信息采集和分类管理标准，鼓励相关部门和行业以国家标准为准则建立部门和行业标准，并积极推动相对成熟的征信业标准通过相应程序上升为国家标准，为依法实现跨部门和跨行业的信息交流与共享提供技术保障。其次，中国人民银行作为征信业监管部门，应根据征信体系建设和征信市场管理需要，加快建立征信业总体标准和基础标准体系，为扩大信息采集范围、促进信息共享与应用提供统一信息技术参考。同时，应关注互联网金融背景下征信技术的发展趋势，适时对标准进行维护和扩展，提升其适用性、协调性和有效性，以促进信息共享、规范征信业务，推动征信产品和服务的创新发展。

打通信息共享通道，建立失信惩戒机制，鼓励人们守信用，惩罚失信的人，提高违约成本，使信用体系得到健康发展。互联网金融信用的发生将会关联银行账号、学历、以往不良支付的历史记录等信息，信用信息共享程度较高，违规成本也因之较高。建立良好的信息共享通道和失信惩戒机制，企业和个人将会十分重视保持自身良好的信用记录，并且信息共享渠道畅通，没有信用记录或信用记录有污点的企业或个人，将很快被披露并对其生存和发展带来很大的麻烦。惩戒失信行为和失信者：一是通过大量信用产品的频繁交易和使用，使之与信息主体日常生活的各个方面息息相关，并最大限度扩大失信者与全社会的对立，达到约束和威慑失信者的目的；二是对失信者进行罚款和行政处罚；三是司法介入。

信用评分制是打通信息共享通道，建立失信惩戒机制的一个典型代表。信用评分不仅决定一个人是否如愿以偿地获得社会的信任和认可，而且还会决定他要付出的代价。信用评分越高，表示风险越低，享受信贷利率越优惠，信用评分越低，表示风险越高，信用主体获得授信的可能性越低，即使获得信贷所要支付的利率水平也很高。信用评分是动态的，反映一个人在某一特定时刻信用风险的写照。在美国，社会信用体系是以个人信用制度为基础，具有完善的个人信用档案登记制度、规范的个人信用评分机制、严密的个人信用风险预警系统及其管理办法，以及健全的信用法律体系。美国的信用评分通常由费埃哲公司（FICO）根据个人信用报告计算得出，对贷款机构的决定有重要参考价值，其评分分数从 300 到 850 的分值不等，超过 720 分就意味着达到社会平均水平以上，信用记录较好，如目前美国最成功的 P2P 公司 Lending Club 的借款人 FICO 信用评分平均为 715 分，而针对评级较低的客户，Lending Club 将提高贷款利率。据成立于 2005 年的全球首家 P2P 公司 Zopa 介绍，英国互联网金融公司通过较小成本即可从征信公司购买客户信用信息进行信用评分。目前，Zopa 通过信用评分对贷款人进行把关，拒贷率高达 80%，有效避免了商业欺诈等风险，该公司成立 8 年来，贷款坏账率不到 1%。我国目前也有互联网金融企业尝试采用了信用评分制度，蚂蚁金融的芝麻信用分和美国的 FICO 信用评分类似，采用了国际上通行的信用分直观表现信用水平高低。芝麻分的范围在 350 分到 950 分之间，分数越高代表信用程度越好。蚂蚁金服公司以用户芝麻信用分数的高低作为衡量用户信用的标准。

（三）促进我国互联网金融征信体系发展的其他措施

在社会信用体系建设大框架下，加强行业和地方信用信息系统建设的统筹协调，首先从关键环节入手，逐步建成覆盖全社会的征信系统。可率先将信贷征信体系作为切入点，以中国人民银行征信系统为核心，建立包括证券、保险以及外汇等信息的金融业统一征信平台。其次将政务信息公开落到实处，依法确定各部门信用信息公开范围内容和具体方式，在保护信息安全和信息主体权益的基础上，为征信机构合理采集和使用信息资源创造条件。最后，在互联网金融领域，可采用先行业内，再行业外策略，先以行业协会为主导协调和规范行业内信息交流与共享，并积极引入社会征信机构，待到条件成熟时，还可考虑逐步将互联网金融信贷信息纳入央行征信系统，实现更大程度的信息共享和整合。

从培育征信机构，引导征信产品和服务的升级创新两方面着手，推动征信市场发展。一是坚持以市场为导向，扶持有实力的征信机构做大做强，实现跨地区、跨行业发展，形成具有公信力和民族品牌的征信机构，同时支持中小征信机构通过兼并、重组等方式进行整合，鼓励民间资本和私营企业进入征信服务领域，强化竞争机制，优化市场结构，提升行业整体运行效率。二是密切跟踪市场需求，以深化信用信息服务为主线，以应用服务产品为抓手，引导征信机构合理运用信息技术拓宽信息来源和挖掘数据资源，加大产品服务创新力度，拓展征信服务的领域和范围，逐步实现业务多元化发展。

四、建立互联网金融征信体系需要依靠大数据

互联网技术已经相当成熟，基于互联网收集信息数据、提供服务给征信服务带来便利。大数据、搜索和云计算等也将推动传统征信服务方式的升级和产品的创新。传统征信业务将得到优化，如利用互联网平台开展信用信息报告的查询、个人身份信息验证，以及将村镇银行和小额贷款公司等小型金融机构接入互联网平台。高端征信业务也将得到发展，通过互联网，资金需求方的信息在社交网络显示和传播，由搜索引擎组织和标准化，云计算进行高速处理，变成动态变化、时间连续的信息序列，最终得出资金需求者的风险定价和动态违约概率。在积累完整历史数据后，还可以利用大数据技术挖掘行业分析、重大风险预警和宏观的经济形势预测等服务。通过互联网技术的应用，传统的社会征信机构将扩大征集范围，同时阿里巴巴、腾讯、京东和百度等互联网企业依托电商平台、社交网络和搜索引擎等工具整合加工信用信息，各级政府部门也将进行电子政务工程改革，为依托互联网实现各部门间信用信息共享提供可能性。最终，在征集互联网信用信息后，原本以征集信贷数据为核心的中国人民银行征信系统可以归集到包括信贷、证券、保险、电子商务、政务和司法等领域的信用信息，进一步提高专业化和完整性。

大数据的具体概念最早由 2001 年 IT 权威机构 Gartner 提出，但到了 2009年，"大数据" 这个说法才开始逐渐在互联网上传播。美国奥巴马政府在 2012年宣布其 "大数据研究和开发计划"，标志着大数据真正开始进入主流的传统线下经济。关于大数据的定义有各种各样的版本，学术界、工业界对其都有不

同侧重。但一致的看法是，大数据并不单纯指数据量的增加，更重要的是发现曾经忽略的数据的价值。大数据的内涵和外延随着信息技术和实际应用的发展会不断更新，大数据可以被认为是对所有主体数据的信息进行处理和分析的系统。

金融业并不销售任何实体商品，它自诞生起就是基于数据的产业。金融服务行业对大数据挖掘有着迫切需要，如股价的预测离不开经济形势的判断，银行的业务创新离不开对客户的数据分析。金融服务业拥有丰富的数据，金融服务业的数据一方面通过传统的方式从内部渠道获取，如客户资料、交易信息；另一方面，由于互联网和社交媒体的崛起，也可以从外部渠道获取，如社交媒体、网络上的客户信息、市场动态信息、竞争对手信息和市场分析报告。但是在应用大数据方面，金融服务业远远落后于硅谷的高科技企业，如 E‐bay、亚马逊、谷歌等。金融服务机构大数据挖掘滞后的主要原因是它们的结构，由于监管、传统业务以及保密的原因，该结构呈现出封闭型的特点。❶ 2013 年是互联网金融的开局之年，互联网企业纷纷涉足传统金融业务，金融服务业也踊跃启动互联网渠道，两者的合作和融合还将继续。传统金融业的结构化数据和互联网行业的非结构化数据一起构成了互联网金融的核心资产，对这种大数据进行深入挖掘和应用将是商业模式创新的源泉。大数据未来将会更加广泛地应用在互联网金融征信体系的建立上，并产生重要作用。

我们这里以阿里巴巴集团为例介绍大数据究竟是如何应用于互联网金融的征信上的。20 世纪末，阿里巴巴只是一个 P2P 的网上交易平台，仅仅展示商品，鱼龙混杂，商户与买方难以建立信任。为了解决网络贸易的信用问题，阿里巴巴推出了为中小企业量身定制的"诚信通"。该产品宣称，通过独一无二的第三方身份认证，建立诚信通档案，赢得买家信任。随着网络贸易的发展，两年之后，阿里巴巴又推出了"诚信通指数"，用于展示企业的网上信息公开度和贸易成熟度，作为企业之间相互了解和选择对方的一个重要参考。截至2011 年年底，阿里巴巴注册会员突破 5000 万，其中付费的诚信通会员已经近100 万。在诚信通数据库中，最长的信用记录已经超过 6 年。因为线上交易，所以商户的所有行为均被记录，包括什么时间、做了什么生意、发货到哪里、现金流多少等变化情况，阿里巴巴都有相应数据记录。该原始数据基本上无造假可能，所以绝大多数商户的信用记录是可靠的。海量的网络信用数据，成为

❶ 刘新海. 大数据助力中国未来金融服务业［J］. 金融市场，2014（2）.

了阿里巴巴进军金融的核心竞争力，与此同时，也引起了建设银行和工商银行的注意。两大银行巨头心中清楚，一个涵盖了数十万家企业的信用数据库，能产生多大的价值。如果银行能共享该数据库，这将给它们甄选贷款企业带来极大便利，且大大降低坏账风险。此后，阿里巴巴与建设银行、工商银行高调合作，宣布向会员企业提供网络联保贷款，无须抵押。该类产品 3 家或 3 家以上企业组成一个联合体，共同向银行申请贷款，同时企业之间实现风险共担。阿里巴巴将提交申请的会员信用记录提交给银行，最终由银行决定是否发放贷款。然而，三年后，由于建行拒绝了阿里巴巴在贷款利息收入中分一杯羹的要求，二者产生矛盾，最终分道扬镳。但是在此次试水期间，阿里巴巴构建了自己完整的信用评价体系和数据库，以及应对贷款风险的控制机制。阿里甚至借助平台进行风险控制，尝试公布会员的不良信用记录。淘宝现在拥有 1.45 亿名会员，其中卖家有 600 万名。通过阿里巴巴的淘宝、天猫、支付宝等一系列平台，阿里金融可以获得卖家会员的商品交易量、真实性、商铺活跃度、用户满意度、库存、现金流，甚至水电缴纳等信用数据，相当于拥有了自己的征信系统。阿里金融深度挖掘数据库，把各平台所有商家的信息贯通起来，可以获得非常复杂和庞大的征信资料。这样阿里金融通过互联网技术，加上平台信用数据积累，可以打造一条"小贷流水线"，以期融资服务实现标准化工业生产，降低成本并确保质量，最终就能建立起互联网式金融的小贷工厂。于是，阿里小贷在 2014 年 4 月成立，将客户在电子商务网络平台上的行为数据映射为企业和个人的信用评价，批量发放小额信用贷款。截至 2014 年 2 月中旬，累计投放贷款超过 1700 亿元，服务小微企业逾 70 万家，户均贷款余额不超过4 万元，不良率小于 1%。阿里处理的贷款都是银行所不愿意受理的小额贷款，收益太少，成本却很高。这就需要自动化、低成本批量的信用风险管理手段。阿里金融依托淘宝、天猫、支付宝等平台开展业务，一是目标客户清晰，有稳定的客户源；二是客户在网上积累的信用数据和行为数据完整，信用分析可靠，风险可控。阿里小贷的部门设置中，负责贷款的主要是淘宝贷款车间和阿里贷款车间。淘宝贷款服务于淘宝和天猫平台的卖家，阿里贷款的对象是 P2P平台上的小公司。

　　阿里金融利用自身的征信体系来给小商户提供信用贷款的启示在于：如果进一步完善征信系统，就可以极大缓解小微企业贷款难的问题，起到普惠金融的作用。此外，阿里巴巴集团依托其自身的征信体系作为阿里金融的基础设施，助力于阿里未来的金融战略，如信用卡、阿里银行等。同时阿里金融的征信体系还可以帮助阿里巴巴集团本身电子商务向规范化和纵深化发展。目前，在国内面向公众、在整个社会范围发挥作用的征信体系只有央行征信体系，阿里金融的征信体系还不能与央行征信体系相提并论，但是其创新的思维和面向小微企业服务的特点确实值得学习和借鉴。阿里巴巴通过大数据在其内部整个生态系统内构建着自己的征信系统，这将建立起这个生态系统内部的信用体系。放眼整个互联网金融市场，每个互联网金融企业根据其开展的业务的历史信息也都建立了自己的信息库。这些信息库不仅是企业自身的商业机密，还涉及用户的隐私保护问题，所以都有其封闭性。从分析可以看出，目前阿里金融等互联网金融企业的征信体系无论是从服务对象还是服务内容来看都更像一个金融机构供内部使用的征信系统，对央行征信体系还远远构不成挑战。由于面向的信用主体和参照的信用维度不同，央行征信体系和这类阿里金融征信体系有着很好的互补性。

第八章　我国农村信用体系建设问题研究

第一节　我国农村金融信用状况

一、二元经济结构对农村金融的影响

众多研究表明，现代经济是市场经济，也是金融经济，金融对经济增长有着十分重要的推动作用，从而使得金融成为现代市场经济的核心之一。金融发展水平的高低，金融资产规模的大小，无不影响着经济发展的水平和高度。然而，在目前的中国，城乡之间金融发展存在巨大差距，而这种差距的形成主要由城乡二元经济结构所导致。具体原因主要表现在以下几个层面。

（一）二元经济结构导致政府制定城乡金融制度存在差异

在二元经济结构的现实条件下，无论是中央政府还是地方政府，制定的经济政策往往使得资本这一生产要素无法通过市场进行自由配置，造成制度性市场分割，这就使得金融市场上资金融通存在供给与需求两方面的矛盾。

1. 基于金融供给视角的分析

首先，二元经济结构导致金融政策向城市现代化工业倾斜。现代化工业投资由于资本回报率高，又关乎到国家、地方经济长期发展，往往能获得中央、地方政府经济、金融的政策倾斜，而传统农业则容易被忽视。金融部门若为现代工业提供服务则效率更高，金融中介损耗较小；而为农业提供服务则效率较低，金融中介的损耗较大。

其次，二元经济结构使金融机构网络在区域内分布呈现不均衡的特点。城市金融机构多样化，网点分布密集；农村金融机构单一，网点分布稀疏。这导致了城市现代工业和农村传统农业在金融资源和金融服务的可得性上具有较大的差异。

最后，金融机构的制度偏好，使农村信贷供给严重不足。由于尚未在全国范围内建立农业生产者的信用评估体系，金融机构为农业生产者提供贷款时，往往附加更高的条件，而民间金融手续简便、形式灵活，可以满足农业生产者的不同需要。就我国来说，尽管改革开放30年来，农村正规金融经历了各种变革，但是在为农业生产者提供信贷服务的金融机构却没有发生太大变化。农村正规金融机构包括农村信用社、中国农业发展银行、农村合作基金会和国有商业银行在农村的分支机构。但是中国农业发展银行不与农民直接开展业务，因而其对农业生产者的融资几乎没有影响；农村合作基金会在农村持续的十几年间，其贷款对象主要为乡镇企业；国有商业银行的分支机构贷款多要提供抵押，一般农业生产者很难获得贷款，且其主要的服务对象也不是农业生产者，因此其对农户的融资影响也有限；银监会合作金融机构监管部主任姜丽明在2014年对外公布的数据显示，农村信用社发放的农户贷款占其贷款比重为82%左右，可以说是为农户提供贷款的最主要的正规金融机构。因此在相当长的时间内，我国金融机构的服务对象主要是非农产业，服务于农业经济发展的只有农业银行和农村信用合作社。总的来说，在现行的农村金融体制下，吸纳农村资金的机构大量增加，但是为农业提供金融服务的金融机构却没有同步增加，农业贷款比重相对偏低。服务于非农业的金融品种越来越多，但是为农业服务的金融品种却很少。

2. 基于金融需求视角的分析

经济主体逐渐向多元化发展，而在金融垄断的制度下，农村金融需求、民营企业特别是中小企业的融资困境必然存在，官方金融制度的供给不均衡造就了民间金融的生存和发展空间，同时民间对金融资源有效需求的差异也为民间金融提供了生存机会。

有效需求的大小很大程度上取决于人均可支配收入，因此不同区域的收入水平决定着区域间金融需求的差异。以农业产业为主导的区域，也就是区域二元经济结构特征较强的区域，人均收入较低，其所能支付的金融产品和服务价格低于正规金融机构提供产品和服务的最低成本。而以工业产业为主导的区域，也就是区域二元经济结构特征较弱的区域，人均收入较高，其所能支付的金融产品和服务的价格可以弥补金融机构提供产品和服务的最低成本。因此对投资者来说，工业产业为主导的区域可以对金融机构形成较大的"有效"需求，而以农业产业为主导的区域尽管自身非常缺乏资金，也无法形成对金融产品与金融服务的"有效"需求。从自身来看，农业生产者往往主观认识相对传统、封闭，对金融产品等新兴事物的接受能力有限。一方面，农业发展急需金融产品与服务，另一方面农村地区的金融资源有限，农业生产者支付能力有限，金融供求间的这种矛盾迫使非正规金融的产生，从而弥补农村正规金融资源的不足，最终形成区域二元金融结构。

（二）生产组织方式的差异导致城乡二元金融结构

区域二元金融结构的产生除了用经济、金融政策解释外，区域产业及其生产组织方式的差别也能对其起到影响作用。

首先，当区域产业或实体经济结构不同时，对资金的需求可能存在差别。若区域二元经济结构特征较显著，则区域 GDP 中农业产值的比重较大，农业劳动力在总体劳动力中的比例也较大。传统农业是劳动密集型产业，通常实行的是家庭联产承包的生产组织方式，也就是说，家庭是农业生产的最主要微观组织。农业生产组织的家庭化决定了我国农业劳动力的提供主要是本家庭成员，这样，农业生产中劳动投入的商品化程度同城市工业和服务业相比较要低，也就是意味着完成相等的 GDP 所要求的货币媒介在以农业为主导的区域，比在以工业为主导的区域要少。因此，以农业为主导产业的区域通常资金流动不及以工业为主导的区域快，金融发展也较慢。

其次，农业生产者从金融部门借贷资金进行生产性经营投资之外，更多的是生活、家庭方面的借贷。比如大多数农业生产者及其家庭遇到婚丧嫁娶、子女升学、建房治病等大的生活支出时，都需要借债。刘玲玲等对 2007 年中部 8 省的农村金融进行了深入的调研，著有《中国农村金融发展研究》一书。该书揭示，农户贷款中有 58% 是出于非生产性的借款，其中比较重要的原因是建房或装修、子女教育、治病。农户贷款的生活性需求决定了正规金融机构很难对其发放贷款。此外，农业生产者单笔贷款的金额虽然不大，但是季节性较强，且风险也较大，不良贷款率较高。通常正规金融机构对这类贷款比较谨慎，更愿意将有限的资金放贷到信用度更高、资本收益率更高的工业部门和服务业部门。

截至 2014 年年末，全国农信社不良贷款率的余额和比例分别为 2433 亿元和 7%，远高于城市商业银行不良贷款率。农业生产者及其家庭的融资需求得不到满足时，一般通过亲友之间自发的资金调剂，或到传统的钱庄、典当行等方式来获得零星的金融资源。尤其是自 2003 年国家扩大了贷款利率浮动幅度后，银行贷款利率与民间借贷利率的差距缩小，农业生产者及其家庭更倾向手续简便、操作灵活、快捷的民间借贷。区域二元经济结构背景下，市场需求的力量催生了区域二元金融结构的形成。

二、农村金融信用特点

金融的运行方式决定了信用体系的建设方式。农村金融的特殊性使农村信用体系在建设与发展过程中显现出区别于其他社会信用体系的一般特征。尽管我国政府积极致力于缩小城乡差别，并做出大量政策性和制度性的安排，但这将是一个长期的过程。因此，研究适合农村金融特点的农村信用体系建设，必须考虑到农村现实的金融生态环境，掌握农村金融发展的一般规律和特点。

（一）农村的金融信用规模远小于城市

农村与城市市场化程度的差异，决定了农村的信用需求低于城市，对信用的重视程度不如城市，农村的信用形态也有别于城市。依存于农村经济的信用及其供给长期处于量小零散的状态，从而导致农村的中小企业及民营企业同样具有这种特性。这种信用需求与供给状态显然与建设社会主义新农村的要求相距甚远，与市场经济要求也并不完全吻合，更不合乎以追求规模经济和利润最大化为目标的商业性金融机构的口味。这也是造成农村资金持续外流、农村金融服务严重短缺的根本原因所在。

（二）农村农户的收入结构复杂，信用统计难度大

一方面，农业生产本身具有生产的特性（不同种类的农业生产，也存在明显的差异），除农业收入外，农户往往还包含了经营性、外出做工等其他非农收入。这些收入构成不仅复杂，而且不够稳定，与城市居民收入状况形成鲜明对比。城市居民的收入相对而言比较单一，而农村农户收入由于这种不确定性而显得复杂了许多。同时，中国农民"财不露白"的思想，使除了同村邻居、熟悉或关系密切人员外，其他人员很难深入了解农户的信用状况。并且随着社会发展，人们对隐私的保护程度也越来越强，农村虽然整体民风比较淳朴，但是已不可与过去同日而语。这些因素限制了农户信用信息的积累，导致目前各地农村信用体系建设虽已起步，但信息采集量少、范围窄，信用交易双方的信息不对称程度也比城市更高。

（三）农村信用单位结构复杂

农村经济主体的家族（或家庭）特征强于城市。以往研究表明，中国社

会风险与收益的边界往往是界定在家庭等核心组织的，而一般不针对个体。由此加以引申，即便是现代经济规则与市场理念已经渗透到中国农村社会，以家庭作为基本消费和经济决策单位的传统也不会马上改变。这种结构的根源在于中国文化中家庭独一无二的地位。城市家庭作为经济主体，通常仅包含夫妻二人，并且一般而言夫妻二人都有自己的独立财产，因此在城镇信用体系建设上，可以简单地通过以单个人为主体的个人征信系统予以囊括，而在农村，家族特征更加明显，而且相对于城市，农村家庭人员组成更多，家庭成员间的相互关系也较城市复杂，这就意味着原先以个人或者两人为基础的征信系统不适用于农村社会，调查起来更加困难和烦琐。

并且农村信用与城市信用相比，具有特有的"圈层"结构特征。信用是人们之间建立的相互信任的关系。从这一角度观察农村信用，我们会发现农民最终认为可以真正信任的只有他们的直系家人。这种信用形态以家庭为核心，逐渐向外辐射延伸，从小家到宗族，由宗族到村落，由村落到乡镇，由镇及县等，一圈圈扩展开来，构成了中国农村社会所特有的"圈层"结构。这种"圈层"结构决定着中国农村社会特殊的信任结构。圈层之间的壁垒，阻碍了普遍意义上的信任体系的建立，使信任仅局限于圈层之内，而在圈层之外则戒备森严。因此，中国农村社会既有着小范围内高度的信任和秩序，又有着大范围内的不信任和无序，导致了信用交易成本的大幅增加。

（四）农村融资渠道和信贷结构也较城市复杂

从银行信用来看，首先，农村对信贷资金的需求与城市差异较大，对资金的规模要求不高，以小额信贷为主，可持续经营能力较差，容易遇到资金短缺的情况。其次，农村经济受自然条件和需求弹性的影响较大，而资产规模小、缺乏担保品，抗风险能力较差。再次，银行在农村的信贷业务开展管理成本较高，投资回报率远低于城市，难以形成信贷资金的大规模进入。并且，农村金融人才缺失，乡镇金融机构的人员构成复杂，专业知识有限。

以上4类原因共同导致了我国金融结构的失衡。金融二元结构体制特征以及农村资金需求难以从制度金融渠道得到满足，因此民间信用成为自发产物。目前民间借贷在我国农村普遍存在，并已成为融资的重要渠道之一。中国农村社会的乡土意识与家庭圈层结构决定了他们在相当长的一段时期内仍会认同与依赖传统的借贷渠道和方式，而不是快速融入现代信贷制度。这一特点与城市恰恰相反，城市的正规商业性信用交易远较农村发达，因此银行信用占据了信用交易市场的绝大部分份额。而在农村，银行信用却与民间信用大致相当甚至是弱于民间信用。而这种民间信用的缺陷也是显而易见的，资质不健全，缺乏监管会导致大量的不良信贷产生，损害农民利益的同时也困扰着当地政府和各级金融监管机构。

第二节　我国农村信用体系建设现状

我国农村信用体系建设工作起步较晚，前期工作也主要是由农信社主导开展的"信用户""信用村""信用镇"等活动，所带动开展的农户信用信息的采集、整理和运用工作。近几年，农村信用体系建设工作已经越来越受到国家的重视，中国人民银行征信主管部门也在介入。

一、农村信用体系发展概况

农村信用体系建设，作为支持家庭农场、农户、小微企业等农村地区小微主体融资、发展普惠金融的有效手段之一，也是地方社会信用体系建设的重要抓手和主要内容。2014年，中国人民银行确定32个县（市）为农村信用体系建设试验区。探索完善农户、家庭农场等农村地区经营主体的信用信息采集与应用机制，开展信用评价，引导出台以信用为基础的相关政策措施，发现和增进农户、家庭农场等经济主体的信用价值，提高其融资的可获得性和便利性，发挥信用信息的作用，支持发展金融普惠。截至2014年12月末，全国共为1.6亿农户建立了信用档案，并对其中1亿农户进行了信用评定。已建立信用档案的农户中获得信贷支持的有9000多万户，贷款余额2.2万亿元。

我国现行的农村信用体系发展模式大概有以下三种。

（1）以涉农协会、促进会、农业互助合作社等组织主导建立的农村信用体系建设模式。主要以福建屏南模式为代表，当地政府组建了"小额信贷促进会"，并赋予该促进会征集农户信用信息、建立农户信用信息数据库的职能，同时建立了"三农"综合服务信息平台。利用该平台，将农户信用信息的征集、评价、更新、推介、担保等功能有效地融合在一起。

（2）由中国人民银行与政府共同建立的农户信用信息基础数据库模式。例如，浙江丽水模式，成立了农村信用体系建设工作组织机制，政府"一把手"任组长，强化组织机制的运作能力和效率，开发了两级联网的农户信用信息基础数据库，金融机构间实现了农户信用信息共享。在编制和经费预算上，由地方财政列支。又如黑龙江克山模式，以筹建信用信息中心为手段实现金融机构和政府相关部门信息共享，以信用评价为依托加大金融支农惠农力度，研发了信用信息管理系统，建立了县域信用信息中心，拓宽了信息采集的主体和范围，完善了评级方法、信息共享、信用机制三个方面的建设，加强了政府、中国人民银行、相关部门、农业经营主体4个方面的合作，实现了"一库一网一平台"的共享。

（3）由涉农金融机构根据自身业务需要主导建立的农户信用信息电子档案模式。这种电子档案多以信用社为单位建立，采集的信用信息包括农户基本情况、经营情况、家庭资产情况、信用状况、偿债能力等几大类，并设计了一套农户信用评定标准，按照得分高低，一次性评定授信额度，上不封顶，两年有效期，可享受免抵押、免担保、利率下浮等贷款优惠政策。

农村信用体系建设是一项综合性系统工程，涉及部门、环节较多，由于我国目前缺乏相关法律、法规的硬性制约，各部门参与的不同，涉及企业及个人的工商、税务、电信、法院判决、缴水电费、拖欠工资等相关信息的采集都存在着比较大的难度，整体规范性存在不足，这些问题很大程度上影响农村信用体系建设的进程和效果。而且农牧户数据采集的真实性难以保证。这一方面是因为随着农村城镇化进程的加快，农牧户搬迁和外出打工人员日益增多，给农牧户信息的采集造成较大阻碍；另一方面是绝大部分农牧户对涉及自身隐私（如家庭资产、收支和健康状况等）的指标较为敏感，不愿填报或少填报；还有便是个别未贷款或无贷款需求的农牧户，不愿意透露其相关信息，以致非存量客户信息无法采集；同时信息采集人员个人素质存在差异，使部分关键信息项缺失或失真，严重影响信息的质量，也给信息的实际应用带来一定困难。

二、国家对于农村信用体系建设的政策引导

农村信用体系建设是社会信用体系建设的有机组成部分。近年来，党中央、国务院高度重视农村信用体系建设工作，先后出台了一系列政策和措施，为推动农村信用体系建设提供了理论依据和政策支撑。

党的十七届三中全会专门通过了《中共中央关于推进农村改革发展若干重大问题的决定》，提出农村信用体系建设是做好金融服务"三农"的一项紧迫任务和长期制度安排，是促进统筹城乡发展和营造良好的农村信用环境和政策实施环境的有效手段，是建设社会主义新农村的基础工程。

2009年发布的《中国人民银行关于推进农村信用体系建设工作的指导意

见》是为贯彻落实党的十七届三中全会关于加快农村信用体系建设的决定，改善农村信用环境，促进农村经济发展，进一步做好农村信用体系建设工作而提出的政策性意见。主要提出的工作任务和要求是：加大农村地区信用宣传力度，改善农村地区的信用环境；推进农户电子信用档案建设，推进电子化农户信用档案建设，推动建立农村信用信息共享机制；积极开展农户信用评价工作，继续规范和深入开展"信用户""信用村""信用乡（镇）"建设工作；探索建立农民专业合作社等农村新型经济组织的信息采集与信用评价机制，将分散的农户信用整合为有组织的集体信用，推进农户之间的风险共担、利益共享；加快农村中小企业信用体系建设，建立健全"守信受益、失信惩戒"的信用约束机制；提高企业和个人信用信息基础数据库在农村地区的服务水平，提高农村金融机构的信贷资金投放效率，缓解农户和农村中小企业贷款难问题，支持农村经济发展；引导农村地区金融机构改善金融服务；争取地方政策支持，推广信用信息产品使用，将经济主体信用状况与行政管理、公共服务等有机结合，推动建立健全信用约束机制；健全风险分担机制，提升信用管理水平。

中国人民银行 2014 年发布《中国人民银行关于加快小微企业和农村信用体系建设的意见》，是继 2009 年发文后央行对农村信用体系建设的又一重要指导意见。此次意见中首次提出了 4 点工作原则，分别是：

政府领导，市场参与。发挥政府的组织、领导作用，建立健全政策与制度，促进信用信息公开与应用；发挥市场机制作用，引导市场机构积极参与。

人行推动，多方支持。加强与政府、各相关部门的联系，制定、完善工作方案和工作措施；加强宣传，争取各方的支持与配合，形成合力，共同推进。

试点先行，逐步推进。结合地方实际，在有条件的地区开展试点；坚持从易到难、由点及面，不断总结，发挥典型示范作用，逐步推广。

积极创新，务求实效。实事求是，积极创新，探索合适的工作方法与途径；构建可持续的工作机制，务求实效，扎实推进各项工作。

同时明确指出要继续完善信用信息征集体系，建立信用评价机制，健全信息通报与应用制度，推进试验区建设，健全政策支持体系，发挥宣传引导作用等一系列工作目标。

根据党的十八大提出的"加强政务诚信、商务诚信、社会诚信和司法公信建设"，党的十八届三中全会提出的"建立健全社会征信体系，褒扬诚信，惩戒失信"，《中共中央国务院关于加强和创新社会管理的意见》提出的"建立健全社会诚信制度"，以及《中华人民共和国国民经济和社会发展第十二个五年规划纲要》提出的"加快社会信用体系建设"的总体要求，国务院于2014年制定了《社会信用体系建设规划纲要（2014—2020年）》，其中明确指出了加强农村信用体系建设工程力度。为农户、农场、农民合作社、休闲农业和农产品生产、加工企业等农村社会成员建立信用档案，夯实农村信用体系建设的基础。开展信用户、信用村、信用乡（镇）创建活动，深入推进青年信用示范户工作，发挥典型示范作用，使农民在参与中受到教育，得到实惠，在实践中提高信用意识。推进农产品生产、加工、流通企业和休闲农业等涉农企业信用建设。建立健全农民信用联保制度，推进和发展农业保险，完善农村信用担保体系。

第三节　我国农村信用体系建设中存在的问题

一、农村各经济主体的诚信意识和金融风险意识淡薄

随着我国由计划经济向市场经济进程的不断深入转化，人们的经济意识开始增强，农村居民的金融信用意识也开始体现出来。然而长期以来，农村地区群众的文化素质教育水平比较低，导致农户传统的信用意识逐渐淡薄，又很难在短时间内树立与现代经济社会发展相适应的，尤其是与当前"三农"发展相适应的新的信用观念，这在一定程度上致使农村整体信用环境不是很好。

1. 从农户方面看

农户作为农村最庞大的构成主体，一直以来都为市场经济作出巨大的贡献。然而在现代经济快速发展的条件下，为了达到快速致富的目的，通过不合理不合法的渠道获得贷款，通过门路、关系、熟人等可以钻制度的空子，出现失信情况并逃避相应制度惩罚的现象在农村地区也屡见不鲜。一些申请贷款的农户成功逃脱金融机构贷款的真实案例的"示范效用"，在一定程度上也致使农户信用观念及行为的缺失。另外，农户对自身贷款的金融风险意识也是比较淡薄的，他们过于热衷地搞到贷款，而对贷款的具体用途、归还期限等缺乏一个明确的风险评估，也对自身承受能力没有客观评估。当贷款到期时，往往自身又没有实力归还贷款，只能是继续通过其他途径如高利贷继续贷款，形成循环债。

2. 从农村中小企业看

对于农村中小企业而言，由于其普遍是"作坊式"或"家族式"的管理

经营模式，其管理机构不健全，没有相关的信用管理部门对其进行监管，使得企业信用主要依靠管理者和员工的素质。在眼下的乡镇中小企业中，有明确的信用管理规章制度的还是较少。许多企业出现短视的"失信行为"，只顾及眼前的一点蝇头利益，一味地追求企业当前自身利益最大化，不注重维护企业长远发展需要的无形信用资产信誉。

现代市场经济是信用经济，信用销售已成为商客争取客户、扩大销售额和经营规模的最有效的手段，以信用方式为主的结算方式也取代现金结算而日趋成为企业间交易的主导方式。而当前的中小企业为了生存和发展，往往也采取这种信用销售的模式，企业与企业之间形成了"三角债"或"多角债"，一旦中间的信用环节出现问题，可能危及许多企业的生存和发展。所以对于农村中小企业更要完善相关的信用管理规章制度和建立相应的信用管理部门，增强自身的金融风险意识。

3. 从农村基层政府看

在农户和农村中小企业背后的是农村基层政府。农村基层政府在农村信用体系建设中起着至关重要的作用，是金融机构及农户、农村中小企业之间的"桥梁纽带"。但是农村基层政府自身存在着诚信缺失问题，在一定程度上让这一桥梁纽带难以完全有效地发挥作用。这种诚信缺失问题具体表现为：一是农村基层政府干部的廉洁建设问题，这一问题影响着政府及其工作人员在农户心目中的形象和地位，而当前的干群关系紧张最根本的也是源于此；二是农村基层政府干部没有一个合理的政绩考核观，为了追求升职拼命地在其执政期内大搞面子及形象工程，在短期出效益、出政绩，盲目投资上项目，浪费财政资金，这给本来就捉襟见肘的农村基层政府的财政无疑增添了巨大的负担。这也使得原本特定的农村支农资金挪作他用，该发放的资金没有发放到位，进而引起了人们对政府信用的质疑；三是由于农村基层政府财政的有限性及上述两点原因，致使农村基层政府在出台相关政策上受限制的因素很多，导致了农村基层政府政策及相应的组织服务稳定性差，进而致使生产、生活有诸多难题的农户很难去找农村基层政府解决。

二、农村信用信息体系建设缺陷

在我国，已经初步建立了个人和企业的信用征集系统，但是没有建立特别针对农村的社会信用征集系统，而承担农村金融扶持的各类涉农金融机构对所涉及的农户及农村中小企业的相关信贷信息由于受到种种条件限制被广泛分割在各种涉农机构，没有做到相应的信息归集、整理及汇总，很难实现对这些贷款农户及农户中小企业的相关信贷信息的共享。

（一）农村信用体系建设的各项措施缺乏法律规制和制度保障

虽然国务院陆续出台了《征信业管理条例》和《社会信用体系建设规划纲要》等一批法律、规章和规范性文件，但是结合农村信用体系建设出台的地方性法规和规章极少。例如，没有制定针对农民和农村经济主体的信息采集、查询、使用等详细制度；没有公布守信激励失信惩戒机制的具体实施办法；政府部门的农户信用信息得不到共享和应用，无法形成信用制约的合力；有关部门编造多种理由不支持信息共享，导致信息采集和数据库建设障碍重重等。

（二）农户信用信息采集模式遭遇瓶颈

（1）农户信用信息基础数据库的采集对象和范围难以确定。随着农村城镇化步伐加快，兼业农户逐渐成为主流群体，尤其这几年农户外出打工、家庭从事工业加工、种养殖业集约化经营项目等新型农业生产发展方式的兴起，使得农户具备了农民和商人的双重身份，导致农户信用信息基础数据库的采集对象和范围难以确定。

（2）农户信用信息的采集困难。农户信用信息的采集，主要以农村常住人口和户主信息为主要采集元素，家庭成员信用信息只起到辅助作用，而传统的农村户主往往在家庭中属于祖辈或父辈，已经不是实际家庭收入的主要创造者，因此，这类农户信息的采集，并不能反映农户家庭的真实信用状况。由于我们当前的农户信息系统没有实行全国统一联网，离开家乡外出创业的农户，他们的信用信息只能搁置在家乡的信用信息系统中。因此，流动农民不能成为当前农村征信模式的受益者。

（三）农村信用体系建设的具体项目缺乏资金、人才和技术的实质投入

涉及农村信用体系建设需要大量的人力、物力和财力投入，但是政府专门抽调出的人员非常有限，存在兼职人员多，时间、精力跟不上等问题。政府和有关牵头部门没有相关财政支出预算和专项资金筹集渠道，难以拿出"真金白银"支持和推动农村信用体系建设。目前，信用管理还属于冷门专业，信用管理人才奇缺和征信人员匮乏问题始终困扰着农村信用体系建设的各项工作。

（四）农村信用体系建设缺乏有效的切入点

目前，各地开展的农村信用体系建设试验区总体示范作用发挥不够；信息互联互通难，信息查询和共享范围窄；信用户贷款需求满足率低，利率优惠不够到位；守信激励和失信惩戒机制未从实质上得以健全。试验区没有拿出部分服务项目和圈定特定人群作为突破口，如把试验对象划定在农业产业链上的农民和农村经济主体等。

三、农村信用中介服务组织发育缓慢

信用中介服务组织是信用体系建设的重要组成部分。从某种程度上说，离开了信用中介机构，信用体系建设就无从谈起。从国外现有的经验来看，一个国家信用体系的建成，信用中介机构的发展起到了关键性的作用。当前，在我国信用体系建设尚处起步阶段，信用中介机构因呈现出忽视自身的平衡性，一味追求数量多；规模大、实力小，且竞争无序；信息渠道分割，且作用与功效很难有效发挥；缺乏相应的基础支撑促进其进一步发展等特点致使其发展也处于"初级阶段"。这些特点也体现在农村信用中介机构，由于机构发育比较缓慢，当前专门的农村信用中介服务组织还不多，更多的是一些金融机构及信用评估机构兼营农村信用评级业务，其所开展的涉农信用评级业务范围也比较小，缺乏对农业、农村及农民的了解，这些信用中介机构往往是呆板套用已有的信用评估体系和一些所谓的国际评估体系标准，而忽视农村各个地区自身所具有的特点。评级机构在农村存在成本高、评级结果认可度低等问题。担保机构针对农民和农村经济主体的担保业务收费高、风险大，市场拓展难度大。农业保险由于风险大、赔率高，业务发展步履维艰。农产品交易机构、农村土地经营权交易机构虽然成立，但是很难与银行等机构实现信息共享。

四、失信惩罚机制有待完善

按照经济学上的假设，经济主体在市场中都是理性的经济人，由于信息不完全、制度存在缺陷，经济人更会产生利我的投机行为，从而选择有利可图的失信行为，因为其选择失信行为所得到的收益大于所付出的成本。所以，在构建农村信用体系时，必须建立完善的失信惩罚机制，从制度上防范失信行为的发生，但是我国的信用管理法律不够完善，很难保证对所有失信人做到惩罚，从而让参与市场经济的各类主体产生投机心理。在农村更是如此，恶意拖欠贷款的现象屡见不鲜，因为对于其他人来说，拖欠贷款的人受到实质性的处罚还能获取较大收益，从而激起更多的人去贷款并采取拖欠贷款的失信行为。对部分恶意欠贷欠息行为，由于没有有效的惩戒措施，失信成本较低，对其转移资产、高档消费行为无法进行有效制约，失信信息对其本人和家庭无法产生实质影响，所以无法达到失信主体"处处受制、寸步难行"的效果。

第四节　进一步推进我国农村信用体系建设的政策建议

一、国外农村信用体系模式及启示

从国外社会信用体系建设实践来看，国外信用体系建设的主要模式可概括为以下三类。

（1）政府主导型信用体系模式。这种信用体系模式完全由政府或者中央银行主导建立一个覆盖全国的信用信息数据库中心，负责全国的信用信息的监控和需求，从而形成政府或中央银行干预经济的一种方式，在这种高度集中的信用体系构建模式下，能够保证信用信息数据的快速传递和收集，但是政府承担的财政负担比较重，这种模式主要以德国和法国为代表。

（2）市场主导型信用体系模式。这种信用体系模式完全是由市场经济发展到一定阶段自发形成的，政府制定完善的法律法规和提供高效的信息网络技术支撑服务，从而为市场经济的健康、高效、快速发展提供制度性的保障，而相关的提供信用信息产品的生产商依据市场化的运行规则和追求经济效益的目的为相关人提供信用信息产品，达到双方的共赢，采用这种信用体系模式的典型代表为美国。

（3）会员制许可型信用体系模式。这种信用体系模式是由若干家会员银行共同出资建立起一个信用机构，会员银行承担向信用机构提供相关的个人及企业信用信息数据的义务，同时也分享着其他会员银行提供的个人及企业信用信息数据的权利，也就是各个会员银行向信用机构提供的信用信息数据在会员制银行中间共享，但是这种模式所收集的信息比较分散且覆盖面比较窄，很难做到信用信息数据对某个人或者某个企业的全面覆盖，从而也很难得出一个对个人和企业正确的信用评估结果。

二、对我国农村信用体系建设模式的选择

综观上述三种信用体系建设模式，虽然没有哪一种模式完全适用于当前中

国的农村信用体系建设，但是它提供了一种思路和经验总结，再结合中国的实际国情我们发现我国当前农村信用体系构建的模式应为：政府主导和市场化运作相结合的一种复合模式。不同地区可以根据自身情况建设不同模式，但在基础数据采集和共享上要有一定的规范性，充分发挥各方在农村信用体系构建中的积极性作用。最终形成以政府或中央银行在农村信用体系建设中起主导作用，各金融机构和信用中介机构为主体、农村各经济主体广泛参与的农村信用体系。根据目前我国现行的三种模式来看，各模式都是根据各地区实际情况展开建设，都有其合理性和适应性，应该予以保留和促进。

之所以选择上述构建模式，是因为以下原因。

（1）农村信用体系建设是一个复杂的系统工程，需要政府发挥主导作用。农村信用体系建设，涉及面较广，这就需要政府发挥其多方协调、沟通的作用，将分散在各个部门的信用信息有机地整合起来，将各个部门联动机制更好地发挥出来，这项工作就是由政府或中央银行来牵头完成；因为农村信用体系所提供的是一个公共产品，更应该是由政府提供，而不能由私人提供；另外，针对各个地区的农村社会、经济发展不平衡这个现状，这也需要地方基层政府提供这些地区的基本情况信息；另外为了保证构建一个完善的农村信用体系，需要政府提供一些诸如网络技术服务及相关配套法律制度的基础环境建设，等等。上述情况决定了在农村信用体系构建中，政府或者中央银行起着主导性的作用。

（2）市场化运作才能确保农村信用体系建设的可持续发展。由政府全权负责农村信用体系，不符合我国市场经济持续、快速、健康发展的趋势，违背了市场公平、竞争的原则，因为现代市场经济是高效的充满竞争活力的，一味地由政府建立农村信用体系会给一部分人留下寻租空间，同时不利于新的具有本土特色的高效的信用评估经济体的诞生和培育，因为它们缺乏一个长效的发展平台和利益驱动。因此随着信用市场经济不断成熟和完善，政府应该逐渐弱化其主导作用，转而提供相应的服务和监管，如为净化市场完善一系列相关的法律、规章和制度，从而为市场化的高效运转的信用体系建设提供一个良好的"制度环境"。市场化运作是保持市场经济主体高效运作、不断创新的原动力，这一法则同样适用于农村信用体系市场的各金融机构及信用评估机构，通过他们按照市场化运行、经济效益最大化的原则，以独立的第三方主体客观、公正地提供信用信息产品，保障农村信用体系这个大市场长效地发展下去。

（3）各方参与共同保障农村信用体系的健康运转。农村信用体系的基本框架主要由农户和农村中小企业、政府或央行、金融机构或信用评级机构共同组成。其中，农户和农村中小企业有义务向政府或信用评级机构等提供必要信息，增强守信意识，如实向政府（央行）及金融或信用评估机构提供自己真实的个人相关信息数据。而政府或央行主要负责制定和完善法律、法规；加强政府各部门联动，广泛搜集信用信息数据，建立信用信息中心数据库；金融或信用评估机构则需要制定合理的科学的具有现实可操作性的信用评级指标体系，防范风险，独立、客观、公正地提供信用信息产品。三者共同保证农户信用体系的健康、良性运转。

三、快速推进我国农村信用体系的政策建议

（一）建立全国统一的农户信用基础数据库，实现信息共享

《征信业管理条例》的实施，为农村信用体系建设构筑了良好的法律基础。当前，农村城镇化步伐不断加快，农村多元化经济格局逐步显现，农户不再是传统意义上的农户，农民也不再是一直守着自家土地干一辈子的农民。从近几年全国各地推进农村信用体系建设的成果看，建立全国统一的农户信用信息数据库是构建新农村金融体系的必经之路。从科学长远规划看，个人征信系统和企业征信系统已经较为成熟，构建全国统一的农户信用信息基础数据库将成为个人和企业两大征信系统的重要补充。农户信用信息基础数据库是金融信用信息基础数据库的重要组成部分，应由中国人民银行征信中心负责建设、运行和维护，在个人和企业两大系统中考虑信用信息的共享与连接是当务之急。

在农户信用信息基础数据库的数据采集上，金融机构信贷数据、农户基本信息数据等可参照企业征信系统的模式进行采集，对农户的标识号码以身份证号作为农户信用档案的识别号，这样，无论农户家庭成员走到哪里，只要登录农户信用信息基础数据库，都可以了解到该农户的信用状况。

农户征信的核心是实现农户信用信息共享，而要实现信息共享关键在于构建起农户信用信息基础数据库（即农户信用信息管理平台），实现各行业信用信息的互联与互通，将分散在政府各职能部门、应让社会公众共享的农户信用信息，包括在职能部门的农户家庭及其成员的基本信息、诉讼等信息，统一在信用信息管理网络平台上发布及备查，为征信机构和社会提供客观公正的原始数据信息，实现信用信息资源共享，最终让失信者处处受限、守信者处处受益。

要实现信息的互联互通，必须统一信用信息技术标准和规范。具体过程中

要统一信用信息标准和信息主体代码，建立信用信息数据处理标准、流程控制标准、数据报文反馈格式、数据检验规则等。统一报送农户信用信息的内容格式、从计算机和网络规范数据信用报告标准文本格式、信用报告查询请求格式、信用信息查询和异议处理请求格式。通过统一的技术标准和规范，实现农户信用信息采集、处理和报告的自动化，以提高信用信息的采集和流通效率。

（二）农户及农村中小企业的信用评估体系的构建

信用评估（评分、评级）是指金融机构内部或者信用评级中介机构基于被评对象过去的信用历史，综合考虑相关因素，运用科学严谨的方法，对被评对象未来一段时间按期偿还债务的能力进行综合评估评价，得出一个表示还款能力的分数，并用专用符号标识反映不同的信用等级，以揭示各类信用风险的一系列流程和规则。农户信用评估指标的选取是农户征信体系的核心内容。为了全面、系统地评价农户信用概貌，实现对农户信用进行客观评价的目的，设计农户信用指标体系时需要遵循全面性和系统性、科学性和可操作性、定性与定量相结合、相关性和相对完备性原则，制定科学、严谨的农户信用评价指标体系。

由于目前还缺乏比较成熟的信用评价指标体系，可以参照国内外对个人信用评估的做法，由当地人民银行牵头，与涉农金融机构及有关部门共同研究，将采集到的农户信用信息数据库里的信息进行筛选，作为农户信用评估的指标。并且要根据不同时期、不同地域、不同阶段经济发展状况和人们的社会信用意识，不断修改充实指标体系，以使评估更可操作，更贴近市场实际。其实，世界最具权威的信用评估公司——标准普尔公司和穆迪公司的评级指标体系也是在市场运作的过程中不断修正并逐渐形成的，在不同的国家、地区和不同的发展阶段，两大公司均使用不同的指标体系。

农户的信用评价指标，既包括家庭不可分割的经营资源和共有财产信息，又包括家庭成员的个人信用信息，所以农户的信用评价要比城市居民和企业更加复杂和困难。同时，由于农村经济弱于城市经济，加上涉农金融机构人才素质总体不高，高标准的信用评价体系在短时间内很难在涉农金融机构建立和发展起来，因此，在农户征信的起步阶段，应研究制定一套科学、简约的信用评分流程，准确反映农村信用主体的信用状况，对借款申请人的还款能力、资信状况等作出综合评价，并根据评价的得分划出信用等级。在农户征信进入较为成熟的阶段，可以借鉴国外先进的信用风险评分模型，注重对历史数据中有效"特征项"权重和影响水平的统计分析，建立适合各地区特点的农户信用评估系统，帮助各涉农金融机构客观、公正地根据信用评分等级决定"贷与不贷""贷多贷少"。

各种信用评价模型的科学性是统计分析意义上的，基础在于样本数据。由于各国经济文化差异，必然导致以样本为基础进行分析，建立起科学的、适合国情的农户评分模型是我们现在急切需要的。城乡的信用水平差别比较大，不同地区的农村经济发展情况千差万别，因此，农户的信用评级标准不能盲目模仿城市居民信用评估办法，而应建立适应农村经济现状和农户实际的信用评估模型，为此，需要综合考虑农户每个家庭成员的素质水平、守信状况和收入状况，以及过去一段时间里各农户的生产经营能力的大小等，建立农户自己的信用评分机制，制定反映农户实际情况的评级标准，以便作出最接近农户真实信用状况的评级。在农户征信体系建设初期，可以由各地人民银行组织涉农金融机构高管和信贷人员在科学选取农户评价指标基础上，对不同的指标赋予不同的分值（权重）进行量化。

农户家庭经济收支、民间借贷等信息是非常重要的评价指标，但是主要由农户填报，且能够佐证的渠道不多，很难准确收集和反映，甚至在西方征信国家如美国对如何真实取得个人收入信息也是一个头疼的事情，本文认为可以通过降低这些指标的权重，并通过村委会评价加以补充。充分发挥村委会在农户信用评价中的作用，这是农户征信的一大特色。广大农村地区的村支部、村委会作为农村基层组织，是党在农村的中坚力量；村干部大都是本地人，生于斯，长于斯，有的扎根农村几十年，属于乡村"圈层"信用中的重要一层，对农户在当地的口碑、信用、经营能力、家庭收入情况等，都了如指掌，这些软信息的获取正是涉农金融机构在农村开展业务的一个比较优势。因此，应当充分发挥村支部、村委会人的优势，调动其农户信用评价的积极性，以有效提高农户信用评价的准确性。对于村委会、村民代表参与农户信用评价，目前有不同的看法，有的人甚至认为会削弱农信社的经营自主权。

（三）强化信用信息的应用程度

为强化信用信息的社会化应用，信用信息的征集应包括金融信贷信息、税务、司法判决、交通、电信、水电费等一切有关的信用交易信息，范围应扩展到每一个具有民事行为能力的公民。设定开放各类信用数据的标准和权限，在行政审批、评级评优、农村配套服务、农业项目安排、补贴资金和优惠政策等方面及在干部选拔任用、职务晋升、代表资格备选等活动中，逐步建立健全信用考核制度，扩大信用信息的社会效应。

信用信息系统建设是一个由小到大的过程，在建设过程中，系统建设方应积极推动系统应用，根据使用者的需求不断完善系统指标，扩大信息搜集范围，提高数据的更新率，保证系统信息的完整性、及时性和准确性，发挥系统的建设价值。为加强应用，一方面要增加系统信息查询的便利性，通过互联网接口、地方职能部门网站或是专门的信息发布平台等方式为使用者提供查询服务；另一方面要加大宣传力度，特别加强对有效规避投资风险等具体事例的宣传，提高社会的关注度，吸引信用需求者查询使用信用信息，增强系统应用的广泛性。

（四）推进试验区建设

中国人民银行行长周小川在中国人民银行2014年年初工作会议上指出，要以试验区为重点，大力推进小微企业和农村信用体系建设。而传统的以农户、乡镇为主的农村信用体系建设对涉农金融机构的信息参考作用有所下降，参与机构的积极性有所减弱。有鉴于此，中国人民银行应将农村新型经营体系作为农村信用试验区创建的重点，从农户和农村新型经营体系两个层面入手推动农村信用体系试验区建设，以强化试验区建设的成效。

（1）在推进试验区的总体构想上，应以服务新型农村经营主体信贷需求为重点，以信用信息的征集、评价和应用为抓手，以支持融资、培育信用意识为出发点和落脚点，从普通农户和新型农村经营体系两大层面入手，推进信用信息服务平台建设，形成各方共建、利益共享、风险分担的可持续机制，发现和增进农户、新型农村经营主体的信用价值，改善农村金融生态环境，推进普惠金融可持续发展。

（2）在组织形式上，坚持政府领导、市场参与、人行推动、多方支持的原则。以县级政府为单位，成立统一的农村信用体系建设领导小组，成员由中国人民银行、财政、税务、农业主管部门、涉农金融机构、其他相关行政部门和相关信息提供机构组成，领导小组负责指导、协调辖内农村信用体系创建工作。领导小组下设办公室（设在县级人民银行），负责农村信用体系创建的日常工作。在具体实践中，应设两个具体的工作小组，分别负责推进农户和新型农村经营体系的信用建设。

（五）健全政策支持体系和法律保障体系

要坚持制度先行，用完善的制度规范农户信用信息建设。如制定《农户征信管理系统推广工作方案》，稳步推进，边建边用；制定《农户信用信息基础数据库管理暂行办法》，对系统数据建设和整理、查询、安全管理等作出细化规定，保障系统的完整、安全和合法使用；制定《农户征信管理系统应用工作指引》，完善《信用镇、信用村、信用户评定办法》，要求各小额信贷机构加强农户信用信息采集流程的管理，建立起农户信用评价体系，根据农户的信用状况，实行差别化的管理措施。小额信贷机构要以农户征信为依托，通过使用农户征信管理系统，查询农户信用报告，并在此基础上开展农户信用评价，将评价结果与农户贷款挂钩，辅助信贷业务。对不同信用等级的农户实行差别化的信贷政策，对信用等级高、信用好的农户，降低信贷门槛，开通贷款"绿色通道"，实行"贷款优先，额度放宽，利率优惠，期限灵活，手续简化"的制度。

征信体系的建设绝对离不开相关法律法规的辅佐，就目前西方发达国家征信体系的建设经验来看，完善的立法和相关制度的配合是征信体系正常运行的绝对保障。以美国为例，直接的信用管理法律规定大体有 17 部，在消费信贷方面就有 4 部法律，在授信方面有 5 部法律，在还款方面有一部法律，各种信贷行为都被分割在不同的法律范畴之内，在评定不同的行为时各有所依。并且随着市场经济的不断升级，相关法律法规也在不断地完善并加以修正。

完善的法律制度体系是农村信用体系建设的根本保障，应当借鉴发达国家的有关信用立法的经验，并结合我国的国情，加快立法工作。要统一制定农村信用体系建设相关的法律规定，包括农业经营主体信用信息的采集、公开、使用、个人隐私保护等方面的法律法规。同时，制定和出台相关配套的实施细则，依法规范和约束政府、中小微企业、农业经营主体等社会信用体系建设参与者的行为，依法保障守信主体的权利。

（六）发挥宣传引导作用

弘扬诚信文化应该作为加强农村信用体系建设的重要工作。要通过多种方式和渠道开展信用及相关金融知识的宣传、教育活动。针对农民整体文化水平和信用知识水平不高的现状，采用群众喜闻乐见的方式，增强农村信用主体的信用意识和风险意识，让广大农民群众认识和理解农村信用体系建设与其发展生产经营、增加收入、脱贫致富乃至生活的方方面面都有密切联系，意识到诚实守信的重要性和失信付出的代价，树立"守信光荣，失信可耻"的理念，从而自觉自愿地参与到社会信用体系建设中来，主动、及时、真实地提供个人信用信息，建立信用档案，积累信用财富，促进整个农村信用环境的改善。

参考文献

[1] 姬鹏程. 我国行业信用体系建设的现状及对策 [J]. 宏观经济管理, 2009 (12).

[2] 陈莉. 加快个人信用体系建设需要解决的几个问题 [J]. 华北金融, 2006 (1).

[3] 北京大学中国信用研究中心. 中国信用发展报告 [M]. 北京: 中国经济出版社, 2005.

[4] 王超. 当前我国社会信用体系存在的问题和对策 [J]. 金融经济, 2009 (8).

[5] 曹洪翠. 地方信用体系建设中的问题研究 [J]. 改革与发展, 2008 (10).

[6] 任黎, 刘原龙. 关于地方"企业信用体系"建设中一些问题的思考和建议 [J]. 探索天地, 2003 (19).

[7] 吴雨夏, 刘婷婷. 浅析我国个人信用评估体系 [J]. 现代经济信息, 2009 (20).

[8] 马玉超, 黄明山. 我国企业信用体系建设的共性问题研究 [J]. 改革与战略, 2007 (5).

[9] 刘映霞. 论社会主义市场经济条件下我国信用制度建设 [D]. 武汉: 武汉大学, 2004.

[10] 于春梅. 完善我国社会信用体系的对策研究 [J]. 长春: 东北师范大学, 2005 (10).

[11] 王玮. 社会转型期信用缺失与重建 [D]. 河北师范大学硕士研究生学位论文, 2002 (5).

[12] 对我国社会信用体系建设思路的若干思考 [EB/OL]. 新华网, 2009 - 5 - 11.

[13] 林钧跃, 吴晶妹. 城市信用体系设计 [M]. 北京: 中国方正出版社, 2007.

[14] 石庆焱, 秦宛顺. 个人信用评分模型及其应用 [M]. 北京: 中国方正出版社, 2006.

[15] 张学源, 徐静. 社会信用体系建设艰难前行 [J]. 投资北京, 2004 (07).

[16] 郝宏展. 区域城市信用体系建设探索 [J]. 管理观察, 2008 (12).

[17] 张爱军. 对中小企业信用体系建设的思考 [J]. 科技广场, 2008 (11).

[18] 邓倩, 孟枫平. 谈企业信用体系建设 [J]. 合作经济与科技, 2008 (03).

[19] 北京市工商学会. 对推进首都企业信用体系建设的几点思考 [J]. 中国工商管理研究, 2007 (01).

[20] 胡文莲. 中小企业信用体系建设之思考 [J]. 西部金融, 2008 (12).

[21] 齐春霞. 完善我国中小企业信用体系研究 [J]. 现代商贸工业, 2009 (01).

[22] 李放. 完善我国个人信用体系探析 [J]. 新西部, 2008 (02).

[23] 胡志才. 我国个人信用体系建设研究 [D]. 南宁: 广西大学, 2008.

[24] 林健. 转轨时期我国企业信用体系研究 [D]. 广州: 暨南大学, 2004.

[25] 刘湘梅. 我国社会信用体系构建的研究 [D]. 武汉: 华中师范大学, 2004.

[26] 付纯武. 论我国社会信用体系的建设 [D]. 武汉: 华中师范大学, 2004.

[27] 刘袁胜. 社会主义市场经济条件下社会信用体系建设 [D]. 大连: 大连理工大学, 2005.

[28] 王华伟. 完善企业信用体系的探索和研究 [D]. 济南: 山东大学, 2006.

[29] 蒋海波. 企业信用体系建设与信用评价方法研究 [D]. 济南: 暨南大学, 2004.

[30] 周瑞玲. 论中小企业信用缺失的现状与对策 [J]. 生产力研究, 2007 (10).

[31] 刘慧. 浅议我国个人信用体系 [J]. 金融研究, 2009 (06).

[32] 纳灿辉. 商业信用缺失的成因及解决途径探讨 [J]. 云南行政学院学报, 2006 (04).

[33] 徐宪平. 关于美国信用体系的研究与思考 [J]. 管理世界, 2006 (5).

[34] 侯佩全. 美国信用体系及运行机制探讨 [J]. 科技信息, 2008 (36).

[35] 赫国胜. 美国个人信用征信体系的运作及其借鉴意义 [J]. 中国金融, 2003 (11).

[36] 李俊丽, 王家传. 美国个人征信体系的经验及其借鉴 [J]. 金融理论与实践, 2006 (9).

[37] 廖勇刚. 德国社会信用体系建设对我国的启示 [J]. 青海金融, 2009 (4).

[38] 商信. 德国信用管理立法及社会信用体系解析 [N]. 中国工商报, 2006 – 7 – 19.

[39] 杨德明. 我国社会信用体系的重建与金融风险防范 [D]. 哈尔滨: 黑龙江大学, 2005.

[40] 孙亚南. 中国个人信用管理体系建设研究 [D]. 北京: 中国人民大学, 2008.

[41] 龚鹏. 中国信用制度研究 [D]. 西北农林科技大学, 2006.

[42] 于慎澄. 城市信用体系构建刍议 [J]. 中共青岛市委党校青岛行政学院学报, 2003 (6).

[43] 赵志凌. 上海、浙江、深圳社会信用体系建设的情况与启示 [J]. 中国经贸导刊, 2007 (15).

[44] 张学源, 徐静. 上海个人信用体系建设扫描 [J]. 投资北京, 2004 (7).

[45] 马恩兵. 深圳社会信用体系建设的经验与启示 [J]. 市场周刊, 2002 (1).

[46] 文学舟, 张静. 社会信用体系建设的现状与对策——以浙江省为例 [J]. 浙江金融, 2007 (3).

[47] 王地宁. 信用体系建设之湖南案例 [J]. 武汉金融, 2009 (4).

[48] 秦海霞. 建设信用体系打造诚信湖南 [J]. 小康, 2006 (10).

［49］林钧跃. 社会信用体系原理［M］. 北京：中国方正出版社，2003.

［50］朱毅峰，吴晶妹. 信用管理学［M］. 北京：中国经济出版社，2005.

［51］全国整顿和规范市场经济秩序领导小组办公室. 社会信用体系建设［M］. 北京：中国方正出版社，2004.

［52］王怡，顾志勇. 信用城市［M］. 北京：中国计划出版社，2005.

［53］马占芳，符晓波. 现代信用简论［M］. 北京：中国社会科学出版社，2004.

［54］孙国志，张炎培. 信用经济学［M］. 北京：企业管理出版社，2005.

［55］李曙光. 中国征信体系框架与发展模式［M］. 北京：科学出版社，2006.

［56］李新庚. 信用论纲［M］. 北京：中国方正出版社，2004.

［57］吴晶妹. 信用规模、信用结构与经济增长——从美国信用活动轨迹看我国信用制度的建设［J］. 金融论坛，2004（02）.

［58］余源培. 重视信用体系建设——对金融危机的必要反思［N］. 上海财经大学学报，2010（02）.

［59］高宏业. 征信在社会信用体系建设中的核心作用［J］. 河北金融，2010（02）.

［60］曹协和，中国人民银行海口中心支行征信管理处课题组. 海南省社会信用体系的模式选择与对策建议［J］. 海南金融，2009（12）.

［61］郭清马. 社会信用体系建设：概念、框架与路径选择［J］. 征信，2009（12）.

［62］赵阳. 推动吉林社会信用体系建设几点措施［J］. 网络财富，2009（01）.

［63］高铁琴. 构建社会信用体系，保障市场经济健康运行［J］. 理论学习，2004（05）.

［64］向欣. 进一步加快社会信用体系建设［N］. 经济日报，2005（02）.

［65］蔡则祥. 加快建立我国社会信用体系问题研究［J］. 经济问题，2004（08）.

［66］程松彬. 建立健全社会信用体系［J］. 吉林省经济管理干部学院学报，2004（02）.

［67］国务院发展研究中心课题组，廖英敏. 中国信息化国研报告（一）信用体系建设与政府信息公开立法基本框架［J］. 中国信息界，2005（12）.

［68］胡飞航. 温州信用管理的实践与经验［J］. 商业时代，2004（23）.

［69］袁勇，宋丹. 我国社会信用体系建设研究［J］. 科技咨询导报，2007（23）.

［70］樊新民，唐大立，张毅. 加快地市级社会信用体系建设的调查与思考［J］. 中国信用卡，2006（11）.

［71］于春梅. 关于加快黑龙江省社会信用体系建设的几点思考［J］. 商场现代化，2007（04）.

［72］孙哲. 陕西省社会信用体系建设调查与对策［J］. 西安金融，2007（03）.

［73］董雷光. 市场经济中我国社会信用体系建设的思考［J］. 科技经济市场，2008（12）.

［74］李陵生，齐晋. 对县域社会信用体系建设的调查与思考［J］. 经济师，2008（01）.

［75］宋笑月. 社会信用体系建设的回溯和思考［J］. 吉首大学学报，2008（07）.

[76] 邱丽娟. 齐齐哈尔市社会信用体系建设的探讨 [J]. 商业经济, 2008 (09).

[77] 林毅夫. 社会信用体系建设与金融改革 [J]. 中国金融, 2004 (03).

[78] 建立健全社会信用体系的基础理论研究课题组, 程民选. 我国社会信用体系建设: 问题与思考 [J]. 天府新论, 2008 (05).

[79] 蓝寿荣. 论社会信用体系中的市场机制与政府职能 [J]. 政法论丛, 2009 (02).

[80] 姚辉, 周悦丽. 企业征信体系的构建与法律规制——以北京市企业信用管理系统建设情况为分析基础 [J]. 北京社会科学, 2007 (04).

[81] 崔轶, 周晓静. 我国市场中的信用问题研究 [J]. 北京建筑工程学院学报, 2005 (04).

[82] 周悦丽. 我国政府在社会信用体系建设中的功能与定位分析 [J]. 国家行政学院学报, 2008 (04).

[83] 任兴洲. 什么制约我国建立社会信用体系 [J]. 现代商业, 2007 (06).

[84] 西安市社会信用体系建设规划 (2009—2018 年).

[85] 浙江省社会信用体系建设"十一五"规划.

[86] 王寅. 我国社会信用体系建设问题研究 [J]. 前沿, 2003 (9).

[87] 林敷夫. 信用体系、金融改革与经济发展 [J/OL]. 中国宏观经济信息网, 2004 - 09 - 14.

[88] 邹向群. 推进我国信用交易发展的对策构想 [J/OL]. 中国信用交易网, 2006 - 05 - 20.

[89] 阮德信. 区域信用体系与和谐社会构建路径 [J]. 求实, 2005 (6).

[90] 王健平, 金国中. 合力架构中国信用体系. 经济参考报, 2002 (2), 20.

[91] 王苑, 武秀梅. 对中国信用环境的评价 [J]. 经济论坛, 2003 (3).

[92] 傅双齐. 中国信用体系亟待走向成熟 [J]. 开放潮, 2002 (4).

[93] 王文. 我们离"诚信国家"有多远 [J/OL]. 中国企业信用网, 2002 - 5 - 14.

[94] 韩岫岚. 尽快加强企业信用管理 [J]. 中国经济快讯周刊, 2002 (16).

[95] 莫正宁. 论我国个人信用制度的建立 [J]. 金融理论与实践, 2001 (4).

[96] 盛世毫. 建立区域性企业信用管理体系 [J/OL]. 国研网, 2001 - 12 - 7.

[97] 胡振. 信用缺失与治理对幕 [N]. 金融时报, 2002 - 6 - 12.

[98] 纪平. 打造企业信誉管理体系基石 [J]. 市场与电脑, 2001 (3).

[99] 阎春晓. 论信用缺失的危害 [J]. 金融理论与实践, 2002 (6).

[100] 国务院. 关于加强中小企业信用管理工作的若干意见 [N]. 经济日报, 2001 - 4 - 27.

[101] 俞志方. 社会信用机制的构建与法律规制研究 [J]. 求实, 2006 (7).

[102] 张旭霞. 现代政府信用及其建构的对策性选择 [J]. 南京社会科学, 2002 (11).

[103] 崔光胜. 我国政府诚信问题研究 [J]. 公共行政, 2005 (1).

[104] 张海星. 国家信用 [M]. 大连: 东北财经大学出版社, 2000.

[105] 郑万青．信用中介机构的功能及其法律规制 [J]．浙江学刊, 2003 (6).

[106] 李朝晖．个人信用制度若干法律问题探讨 [J]．广西社会科学, 2003 (8).

[107] 陈冰竹, 蓝寿荣．我国个人信用立法思考 [J]．探索与争鸣, 2004 (6).

[108] 罗忠桓．论信用政府与政府信用 [J]．湖南社会科学, 2002 (6).

[109] 王和平．论政府信用的地位与作用 [J]．新东方, 2002 (8).

[110] 王存河．政府信用的内涵及制度保障 [J]．法学评论, 2004 (5).

[111] 郑美如．论政府信用的构筑 [J]．中共福建省委党校学报, 2002 (9).

[112] 刘军．政府信用缺失与政府信用建设 [J]．华东经济管理, 2004 (4).

[113] 郑婷, 赵淑丽．论政府信用的建立 [J]．广西社会科学, 2004 (5).

[114] 喻敬明, 林钧跃, 孙杰．国家信用管理体系 [M]．北京：社会科学文献出版社, 2000.

[115] 贾有姣．社会信用体系建设的问题与对策探讨 [J]．征信, 2010 (5).

[116] 中国人民银行．中国征信业发展报告 (2003—2013) [R]．中国人民银行, 2013.

[117] 孟刚．正确把握社会信用体系建设中的若干问题 [J]．浙江经济, 2007 (19).

[118] 阎亚军．我国新型农村信用体系构建研究 [D]．青岛：中国海洋大学, 2012.

[119] 杜金富．"十一五"时期我国的社会信用体系建设 [J]．中国金融家, 2011 (1).

[120] 张爱军．对中小企业信用体系建设的思考 [J]．科技广场, 2008 (11).

[121] 林钧跃．社会信用体系理论的传承脉络与创新 [J]．征信, 2012 (1).

[122] 周莉．我国社会信用标准化建设及体系框架研究 [J]．标准科学·专栏：企业社会责任和信用, 2014 (1).

[123] 国务院印发《社会信用体系建设规划纲要》.

[124] 李辰．我国今后 7 年的社会信用体系建设有了行动指南 [J]．社会信用, 2014, 19 (19).

[125] 吴晶妹．现代信用学 [M]．北京：中国金融出版社, 2002.

[126] 冯登艳．信用产生和发展的经济分析 [J]．河南金融管理干部学院学报, 2006 (920).

[127] 陈静．我国社会信用及管理体系现状与对策研究 [J]．中国流通经济, 2011 (1).

[128] 人行泰州中支课题组．关于地方信用体系建设的模式选择及对策 [M]．金融纵横, 2007 (23).

[129] 陈勇．我国社会信用体系建设的路径选择与对策分析 [J]．福建金融, 2013 (01).

[130] 吴晶妹．未来中国征信：三大数据体系 [J]．征信, 2013 (1).

[131] 谢仲庆．中国信用体系：模式构建及路径选择 [J]．上海金融, 2014 (7).

[132] 胡芳．我国中小企业信用体系建设问题探析 [D]．漳州闽南师范大学, 2013.

[133] 刘茜．信用法律责任缺失与信用法律责任设计 [J]．法制园地, 2007 (01).

[134] 国务院关于印发社会信用体系建设规划纲要 (2014—2020 年) 的通知 [S]．国发〔2014〕21 号.

[135] 贺学会，尹晨．信用体系与征信：概念与基本框架［J］．金融理论与实践，2005（02）．

[136] 黄正新．我国企业征信模式选择与对策［J］．金融与经济，2005（12）．

[137] 张天．个人征信系统研究与设计［D］．长春：吉林大学，2008．

[138] 虞群娥，周晓阳．我国企业征信体系模式选择及建议［J］．宏观经济研究，2008（01）．

[139] 王惠凌．农村征信体系的现状和发展建议［J］．全国商情（经济理论研究），2009（03）．

[140] 王毅．我国现阶段企业征信建设研究［D］．上海：复旦大学，2010．

[141] 寿睿．对完善我国个人征信体系的研究［D］．北京：首都经济贸易大学，2010．

[142] 施佳慧，刘漪．完善我国农村征信体系的思考［J］．河北金融，2010（04）．

[143] 寿睿．对完善我国个人征信体系的研究［D］．北京：首都经济贸易大学，2010．

[144] 胡峰松．我国征信体系建设研究［D］．合肥：安徽大学，2011．

[145] 查慧园，刘洋．征信体系下的企业信用政策选择［J］．价格月刊，2011（10）．

[146] 刘洋．征信制度史及启示研究［D］．南昌：江西师范大学，2013．

[147] 梁山．中国农户征信体系构建研究［D］．广州：华南理工大学，2013．

[148] 张彬彬．我国个人征信体系建设中的隐私权保护［J］．太原师范学院学报（社会科学版），2015（01）．

[149] 国务院．社会信用体系建设规划纲要（2014年—2020年）［EB/OL］．中国政府网，2014-6-14．

[150] 芮晓武，刘列宏．中国互联网金融发展报告（2014）［M］．北京：社会科学文献出版社，2014．

[151] 谢平．互联网金融模式研究［J］．金融研究，2012（12）．

[152] 杜晓峰．我国互联网金融征信体系建设研究［D］．厦门：厦门大学，2014．

[153] 袁新峰．关于当前互联网金融征信发展的思考［J］．征信，2014（1）．

[154] 王桂堂，闫盼盼．互联网金融、诚信与征信体系建设问题探讨［J］．征信，2014（4）．

[155] 黄玺．互联网金融背景下我国征信业发展的思考［J］．征信，2014（5）．

[156] 牛润盛．互联网金融背景下的征信模式选择［J］．征信，2014（8）．

[157] 刘新海．阿里巴巴集团的大数据战略与征信实践［J］．征信，2014（10）．

[158] 刘新海．大数据挖掘助力中国未来金融服务业［J］．金融市场，2014（2）．

[159] 冯登国，张敏，李昊．大数据安全与隐私保护［J］．计算机学报，2014，37（1）．

[160] 夏志琼．互联网金融信用体系建设的难点与对策［J］．国际金融，2014（10）．

[161] 李博，董亮．互联网金融的模式与发展．

[162] 王千六．基于城乡经济二元结构背景下的城乡金融二元结构研究［D］．重庆：西南

大学，2009.

[163] 中国人民银行. 中国农村金融服务报告（2014）[N]. 农民日报，2015-03-26.

[164] 任郁芳. 金融发展与二元经济结构关系研究：基于区域的视角 [D]. 广州：暨南大学，2010.

[165] 丁菁. 农村信用体系建设存在的问题及对策分析 [J]. 常州大学学报，2014（6）.

[166] 中国人民银行济南分行课题组. 二元结构下的农村信用体系建设模式研究 [J]. 金融发展研究，2011（2）.

[167] 中国人民银行. 中国农村金融服务报告（2014）[EB/OL]. 中央政府门户网，2015-03-25.

[168] 姜文华. 探索新农村征信服务体系的构建 [J]. 征信，2013（08）.

[169] 蒋晓燕. 浅析农村信用体系建设存在的问题及改进措施 [J]. 经营管理者，2015（1）.

[170] 中国人民银行关于推进农村信用体系建设工作的指导意见 [S]. 银发〔2009〕129号.

[171] 中国人民银行关于加快小微企业和农村信用体系建设的意见 [S]. 银发〔2014〕37号.

[172] 许为民. 农村信用体系建设的难点问题及解决路径 [J]. 征信，2015，33（3）.

[173] 卜旭辉. 农村信用体系建设研究 [J]. 杨凌：西北农林科技大学，2010.

[174] 梁山. 中国农户征信体系构建研究 [D]. 广州：华南理工大学，2013.

[175] 任蕾. 我国农村信用体系建设模式优化研究 [J]. 征信，2014，32（9）.

[176] 中国人民银行宜春市中心支行课题组. 新形势下农村信用体系建设的路径选择——以江西省宜春市为例 [J]. 征信，2014（10）.

[177] 严青. 当前中国农户小额信贷几个问题研究 [C]. 成都：西南财经大学，2014.

[178] 陈彦青. 农户金融信用行为影响因素研究 [C]. 杭州：浙江财经学院，2011.

后 记

社会信用体系作为现代市场经济的基础，对市场经济的健康发展有着深刻的影响。党和国家高度重视我国社会信用体系建设，党的十八大首次将"诚信"纳入社会主义核心价值体系，强调要加强政务诚信、商务诚信、社会诚信和司法公信建设。党的十八届三中全会提出建立健全社会征信体系，褒扬诚信，惩戒失信。经过多年的探索和实践，我国社会信用体系建设已取得一定的成效，但从目前我国社会信用体系建设的现状来看，仍然滞后于经济发展水平和市场化的进程。食品药品安全事件时有发生，商业欺诈、制假售假、偷逃骗税等现象屡禁不止，政务诚信度、司法公信度离人民群众的期待还有一定差距，履约践诺、诚实守信的社会氛围尚未形成。当前，如何进一步推动我国社会信用体系建设，仍然是理论研究人员和实践工作者要探讨的重要课题. 希望我们的研究能在推动我国社会信用体系建设方面有所贡献。

本书写作人员：刘肖原、张蕊、秦琳、姜昊、李兴华。王崇琪在参考文献的整理和文字校对等方面做了大量的工作。

本书的研究和出版得到了"北京市教委科技成果转化——提升计划项目（PXM2015 – 014213 – 000061）及北京工商大学经济学院的资助与支持，在此深表谢意。感谢产权知识出版社编辑，由于他们的大力帮助，使本书很快付梓出版。

本书限于时间、资料等原因，研究成果与我们预期的最理想结果还有一定距离。书中也定有疏漏和不妥之处，谨请读者批评指正。

刘肖原
2015 年 11 月